Günter Putz (Hg.)
WAHR-ZEICHEN
Inhaltsangaben zum Religionsunterricht

Günter
Putz (Hg.)

Wahr-
Zeichen

Inhaltsangaben zum Religionsunterricht

echter

Bibliografische Information der Deutschen Bibliothek

Die Deutsche Bibliothek verzeichnet diese Publikation in der Deutschen Nationalbibliografie; detaillierte bibliografische Daten sind im Internet über <http://dnb.ddb.de> abrufbar.

www.echter-verlag.de
Umschlag: ew print & medien gmbh, Würzburg
Druck und Bindung: Friedrich Pustet GmbH & Co. KG, Regensburg
ISBN 3-429-02545-1

Inhalt

III. Ausklang

Vorwort

Der vorliegende Band ist der letzte einer Trilogie. Nachdem 1998 mit dem ersten Band *»Meldezeichen«* über den umfassenden Dienst der Kirche im Lebensraum »Schule« nachgedacht wurde und besonders die Öffnung des Religionsunterrichts auf eine Kultur des Schullebens im Sinne einer »Schulpastoral« bewusst gemacht worden ist, wurde im zweiten Band *»Pausenzeichen«* (2001) ein Reflexionsgeschehen über das »Unternehmen« Kirche in der Schule, speziell Religionsunterricht in der Schule, eingeleitet und als Selbstvergewisserung für die verstanden, die für die Qualitätssicherung dieses Unterrichtsfaches in der Schule Verantwortung tragen. Mit dem dritten Band *»Wahr-Zeichen«* wird nunmehr versucht, über den Religionsunterricht und den darin zu vermittelnden »Unterrichtsstoff« nachzudenken und zugleich seine Not-wendigkeit im Lebensraum »Schule« aufzuzeigen, nicht aus apologetischen Gründen, sondern aus der Überzeugung eines christlichen Selbstbewusstseins, dass der christliche Glaube Leben erschließen kann, wie es Menschen von sich aus nicht können. Unsere Brunnen versickern. Es braucht die Zu-Taten Gottes, die unser Leben tragfähig machen. Es ist scheinbar ein weiter Weg, bis es im Religionsunterricht zu jenen Brunnengesprächen kommen kann, in der sich der zu Unterrichtende das Wort Jesu als Lebenswahrheit zu eigen machen kann: »...wer aber von dem Wasser trinkt, das ich ihm geben werde, wird niemals mehr Durst haben; vielmehr wird das Wasser, das ich ihm gebe, in ihm zur sprudelnden Quelle werden, deren Wasser ewiges Leben schenkt« (Joh 3,14).
Möge dieses Buch einladen zu vielen »Brunnengesprächen«, bei denen der Mensch mit seinen Fragen und Sehnsüchten zur Sprache kommt, aber auch Gott mit seinen Einfällen, Gaben und Geschenken, mit seiner Gnade.

Würzburg, Fronleichnam 2003 *Günter Putz*

Einleitung

Wer den Eiffel-Turm erblickt, sieht mehr als eine gelungene Eisenkonstruktion, mehr als einen eisernen Turm mit einer Höhe von 300 Metern. Denn dieses Meisterwerk ist mehr als ein Bau-Werk, es ist ein *Wahrzeichen*. Wer dieses sieht, dem eröffnen sich »Landschaften«, die weit über das real zu sehende »hinauswachsen«. Ein Wahrzeichen hat symbolische Bedeutung. Außenwelt und Innenwelt vernetzen sich, Erinnerungen werden wach, Hoffnungen ausgelöst, Lebenserfahrungen lebendig, Sehnsüchte verstärkt. Zugleich »bündelt« ein Wahrzeichen vieles, was von »außen« in dieses hineingetragen wird. Vom vordergründigen »Werbespot« für eine Stadt, für ein Land, für ein Lebensgefühl wird ein ganzer Kosmos eines »Biotops« abgerufen: die Synthese menschlichen Lebens aus der Einheit von Geographie, Kultur und Religion. Ein Wahrzeichen hat *Erkennungscharakter*. Ist man am Ort selbst, so gibt das gleiche Wahrzeichen wichtige *Orientierung*. Die Wahrzeichen einer Stadt sind mehr als Hinweisschilder. Sie helfen, richtige Wege zu gehen, vorgenommene Ziele schneller zu finden und wieder gut nach Hause zu kommen in der Wahl-Heimat. Schließlich verleihen diese Wahrzeichen *Identität*. Denen, die in einer Stadt ganz zu Hause sind, werden diese Symbole Assoziationsfiguren für das eigene Daheimsein.
All dies geschieht ebenfalls, wenn in der Glaubens-Welt von »Wahrzeichen« die Rede ist. Dabei geht es noch um mehr. Aus ihnen werden »*Wahr-Zeichen*«, insofern sich diese auf die Urwahrheit, auf Gott selbst beziehen, von ihm her ihre eigentliche Leuchtkraft empfangen: zur Identitätsfindung des Menschen, zur Orientierung für seine Lebensbahn, zur Vergegenwärtigung der Gotteswirklichkeit. Sämtliche Wahr-Zeichen einer Religion, nicht nur ihre Kultstätten, sondern ihre Rituale und Symbole, ihre Glaubensbekenntnisse, Gebetsformeln können in diesem Sinne als »*Wahr-Zeichen*« gefasst werden: Sie bündeln und lösen im Menschen aus, was der geheimnisvolle Gott mit den Menschen zu tun hat, wie er sich zu ihnen verhält, sich »aus-gedrückt« und »ein-geprägt« hat, und wie Menschen sich dazu verhalten und geantwortet haben und umgekehrt. Die »Wahr-Zeichen« des Glaubens helfen dazu, dass Menschen sich mit den Überzeugungen einer Glaubensgemeinschaft auseinandersetzen können, dass sie Orientierung zum Leben finden, ja ihre eigene Identität.
Um die Vermittlung dieses »Wahr-Zeichens« geht es nicht zuletzt im schulischen Religionsunterricht. Dieser soll helfen, dass Schülerinnen und Schüler die Welt des christlichen Abendlandes begreifen können, das Biotop »Abendland«. Er lädt ein, sich mit Interpretationsmustern

für das Leben auseinanderzusetzen, wozu die Botschaft des Evangeliums gleichfalls gehört. Zugleich wird für überzeugte Christen das in der Taufe und Firmung gegebene Glaubens-Ja der »Strapaze« einer intellektuellen »Vergewisserung« unterzogen, um menschliches Reifen im Glauben mit einer Glaubens-Reife in Deckung zu bringen und umgekehrt. Der gläubige Christ wird schließlich beim Unterrichten in eine Glaubenslandschaft hineingeführt, die den Reichtum eines langen Prozesses vor Augen führt und die genuinen Glaubens-Symbole als Identifikationsmuster für das eigene Leben erfahren lassen. Das »Unmögliche« kann möglich werden, dass selbst der Religionsunterricht ein »Wahr-Zeichen« dafür wird, dass Glaube und Leben Geschenk der Gnade Gottes sind und aus der Annahme dieses Geschenk-Charakters der Mensch ein frohes Glaubens-Ja und Lebens-Ja sprechen kann.
So geht es im vorliegenden Band, dem Abschluss einer Trilogie (siehe Vorwort) letztendlich darum, aus dem Gesamtkontext dieser Trias über das hohe Gut katholischen Religionsunterrichts nachzudenken. Der einführende Aufsatz »›Im Geist und in der Wahrheit‹ (vgl. Joh 4,24) – Der Unterrichtsauftrag für Christen« (G. Putz) versucht in der Form einer »Unterrichtsvorbereitung« aus der Gesamtwirklichkeit der Existenz des Christentums wichtige »Lernziele« des Glaubens im Erwartungshorizont Jugendlicher zu »erarbeiten«. Dabei wird angezielt, aus der Systematik der eigenen Wahrheitsfülle des Glaubens wichtige Impulse für einen verantwortungsvollen Religionsunterricht zu erschließen. Dass dabei religionspädagogische »Prinzipien« für die Erarbeitung für zentrale »Wahr-Zeichen« des Religionsunterrichts maßgebend sind, wird nochmals als theologische Notwendigkeit postuliert (Deus propter homines).
Nach dieser Grundlage (I.) entfalten Mitarbeiterinnen und Mitarbeiter aus dem Schulreferat der Diözese Würzburg ihre (II.) Erfahrungen über den Religionsunterricht. Die gleichbleibende Struktur der einzelnen Beiträge soll verdeutlichen, dass bei der Vermittlung von Glaubensinhalten der »Zeuge« entscheidend ist. Deswegen wurde Wert darauf gelegt, dass die einzelnen Verfasser sich mit ihrem Zeugnis zugleich zu erkennen geben (Foto). In einem ersten Schritt (*»Im Archiv des Gedächtnisses«*) erinnern sich die einzelnen Autorinnen und Autoren der Unterrichtsinhalte aus dem erlebten Religionsunterricht ihrer eigenen Schulzeit. Diese Rückbesinnung soll verdeutlichen, dass in der Tat nicht nur die »fides qua«, sondern auch die »fides quae« zur Plausibilitätsstruktur des Religionsunterrichts gehört. Beide Wirklichkeiten sind inhaltlich nicht trennbar. Diese wechselseitige Verwiesenheit gehört zum »Wahr-Zeichen« jeder Offenbarungsreligion. Dabei wird gleichzeitig evident, dass Glaubenswissen keine Indoktrination darstellen kann. Langzeitwirkung von Lerninhalten hat nur, was

mit »Lebenswissen«, mit dessen Deutung, Führung, Füllung und Begleitung zu verbinden ist. Mit dem Rückgriff in das »Archiv des Gedächtnisses« wird ferner erreicht, dass der Religionsunterricht in dem Gesamtzusammenhang des gesellschaftlichen und kulturellen Fortschritts zu sehen ist. Er hat keinen marginalen Charakter. Mit ihrem Vermittlungsdienst der Religionslehrerinnen und Religionslehrer erweisen sich diese dabei als »Treuhänder des Glaubens«, weniger als »Erfinder von Überlebensstrategien« mit »selbsterdachter Weisheitslehre«. Im Sinne einer Reduktion, wie sie für das Unterrichtsgeschehen fällig ist, sollen nunmehr die Autorinnen und Autoren überlegen, welchen Unterrichtsinhalt sie unbedingt weitergeben möchten (*Die »eiserne Ration«*). Gewissheit darüber ist allerdings erst möglich, wenn der Lebenshorizont der Schülerinnen und Schüler genau in den Blick genommen wird, sich lernpsychologisch als Erwartungshorizont darstellt (*Die Hinwendung zu den Lebenden*) und eine existentielle Auseinandersetzung der Lehrerin und des Lehrers in der »Vermittlerfunktion« stattgefunden hat (*Die Auseinandersetzung mit dem Glauben*). Die Rezipienten, der »Vermittler«, der Lehr-Stoff (der Glaube) haben sich zu vernetzen, soll ein effizienter Unterricht »im Geist und in der Wahrheit« stattfinden. Sind diese für das Lernprogramm »christlicher Glaube« in der Schule notwendigen Schritte vollzogen, so ist die »eiserne Ration« für den Jugendlichen in einer säkularen Leistungs- und Konsumgesellschaft in Deutschland ein kostbares Gut. Dass es sich um ein solches handelt, wird entscheidend dadurch gesichert, insofern das zu vermittelnde Glaubens-Gut sich beim »Überbringer« als Eigen-Gut verbürgt hat. Es ist spannend zu erfahren, was die Autorinnen und Autoren unbedingt an künftige Generationen weitergeben wollen. Wird durch die Mitteilung der Einzelnen dessen, was sie unbedingt weitergeben möchten, die Bedeutsamkeit der Zeugen hervorgehoben, so wird das Einzelzeugnis durch die »Zeugnisse« von vielen relativiert auf das Glaubensganze der Kirche hin und auf die Mannigfaltigkeit der Dispositionen derer, die die Einzelzeugnisse »vernehmen« und »verarbeiten« sollen, zuweilen auch »verkraften« müssen. Die vielen Zeugnisse, die die Fülle des Glaubensreichtums der Kirche signalisieren, erhalten zugleich aus der Fülle des Glaubensganzen ihre einmalige Wert-Schätzung zurück. Jeder Getaufte weist auf die Fülle des gnadenwirkenden Geistes Gottes hin und macht das Leben reich. So wird in den Einzelbeiträgen Wert darauf gelegt, dass der Einzelne den in ihm gewachsenen »Glaubensreichtum« mit dem, was er unbedingt weitergeben möchte, in einem »Symbol« zum Ausdruck bringt (*Das Ganze im Symbol*). Er soll ein eigenes »Wahr-Zeichen« setzen, an dem andere mit ihrer Lebens- und Glaubensgeschichte anknüpfen können und in die Fülle einer für sie von

Gott zur Verfügung gestellten Glaubenslandschaft hineinwachsen können. Die Überschriften zu den einzelnen Beiträgen sind aus einer Metapher-Meditation der jeweiligen Verfasser entstanden: »Religionsunterricht ist für mich: wie?« Die gefundenen Assoziationen lassen somit eine ganzheitliche »Einfühlung« der Leserin und des Lesers in die einzelnen Beiträge zu. In einem Ausklang (III.) lädt Thomas Henn zu einem »Museumsbesuch« ein, indem er die bisherige Systematik des Buches hinter sich lässt und ein Besuch mit »Spezialführung in meinem Privatmuseum« Einblick gibt, wie religiöse Bilder aus seiner »Privatsammlung« zu »guten Freunden« in seinem Leben geworden sind. Das Titelbild stellt ein »Wahr-Zeichen« der Kirche dar: jenes licht- und goldumstrahlte Heilig-Geist-Symbol über Berninis monumentaler Schöpfung, der »Cathedra« des heiligen Petrus im Petersdom zu Rom, gestaltet als Farblithografie von Werner Ritter aus Aschaffenburg: Die Patina güldenen Lichtglanzes hat sich in glühendes Rot verwandelt. Es schließt sich der Kreis: Das Wahr-Zeichen wird zum Marken-Zeichen: »Gott ist Liebe, und wer in der Liebe bleibt, bleibt in Gott und Gott bleibt in ihm« (1 Joh 4,16b).

I. Grundlage

Günter Putz

Im Geist und in der Wahrheit (vgl. Joh 4,24)

Der Unterrichtsauftrag für Christen

Einleitung

Bei Nikodemusgesprächen geht es um das Letzte. Es geht darum, das zu entdecken, worum es unbedingt geht, was den Menschen unbedingt angeht. Dass dazu Informationen nicht ausreichen, liegt auf der Hand. Die Personen müssen sich für das, was sie vertreten, selbst einsetzen. Das geht beim religiösen Unterrichten nicht billiger. Dieses lebt davon, dass Gott selbst seinen Einsatz gibt und die Zeugen dieses Geschehens von diesem Einsatz Gottes, aus dem Geist »von oben« inspiriert werden müssen, sollen sie auf Letztes gültige Interpretationen für das Leben vorlegen können. Nicht von ungefähr schließt sich an das Nikodemusgespräch des Johannesevangeliums (Joh 3,1–36) das Gespräch am Jakobsbrunnen an (Joh 4,1–26), aus einem Nachtgespräch wird ein Lebensaustausch am Mittag, am helllichten Tag: es war um die sechste Stunde (vgl. Joh 4,6). Die sechste Stunde ist für den Religionsunterricht eine kritische Zeit. Nach dem, was von Schülerinnen und Schülern bereits abverlangt wurde, wäre es Zeit für die Erholung. Und gerade in diesem Augenblick soll Unterricht im »Geist und in der Wahrheit« (vgl. Joh 4,24) erfolgen. Schlechte Karten? Nicht schlechter als die Situation, die bei der Begegnung Jesu mit der Frau am Jakobsbrunnen vorzufinden ist: In der prallen Mittagssonne Wasser zu schöpfen ist frustrierend und ätzend, noch dazu, wenn die Außensituation Bild für das Psychogramm einer Seele ist: die innere Wüste und Leere eines Menschen gibt einer neuen Lebensinterpretation kaum Chancen. Und trotzdem: der Lebensdurst wird gestillt durch den, der selbst zum Lebensbrunnen wird: Jesus Christus, der Messias, der sagen kann: »Ich bin es [der Messias], ich, der mit dir spricht« (Joh 4,26). Damit sind wir hingeführt in den Geist der Wahrheit, der helfen kann, die Frage nach der Wahrheit auszuhalten und zu klären. Denn um nicht mehr und nicht weniger geht es im großen Globalziel des Religionsunterrichts: das Leben in seiner Deutung nicht nur auf ein funktionales Dasein zu reduzieren, um etwa Schlüsselqualifikationen für eine materialistische Leistungs- und Konsumgesellschaft zu

»erarbeiten«, sondern den Menschen und die ganze Welt zur Frage werden zu lassen und Versuche einer Antwort vorzulegen, die letztlich nicht beim Menschen deponiert sind, sondern bezeugt werden als empfangene Gaben und Erfahrungen aus dem Grundvollzug dessen, dass der Mensch religiös ist und zumindest sein kann und dass die Anbetung im »Geist und in der Wahrheit« (vgl. Joh 4,24) in der Tat das Leben zu einem Schöpfen aus einem nicht versiegenden Quell werden lässt: Leben, das aus Gottes sich verströmender Liebe seine Schönheit und Bedeutsamkeit empfängt. Über diesen zentralen Unterrichtsauftrag, Gott als Lebensquelle zu erschließen, soll im Folgenden nachgedacht werden. In der Gliederung einer Unterrichtsvorbereitung und unter der Anfrage eines Skeptikers nach dem, was denn Wahrheit sein soll, soll die Attraktivität christlicher Glaubensverkündigung heute ins Bewusstsein gehoben werden.

Vor-Bereitung: Die Pilatus-Frage

Zu jeder gelingenden Vorbereitung des Unterrichtens gehört ein Blick auf die Adressaten des zu Vermittelnden, auf die Schülerinnen und Schüler. Der radikalste Anspruch der Rezeptoren mag dabei doch die Pilatus-Frage sein: »Was ist Wahrheit?« (Joh 18,38). Bereits hier wird deutlich bewusst, dass es bei der Klärung dieser Frage nicht um eine Anfrage und Antwort aus einem Lexikonartikel gehen kann. Es geht nicht in erster Linie um eine Befriedigung des ruhelos fragenden Geistes. Es geht vielmehr um ein Finden der Antwort auf die existentiellen Fragestellungen des Menschen: »Was ist Wahrheit?« meint zugleich immer: »Wer ist die Wahrheit?« Was sich als wahrhaftig erschließt, ist zugleich die Frage nach dem, wer sie glaubwürdig vermittelt. So muss die Wahrheit gleichsam immer auf dem Prüfstand stehen. Insofern sie personale Wahrheit ist, wird sie in der Tat je neu vor das Gericht gebracht, wobei sie dann mehr die Gerichtsbetreiber richtet und deren »Wahrheit« zu Tage bringt, als dass die Wahrheit vor Gericht sich fürchten müsste, sie ist vor und nach dem Gericht und während des Prozesses die gleiche: sie ist mit sich identisch. Nehmen wir einstweilen an, dass Jesus Christus die von Gott für Menschen mit sich identische ausgesprochene Wahrheit ist, deren Plausibilität noch zu klären wäre, so ist im Blick auf die Rezeptoren dieser gottgeschenkten Wahrheit das Verhör Jesu vor Pilatus von unschätzbarem erkenntnisfördernden Wert. Es zeigt an, wie mit der Wahrheit umgegangen werden kann, wenn sie sich nicht »von oben« erschließt: In Christus wurde die Gotteswahrheit zum Ärgernis, sie wird vorgeführt und unterdrückt, gerichtet und verworfen, verhöhnt und geschlagen, im wahrsten Sinne des Wortes: um das Leben gebracht. Durch die kundgebrachte Wahrheit von »oben«, die von »unten« gerichtet wird, erschließt sich zugleich die Plausibilität für die authentische Lebenswahrheit des menschlichen Zeugnisses: Mit dem ganzen Lebenseinsatz muss für eine Wahrheitsüberzeugung eingestanden werden. Die Hingabe des Lebens ist das Kriterium für den Wahrheitsdienst einer Person und für den Ernstfall der Wahrheit. Für den Ernstfall des Religionsunterrichts heißt dies, dass die Lehrkraft durchaus mit diesem zu rechnen hat und ihn nicht ausklammern darf. Auch das Klassenzimmer kann zum Gerichtssaal werden, in dem die Religionslehrerin und der Religionslehrer in den Zeugen-Stand gerufen werden, um Zeugnis für den eigentlichen »Angeklagten«, für Jesus Christus, abzulegen, der je neu auf die Pilatusfrage »Was ist Wahrheit?« mit seiner Antwort entgegentritt: »Ich bin dazu geboren und dazu in die Welt gekommen, dass ich für die Wahrheit Zeugnis ablege« (Joh 18,37). Der Zeuge für Christus hat teil an dessen Geschick. Die Solidarität mit ihm kann so viel Provokationskraft entwickeln, dass dieser selbst mit Ablehnung, Hohn, Aggression, Unverständnis und Gewalt rechnen muss. Er hat durchaus den »Kopf hinzuhalten«. – Das ist er der ihm geschenkten Wahrheit schuldig.

Was unterrichtsvorbereitend gleichsam theologisch über die Rezeptoren der zu vermittelnden Christuswahrheit als »Gerichtstag« deutbar ist, das scheint im Schulalltag des Alltags weitaus gemächlicher vonstatten zu gehen. Dennoch bleibt die Frage nach der Wahrheit und ihrer Plausibilität für das Leben mit Sicherheit der unbewusste Erwartungshorizont der Schülerinnen und Schüler. Dass dabei dem Religionsunterricht als Geisteswissenschaft zugleich die Anstrengung des Denkens und des Mühens um Begrifflichkeiten sowie des methodischen Vermögens für Erkenntnisvorgänge zukommt, steht außer Frage. Dass Glaube und Vernunft zusammengehören, ist für den Menschen für dessen Lebenswissen unbedingt plausibel zu machen. Dass der katholische Glaube keinen Köhler-Glauben darstellt, ist als mehr als selbstverständlich aufzuweisen. Es ist gnosiologisch zum Beispiel hilfreich, einem Kollegiaten auf der Spuren-Suche nach der Wahrheit den »Umgang« mit dieser durchaus mit dem entsprechenden Faszikel im LTHK[1] zur eigenen Auseinandersetzung in die Hand zu geben. Die Differenziertheit und Subtilität, die Strukturierung und die verschiedenen Definitionen dieser »Wahrheit«, die es dabei zu entdecken gibt, werden doch eine Ernstnahme theologischen Mühens provozieren.

Dass die Wahrheitsfrage nicht etwas Esoterisches, Weltfremdes darstellt, sondern zum Menschen gehört, er allein kann sie wirklich stellen, mag darin zu erkennen sein, dass sich diese zum Beispiel etwa im Konzertsaal völlig unerwartet vorfindet. So stellt sich Nikolaus Harnoncourt dieser Frage anlässlich des 75. Bestehens der Salzburger Festspiele im Jahre 1995. »Was ist Wahrheit? Oder Zeitgeist und Mode.«[2] – So betitelt er seinen Vortrag, und er weicht der Beantwortung dieser Frage nicht aus. Wichtige Ergebnisse für die Qualitätssicherung des Religionsunterrichts werden dabei mitgeliefert.

»Was ist Wahrheit? Diese Pilatusfrage steht wie über jedem Urteil in Lebensfragen auch über jedem Urteil in der Kunst; sie kann nicht beantwortet werden, wenigstens nicht mit der erwünschten Eindeutigkeit. So gut wie wir anscheinend erkennen können, was falsch ist, so schlecht lässt sich das Richtige definieren... . Nur der besonders raffinierte Schwindler widerspricht sich nie, denn alle ehrlichen Widersprüche sind ja Teil der Wahrheit.«[3]

Es ist hilfreich, dass der Künstler die Wahrheitsfrage als Grundfrage des Menschen unmittelbar mit dessen Lebensfragen in Zusammenhang bringt, sie also in einen existentiellen Sinnzusammenhang hineinführt. Zugleich eröffnet er den Horizont dafür, dass es gerade die Wahrheit ist, die den Menschen zu größerer Offenheit und zur Zulassung von Widersprüchlichkeiten führt. Beides gehört zu den Bedingungen und zu den Lernzielen eines guten Religionsunterrichts: Er soll dazu führen, beherzt und überzeugt bekennen zu dürfen: »Die Wahrheit ist symphonisch.«[4] Verweist die symphonische Wahrheit, die Offenheit ins Größere und die Zulassung von Widersprüchlichkeiten auf die Hin-künftigkeit ihrer selbst, nämlich auf den unser Begreifen übersteigenden Gott, so wird mit der Selbstverpflichtung der Kunst zugleich der Her-künftigkeitscharakter der Wahrheit erhellt: »Erkenntnisse, die zu Korrekturen unseres Weltbildes führen, können nur von überheblichen Fortschrittsanbetern als Schritte zum schließenden Verständnis des Weltgeheimnisses gedeutet werden; im Grunde sind es nur immer neue Facetten desselben Unbegreiflichen.«[5] Dass aus dieser Feststellung aus dem Kunstbereich eine Empfehlung an den Religionsunterricht ergeht, diesen nicht als Vermittlung einer »gepachteten Wahrheit« anzusehen, sondern als ehrfurchtsvolles Verantworten einer empfangenen Wahrheit, die vor allem ein Geheimnis ist, kann den Versuch, den Horizont derer »abzufragen«, die einem anvertraut sind, nur noch mehr als opportun erscheinen lassen. So lassen sich die Überlegungen für einen der Wahrheit verpflichtenden Religionsunterricht im Blick auf die Situation der Rezeptoren folgendermaßen beschreiben.

- Die Grundfrage nach Sinn und Bedeutung des Lebens ist von der Wahrheitsfrage nicht zu entkoppeln.
- Die Pilatusfrage führt den, der für Christus Zeugnis ablegt, unwillkürlich in den »Gerichts–Hof« der Welt. Er hat mit Angriffen und Ablehnung zu rechnen. Positiv wird damit die eigentliche Plausibilität für existentielle Wahrheitsbezeugung abgerufen. Der Christ ist in den Zeugen-Stand gerufen. Er hat mit dem Einsatz des Lebens Zeugnis abzulegen. Religionsunterricht verlangt Lebens-Einsatz: Bereitschaft, sich ver-zehren zu lassen.
- Der Religionsunterricht als Geisteswissenschaft hat deutlich zu machen, dass Theologie methodisch reflektierter Glaube ist. Gerade der theologisch-wissenschaftliche Umgang mit der Wahrheit eröffnet die Komplexität und die Relativität des geistigen Mühens.
- Die Wahrheit des Glaubens führt nicht in die Engstirnigkeit des zu Glaubenden, sondern in die Weite und Größe des göttlichen Geheimnisses.
- Ehrfurcht und Staunen sind Voraussetzung und Frucht jedes Mühens um Wahrheitsfindung. Sie eröffnen den Zugang zum Welt-, Menschen- und Gottesverständnis.

Am Jakobsbrunnen: Zum Selbstverständnis des christlichen Religionsunterrichts

Ein menschlicher Gott hat es mit menschlichen Menschen zu tun, so wahr Christus Gott und Mensch zugleich ist. Christlicher Glaube ist durch und durch menschlicher Glaube. An diesem menschlichen Gott können Menschen immer wieder irre werden. Dabei geht es doch darum, aus dem Anbeten im Geist und in der Wahrheit (vgl. Joh 4,24) Gott und damit sich als Mensch richtig kennenzulernen. Religionsunterricht müssen Brunnengespräche sein, Orte, an denen sich Gott als heilsame Quelle für das Leben erschließt und damit das Leben vollends in Gang kommt. Der Inhalt und Gehalt des Religionsunterrichts ist Christus selbst. Die, die ihn vertreten, müssen die Begegnungsgeschichte jener Frau am Jakobsbrunnen hinter sich gebracht haben. Sie müssen mit Jesus bereits so verbunden sein, dass sie im Geist und in der Wahrheit anbeten. Sie sollen, wie Jesus, alles tun, dass ihre Gesprächsteilnehmer/-innen hineingeübt werden in die Anbetung im Geist und in der Wahrheit. Anbetung im Geist und in der Wahrheit? – Was bedeutet dies? Was soll damit gelernt werden? Was hat denn der Mensch davon?
Bevor es zu irgendwelchen Lernvorgängen kommt, ist Kommuni-

kation vonnöten. Jesus begegnet den Menschen. Er begegnet einer Samariterin. Ihr Lebensraum ist der Lernort des Glaubens. Der exegetische Befund[6] hält dies ebenso schlicht wie bedeutsam fest. Gott kommt zu den Menschen. Er kommt in ihre Welt, die letztlich doch ganz die Seine ist (vgl. Joh 1,11). Bei dieser Begegnung macht sich Jesus zu dem »Ihren«. Er hat Durst. Es vollzieht sich keine Kommunikation von »oben herab«, sondern eine auf gleicher Ebene. Mit der Reduktion auf ein Elementarbedürfnis des Dürstens wird er ganz ein Gott für den Menschen. Der Schlüssel zum Verstehenwollen und Verstehenkönnen ist gegeben. Vieles wird die Samariterin in Kürze nicht verstehen können. Aber, dass jemand Durst haben kann, das kann jeder begreifen. Unbegreiflich ist bereits, dass Jesus Hilfe von einer Frau verlangt, noch dazu von einer Samariterin. Eine doppelt Diffamierte erfährt Anerkennung, Ansprache, Hilfesuche. Die Kommunikationsstruktur ist in ihrer Höchstform vollzogen: Der Andere wird durch und durch angenommen und somit ernst genommen und anerkannt. Die Grundlage für eine Auseinandersetzung, für einen Lernvorgang ist gegeben. Kommunikationsdidaktik, die Interaktion zwischen Lehrenden und Lernenden, ist für den Religionsunterricht besonders entscheidend. Bevor es um eigentliche Glaubensvermittlung geht, ist die kommunikative Interaktionsstruktur entscheidend. Wird der Lernende vorurteilsfrei angenommen, erfährt er bereits, was er lernen soll: Es gibt Gnade.
Bald soll die Samariterin in die Anbetung im Geist und in der Wahrheit eingeführt sein. Genau genommen ist die durch die Nähe zu Jesus bereits mittendrin. Bis dies vollends geschieht, darf sie erleben, wie sie aus ihrem Leben in das neue Leben in Gott hineingeführt wird. Dies geschieht durch die Aufdeckung des Lebens durch Jesus Christus.[7] Jesus enthüllt gleichsam die Gotteswahrheit durch das Enthüllenlassen einer Lebensgeschichte. Ein »induktiver Lernvorgang« führt zur Selbsterkenntnis und zum Anerkennen Jesu. Es geht durch die »Überführungs-Kunst« von Lebensvorgängen im Grundvollzug des Lebens in Gott bei Jesus eben nicht um Schulmeisterei, sondern um Lebenserhellung aus dem Glauben, letztlich um das befreiende Handeln Gottes am Menschen und um das einladende Warten, diesem zustimmen zu können.[8] Aus dem induktiven Gesprächführen führt Jesus die Frau in ihre eigene Wahrheit und zugleich in die Seinige ein. Aus der verschiedenen Herkünftigkeit beider Gesprächspartner entwickelt sich ein kommunikativer Prozess, der mit einer metabolischen Sprechweise Jesu schließlich in den Umbruch hineinführt, Gott im Geist und in der Wahrheit verehren zu können (Joh 4,20–24), dem Globalziel des christlichen Unterrichtens, und somit im Geist der Gotteskindschaft das Leben

gottgemäß zu deuten und zu leben. Ohne den ausführlichen exegetischen Befund darzustellen, reicht für die hier beabsichtigten Erläuterungen die im Lichte dieser Perikope im Zusammenhang der gesamten johanneischen Theologie vorgenommene Zusammenfassung von Rudolf Schnackenburg aus:

»Die Offenbarung Jesu über die wahre Gottesverehrung wird durch die Qumrantexte gut beleuchtet, übertrifft sie aber noch, da Jesus die eschatologische Erfüllung kündet: a) Zur Gottesanbetung in ›Geist und Wahrheit‹ ist es zunächst nötig, dass der Mensch von Gottes Geist erfüllt und durchdrungen wird. Das geschieht für die Christusgläubigen in realer und vollgültiger Weise seit der Gotteszeugung in der Taufe. Da empfangen sie die Macht, Kinder Gottes zu sein (Joh 1,12f; 1 Joh 3,1f), werden ›von oben‹, durch Gottes Geist gezeugt (Joh 3,3 5f) und vermögen als Gottgezeugte ein heiliges, ja sündloses, in Liebe sich bewährendes Leben zu führen (1 Joh 2,29; 3,9; 4,7; 5,1 18). b) Diese eschatologisch-gegenwärtige Geistverleihung ist durch Jesus Christus gekommen (Joh 1,17). Die wahre Anbetung im Geiste ist darum nur in der Christusverbundenheit möglich. Sein verklärter Leib selbst ist der heilige Tempel Gottes (2,21); in ihm geschieht der wahre Kult. Insofern ist das joh. ἐν πνεύματι mit dem paulinischen ἐν Χριστῷ verwandt. Auf jeden Fall wird die wahre, Gott wohlgefällige Anbetung erst durch Jesus, den Offenbarer und Lebensspender, möglich (vgl. 4,26; 6,63f). c) Die ntl. Gottesverehrung richtet sich auf den Vater. Von ihm sind die Gotteskinder geliebt und erwählt, ihn preisen sie dankbar in der Vertrautheit der Kinder und dienen ihm nach seinem Willen. d) Der Kult in Geist und Wahrheit wird von der Gemeinde der Christusgläubigen getragen. Die wahren Anbeter sind keine Individualisten, sondern die Herde Gottes, vom Gottessohn gesammelt (vgl. 6,37ff; 10,1–18 26–29) und alle verstreuten Gotteskinder weiter in sich sammelnd (vgl. 10,16; 11,52). Als die ntl. Gottesgemeinde löst sie den alten, heilsgeschichtlich bedingten und begrenzten Kult im Jerusalemer Tempel (V 22) ab durch die neue, auf Christus gegründete Gottesverehrung in Geist und Wahrheit und kennt dabei keinen Unterschied zwischen Juden, Samaritern und Heiden. Ihr als der Christusgemeinde ist Gottes Geist gegeben, ihr auch der neue Kult aufgegeben. e) Der neue Kult ist weder reiner Lippendienst noch auch eine rein innerliche Gottesverehrung. Die blutigen Opfer fallen fortan weg, aber der äußere Kult wird nicht völlig abgewertet, sondern auf einer höheren Ebene in sakramental-vergeistigter Weise fortgeführt. Neue Opfergabe ist nun das verklärte Fleisch und Blut des erhöhten Herrn (vgl. 6,51c 62f). Vor allem aber muss solche Anbetung im Tun der Gebote, in der Erfüllung des Liebesgebotes

Jesu (13,35) fruchtbar werden. Wahre Anbetung verlangt auch das ›Tun der Wahrheit‹ (vgl. 3,21; 1 Joh 1,6).«[9] Damit sind wesentliche Vorbedingungen und Inhalte des Unterrichtens über den Glauben ausgesagt.

Zuallererst wird mehr als deutlich, dass Glaube nicht gemacht werden kann. Es ist absolut Gnade, wenn ein Mensch zum Glauben kommt. Lebensgeschichtlich ist dies beim Menschen mit der Taufe verknüpft. Es gibt von Hause aus nicht eine Determination zum Unglauben hin.

Wichtigster Glaubensinhalt ist Jesus Christus selbst. Er ist die personale sichtbare Selbstmitteilung Gottes, der sich durch den Sohn als Vater erschließt, der zugleich in den Geist der Gotteskindschaft hineinführt.

Der aus dem Lebensvollzug des Kultes hervorwachsende Glaube bleibt damit konstruktiv auf die Gemeinde, auf die Gemeinschaft der Glaubenden bezogen. Christlicher Glaube ist nicht eine individualistische Läuterungs- bzw. Vervollkommnungslehre.

Die Anbetung Gottes im Geist und in der Wahrheit führt zu einem Handeln im »Geist und in der Wahrheit«. Glaubensleben hat Konsequenzen im Leben, das Tun der Wahrheit ist relevant.

Zusammenfassend darf im Blick auf das Hören des Wortes Gottes und den Auftrag der Verkündigung des Glaubens Wichtiges über das Selbstverständnis des Religionsunterrichts ausgesagt werden.

- Christlicher Religionsunterricht hat wesentlich kommunikativen Charakter. Dies ist begründet in der Selbstoffenbarung Gottes in Jesus Christus. Durch die Menschwerdung des Logos hat Gott grundsätzlich den Dialog mit den Menschen so strukturiert, dass er ganz und gar uns verstehen will und zugleich sich so verhält, dass Menschen ihn verstehen können.
- Alle Kundgabe Gottes ist mit den menschlichen Lebenssituationen zu vernetzen, so sehr, dass durch induktive Erkennensvorgänge die Glaubenszutaten Gottes als therapeutische Hilfe und die größere Wahrheitsdeutung des Lebens von den Betroffenen angenommen werden können.
- Die wahre Gottesverehrung vollzieht sich im Geist und in der Wahrheit. Damit wird die Gnadenstruktur des angebotenen Glaubenkönnens angesprochen. Glaube ist letztlich ein Geschenk. Religionsunterricht hat in der Ausgestaltung den Geschenkcharakter, den Gnadencharakter des Glaubens und des Lebens unbedingt bewusst zu halten.
- Christentum ist keine esoterische Religion. Sie ist vernetzt mit der Alltäglichkeit des Lebens. So, wie es sich in der Alltäglichkeit zu bewähren hat, so ist die »Gotteskindschaft« zugleich jene Wirk-

lichkeit, die den Christen in die Gemeinschaft der Schwestern und Brüder in der Kirche einbezieht und die Einmaligkeit seines Glaubens einbindet in das Gesamtangebot des göttlichen Heilswillens an alle Menschen, wie es im Sakrament der Taufe, das jedem zugänglich ist, vermittelt wird. Somit ist christlicher Religionsunterricht nie individualistisches Lehren eines Einzelnen, sondern solidarisches Verkünden aus dem Ganzen des Glaubens in die Gesamtgemeinschaft der Kirche hinein.

Reduktion – Religionsunterricht als Lernort des Glaubens

Die Qualität des schulischen Religionsunterrichts wird nicht nur von seinem Inhalt her bestimmt, sondern von der Dimension, dass er sich als »Kirchenlehre« zugleich als ordentliches Unterrichtsfach darstellt und als solches zu bewerten ist. Er muss gewissermaßen dem Lernprogramm und Lernprozess schulischen Lernens genügen. Er ist eingebunden in den lernpsychologischen Kontext eines staatlichen Bildungsprogramms. Vor diesem Hintergrund sind die Mühseligkeiten eines fortzuschreibenden Lehrplanes ebenso bestimmt wie das Reduktionsgeschehen eines Lerninhaltes auf eine bestimmte Unterrichtssequenz hin. Bildung geschieht um des Menschen willen. Anders kann es bei der Vermittlung christlicher Glaubensinhalte nicht sein. Theologisch gesprochen ist das Reduktionsverfahren für den Unterricht durch den Lehrer Abbild der schöpferischen Liebe Gottes. Denn alles, was Gott von sich selbst mitgeteilt hat und vom Menschen mit seinen Grenzen »erkannt« werden kann, beruht auf diesem Reduktionsverfahren Gottes selbst. Im besten Sinne des Wortes wollte Gott durch sein Sich-Entbergen nicht von sich selbst für sich selbst erzählen, sondern menschlich gesprochen stand dahinter die Frage einer Liebe: »Wie sag' ich's meinem Kinde?« Die Schöpfung, der Mensch, das Erlösungsdrama, die Zukunftsverheißungen, die Worte Gottes, die Sakramente der Kirche, sie sind »Reduktionsverfahren« der Liebe Gottes, um ihn zu erkennen und dadurch den Menschen begreifbar zu machen, was es letztendlich mit ihm auf sich hat: als geliebtes Wesen zur Liebe gerufen zu sein, als getragenes Wesen Leben tragen zu können, als erlöstes Wesen das Leben bejahen zu können, als beseeltes Wesen ewig leben zu dürfen. So wird der Religionslehrer gleichsam nicht nur bildungsorientiert zum Reduktionsverfahren für den Lernprozess des Glaubens in der Schule verpflichtet. Es ist zugleich eine Selbstverpflichtung aus dem Glauben heraus, dies zu tun. Je wichtiger ein Inhalt des Glaubens ist, je schwieriger er vermittelbar scheint, desto notwendiger ist dieser »Reduktionsvorgang« für die dann stattzufindende »Stoffentfaltung« fällig. Neben der theologischen Selbstverpflichtung zur Reduktion wird eine existentielle Reduktion des Lehrers abverlangt. Hier wird die Spiritualität eines Christen abberufen. Ihm kommt es zu, nicht die Größe seines Wissens, seiner Lehrkompetenz zu beweisen, so dass gleichsam die Schülerinnen und Schüler von einer »Wissensmacht« erschlagen werden. In gewisser Weise hat er nur »durchzugeben«, sich in die Reihe der Treuhänder des Glaubens zu begeben, die ihren Meister in Paulus gefunden haben und sich in seinem Wort finden: »Denn ich habe vom Herrn empfangen, was ich euch dann überliefert habe« (1 Kor 11,23). Mit dieser Eingliederung in die Gemeinschaft der Treuhänder des Glaubens, mit der Selbstreduktion des Religionslehrers in seiner Person wird zugleich ein nicht unwichtiges »Entlastungssyndrom« ausgelöst. Viele sind vom Glaubensunterrichten frustriert, erschöpft, weil sie sich selbst übernommen haben. Einmal mehr gilt es festzuhalten, dass das Glauben und der Glaube sich gottlob der menschlichen Machbarkeit und somit der Gefahr einer Ideologisierung entzieht, es ist ein Gnadenwerk Gottes, das nur durch das Freiheits-Ja des Subjekts zustande kommt, was wiederum Gnade, freie Tat Gottes am Menschen ist. Sind die eben dargestellten Reduktionsmomente für den zu haltenden Unterricht berücksichtigt worden, dann verlangen sie noch weitere Einschränkungen, die zugleich Horizonte für eine gelungene Glaubensunterrichtung eröffnen: Die Rezeptoren verlangen Reduktion der Inhalte auf die eigene Person. Die Erkenntnisse etwa der Entwicklungspsychologie oder der Sozialpsychologie zwingen dazu, objektive Glaubensinhalte so zu transformieren und zu selektieren, dass die Schönheit des christlichen Glaubens nicht nostalgisch als eine Größe für gestern oder utopisch als Wirklichkeit für morgen, sondern als Lebenserhellung für das Heute erfahrbar gemacht werden muss. Die Objektivität des Geoffenbarten ist dem Menschen als ganzem zugedacht. Das Ganze wird aber immer nur aneignenbar in der Eingegrenztheit der jeweiligen Verfasstheit einer Existenz. Damit ist selbstverständlich nunmehr die Reduktion eines Unterrichtsinhalts auf die »Einsetzbarkeit« für den Lernenden abzuverlangen, dies vor allem, wenn es um Inhalte des Glaubens geht, die den Menschen unbedingt angehen. Das Bildwort aus dem 1. Petrusbrief »Verlangt, gleichsam als neugeborene Kinder, nach der unverfälschten, geistigen Milch, damit ihr durch sie heranwachst und das Heil erlangt (1 Petr 2,2) fordert von denen, die im Glauben wachsen, eigene Selbstrücksichtnahme, setzt aber voraus, dass den Kindern Nahrung vorgesetzt wird, die ihnen bekommt: »unverfälschte Milch«.

So bleibt festzuhalten:

- Der Reduktionsvorgang für einen gelingenden schulischen Religionsunterricht ist nicht nur aus dem allgemeinen Bildungsprozess schulischen Lernens zu begründen. Er ergibt sich aus theologischen Gründen als Gottes selbst auferlegter Reduktion, sich im Blick auf den Menschen menschengemäß mitzuteilen. Gott hat nicht um seiner selbst willen, sondern um des Menschen willen »gesprochen«.
- Spirituell kommt es dem Religionslehrer zu, sich existentiell zu reduzieren. Er ist nicht Garant oder Erfinder von Glaubenswahrheiten. Er ist Treuhänder des Glaubens. Er braucht sich nicht selbst zu legitimieren. Er hat weiterzugeben, was er selbst empfangen hat.
- Die gehaltliche Reduktion des zu vermittelnden Glaubensinhaltes ergibt sich aus den Nöten des Menschen als begrenztes Wesen. Sie ist so vorzunehmen, dass mit der Glaubensdarstellung eine Sofortmaßnahme für das Leben verbunden werden kann. Dies entspricht dem Grundvorgang kirchlicher Pastoral, der durch das Christusmysterium als diakonisch, bzw. therapeutisch anzusehen ist. Wir sind eine »Heil-Lands-Kirche« (Zulehner).[10]

Sequenzen – Glaubensinhalte im »Geist und in der Wahrheit«

Spätestens jetzt werden die ins Gespräch hineingenommen, die Angst haben, der katholische Religionsunterricht verlöre sein Profil zugunsten einer allgemein religiösen Grundbefriedigung menschlicher Sehnsüchte oder eines offenen Religionsunterrichts im Sinne einer allgemeinen Religionskunde. Dass dieser Verdacht von Anfang an unbegründet ist, braucht nicht neu dargestellt zu werden. Doch Vorurteile halten bekanntlich lang und sind schwerlich abzutragen. Um so mehr ist es entscheidend, dem eigenen Mühen nachzugehen und das zu tun, was für einen guten Religionsunterricht fällig ist, Sequenzen aufzubauen, und ihre strukturierte Wirklichkeit von Stundeneinheiten, Grob- und Feinzielen im Blick zu haben. Für eine »Unterrichtsvorbereitung« auf der Metaebene bleibt es freilich dabei, Vergewisserungen der Glaubensinhalte im Sinne der Lehrpläne vorzunehmen, das in Erinnerung zu bringen, was Menschen heute aus theologischer Sicht brauchen, und worauf diese zuweilen als »nicht mehr zumutbar und nicht mehr zeitgemäß« verzichten möchten, dem gerecht zu werden, wozu der Christ als Zeuge des Glaubens gerufen ist, nämlich die von Gott zugedachten Geschenke als Gaben für das Leben zu entdecken, die den Reichtum

eines Lebens mit dem Geschenk des Glaubens, eine innere Schau von Lebenstiefe und Lebenssinn erschließt, wie es nur im Anbeten Gottes »im Geist und in der Wahrheit«, also im »Aufhalten in Gott selbst« möglich ist.
So ergeben sich folgende »Grobziele«:

- Gott lieben lernen angesichts seiner scheinbaren Nicht-Notwendigkeit. Im zweckfreien Anerkennen Gottes zugleich die eigene Würde des Seins entdecken und anerkennen, das ist die »Hauptarbeit« derer, die zur Weitergabe des Glaubens verpflichtet sind.
- Die causa prima, Gott die Erstursache, als Grund und das Ziel menschlichen Lebens, der causae secundae, ist vorrangig ins Bewusstsein zu heben.
- Eine Garantie der Anthropozentrik ist allein die Theozentrik. Der Zusammenhang muss erneut als »roter Faden« für den Religionsunterricht »durchgezogen« werden.
- Die Welt ist als Schöpfung und der Mensch als Geschöpf zu deuten, als Gabe und Aufgabe, als Geschenk und als Verpflichtung.
- Insbesondere verdient der Mensch als Abbild Gottes unbedingte Aufmerksamkeit, vom ersten bis zum letzten Moment seines irdischen Daseins. Er ist Abbild und Partner des unsichtbaren Gottes. Er ist als Wesen, das ein »Gewissen« hat, sich selbst und Gott Rechenschaft schuldig. Er ist die Antwort auf Gottes An-spruch.
- Die Kontingenzerfahrungen führen zur Zulassung des »Erlösungsdramas« Gottes in Jesus Christus. Das offenbarende Geschehen der Selbstmitteilung Gottes ist Antwort auf die in Freiheit ausgesprochene Ablehnung Gottes durch den Menschen. Gottes Ja zum Menschen ist ungebrochen. Er stiftet den Treuebund und lässt in der sich offenbarenden Heilsgeschichte keine Zweifel an seiner Liebe zum Menschen. Sein letztes Wort der Liebe ist Jesus Christus selbst. Gottes Solidarität mit den Menschen in Christus reicht in die eigene Liebe seines Seins. Alles Tödliche, Endliche, Destruktive, alle Mächte der Dunkelheiten, sind in Christus durchschritten und hineingenommen in sein Leben beim Vater. Der Mensch wird in Liebe erwartet. Hölle ist ein Axiom jener Freiheit, die Gottes freimachende Liebe nicht zulassen will.
- Christlicher Glaube ist keine private Erlösungslehre. Sie ist Gemeinschaftsvollzug. Die Botschaft Jesu ist die vom Vater im Himmel, der alle Menschen zu seinen Kindern macht, die somit geschwisterlich verbunden sind (Das Vaterunser als »Magna Charta« des Christentums).

Diese großen Zielvorgaben sollen andeuten, wie erregend die Botschaft ist, die uns anvertraut ist, und wie diese zugleich korrigierende, hinterfragende Dimension hat für eine Gesellschaft, die sich einer materialistischen Weltanschauung »verschrieben« hat. Das führt zu weiteren Konsequenzen.

Konsequenzen – Handlungsanweisungen für Christen

Die durch die Reformpädagogik fortentwickelte Religionspädagogik und die damit verwandelten Formen religiösen Unterrichtens, die eine Erfassung des Menschen mit Kopf, Herz und Hand, mit allen Sinnen, ganzheitlich, erlebnisorientiert postuliert, verdichtet sich auf die Option, Religionsunterricht müsse handlungsbezogen sein. Haltungen entstehen durch Handlungen. So wird der Religionsunterricht für viele Jugendliche im Gegensatz zu früheren Zeiten, in denen dies das Elternhaus war, zum Ort für Primärerfahrung des Glaubens. Es trifft sich gut, dass die neuen Formen der Glaubensunterrichtung mit den Grundvorgängen des christlichen Glaubensaktes vernetzt werden können. Geht es um die wahre Gottesverehrung im »Geist und in der Wahrheit« darum, den Grundakt des Glaubenkönnens als Gnadenwerk Gottes, nicht als Manipulationswerk von Menschen zu vermitteln, gehört es wesentlich zum christlichen Glauben, dass es zum Handeln kommt, es muss zum »Tun der Wahrheit«[11] kommen. Dabei ist bereits auf die Verwiesenheit von Haltung und Handlung hingewiesen worden. In diesem Falle stimmt es: »agere sequitur esse« – »esse sequitur agere.« Das christliche Handlungsgeschehen als Plausibilität des Glaubensgeschehens verknüpft sich mit der Überzeugung, dass der Mensch in seine Identität vollgültig aus der Wirklichkeit der Taufgnade empfängt, die gelungenes Menschsein unter dem Begriff »Heiligkeit« subsumiert und zugleich die Weltbehandlung als Heiligungsdienst an ihr bewertet. Ohne eine umfassende und vollständige Handlungsanweisung geben zu wollen, soll in diesem Zusammenhang doch mit einem Reduktionsverfahren auf einige Haltungen und Handlungen hingewiesen werden, die es für das Lernprogramm eines handlungsorientierten Religionsunterrichtes vor dem Hintergrund all dessen, was bisher dargestellt wurde, zu beachten gilt.
Zwei wichtige Grundhaltungen, die faktisch im heutigen Alltagsleben nicht hoch im Kurs stehen, aber ganz und gar dem Menschen eignen, sind *Ehrfurcht* und *Staunen*. Die zerlegte Welt, der gläserne Mensch, die kodifizierte Nummer, der medien-visuelle Exhibitionismus lassen Menschen zu einem »Unter-Tier« verkommen. Es wird hier keinem Kulturpessimismus das Wort geredet, sondern daran erinnert, woraus der Christ lebt: Alles ist Abbild des unsicht-

baren Gottes. Wer mit dem Bewusstsein lebt, in Güte angeschaut zu sein, der wird eine Haltung der Ehrfurcht und des Staunens sich zu eigen machen. Wird dieser Grundakt der Weltanschauung im Blick auf die Schöpfungsträgerschaft der Welt durch Gott weiter sensibilisiert, so wird mit dem Begriff »*Achtsamkeit*« weit mehr verbunden als ein schönes Wort. Der Achtsame ist einer, der sich zurücknehmen kann, und aus dieser Vornehmheit der Zurückhaltung die Anderen und das Andere bedeutsam werden lässt. Er fügt sich in den Gesamtbauplan der Schöpfungs- und Gnadenordnung Gottes ein. Weil er etwas von der Achtsamkeit Gottes erfährt, verfährt er ebenso mit sich und dem Weltganzen. Damit wächst er hinein in einen Lebensprozess *demütiger Selbstannahme*. Gerade dies führt den Menschen zur eigenen, zugleich gottgewollten *Identität*. Solche Haltungen werden durch Handlungen entwickelt. Solche Haltungen führen zu entsprechenden Handlungen. Handlungen sichern hier Haltungen ab. Das Leben im »Geist und in der Wahrheit« verlangt zweifellos das *Gebet* und die *Meditation*. Der Mensch muss sich bei Gott aufhalten, um zu erfahren, dass Gott in der Tat den Menschen aufhält. Es führt dazu, dass der Mensch weiß, er ist bereits ohne Tat geliebt, er ist gerufen, den Lebensraum aus *Muße, Kunst und Kultur* zu gestalten, weil sie die Räume eröffnen, in denen der Mensch gleichsam als »nicht verzweckte Freiheit« existieren darf. In der *Gelassenheit* erlösender Freiheit wird das Leisten, die *Arbeit* nicht nur notwendiges Übel, Broterwerb, sondern zugleich schöpferischer Vollzug, kreatives Mitgestalten. Bei den erworbenen Gütern geht es dann nicht im Eigentlichen um »Besitzstandswahrung«, sondern um die Freude am Leben zu genießen und um die Verantwortung, anderen zum Lebens-Genuss zu verhelfen, um dem Leben wirklich zustimmen zu können. Wirkliche *Solidarität* mit den Armen ist nicht die Ent-wertung des Eigenen, sondern Zu-wendung durch das Eigene zum Eigen-Sein des Anderen. Weil der Mensch so doch mehr empfängt als er gibt, ist er gerufen zum *Bekennen* und *Anerkennen* der Vor-Gaben der Anderen und letztlich zum Loben und Preisen des Grundes seines Daseins, Gott selbst.

Keine Frage, es gibt im Religionsunterricht viel zu tun. Keine Frage, es wird viel getan. Und keine Frage, worauf es unbedingt ankommt, das sagt uns Jesus selbst. Er soll das letzte Wort haben. Auf ihn ist Verlass.

»Da stand ein Gesetzeslehrer auf, und um Jesus auf die Probe zu stellen, fragte er ihn: Meister, was muss ich tun, um das ewige Leben zu gewinnen? Jesus sagte zu ihm: Was steht im Gesetz? Was liest du dort? Er antwortete: *Du sollst den Herrn, deinen Gott, lieben mit ganzem Herzen und ganzer Seele, mit all deiner Kraft* und all deinen

Gedanken und: *Deinen Nächsten sollst du lieben wie dich selbst.* Jesus sagte zu ihm: Du hast richtig geantwortet. Handle danach, und du wirst leben. Der Gesetzeslehrer wollte seine Frage rechtfertigen und sagte zu Jesus: Und wer ist mein Nächster? Darauf antwortete ihm Jesus: Ein Mann ging von Jerusalem nach Jericho hinab und wurde von Räubern überfallen. Sie plünderten ihn aus und schlugen ihn nieder; dann gingen sie weg und ließen ihn halbtot liegen. Zufällig kam ein Priester denselben Weg herab; er sah ihn und ging weiter. Auch ein Levit kam zu der Stelle; er sah ihn und ging weiter. Dann kam ein Mann aus Samarien, der auf der Reise war. Als er ihn sah, hatte er Mitleid, ging zu ihm hin, goss Öl und Wein auf seine Wunden und verband sie. Dann hob er ihn auf sein Reittier, brachte ihn zu einer Herberge und sorgte für ihn. Am andern Morgen holte er zwei Denare hervor, gab sie dem Wirt und sagte: Sorge für ihn, und wenn du mehr für ihn brauchst, werde ich es dir bezahlen, wenn ich wiederkomme. Was meinst du: Wer von diesen dreien hat sich als der Nächste dessen erwiesen, der von den Räubern überfallen wurde? Der Gesetzeslehrer antwortete: Der, der barmherzig an ihm gehandelt hat. Da sagte Jesus zu ihm: Dann geh und handle genauso« (Lk 10,25–37).
Dem ist nichts hinzuzufügen.

Anmerkungen

1 Wahrheit, in: Lexikon für Theologie und Kirche, hg. v. W. Kasper u.a., Bd. 10 (Freiburg, Basel, Rom, Wien [3]2001) 926–940.

2 N. Harnoncourt, Was ist Wahrheit? Zwei Reden, Salzburg 1995, hier: ders. »Was ist Wahrheit? oder Zeitgeist und Mode.« –, a.a.O., 5–22.

3 Ebd., a.a.O., 15f.

4 Vgl. H.U.v. Balthasar, Die Wahrheit ist symphonisch, Aspekte des christlichen Pluralismus, Einsiedeln 1972.

5 Harnoncourt, a.a.O., 16f.

6 R. Schnackenburg, Das Johannesevangelium, 1.Teil (Freiburg, Basel, Wien [2]1967) 460–476.

7 Vgl. ders., a.a.O., 467ff.

8 Vgl. ebd., bes. 469.

9 Ebd., a.a.O., 472f.

10 M. Zulehner, J. Brandner, »Meine Seele dürstet nach dir« (Psalm 63,2), Gottes Pastoral, Ostfildern 2002, 75.

11 Schnackenburg, a.a.O., 473.

II. Erfahrungen

Harald Drescher

... Szenenwechsel

1. Im Archiv des Gedächtnisses

Eine 9. Klasse an einem Gymnasium in den 70-er Jahren, Religionsunterricht am Ende einer Themeneinheit, es muss – so ist es im Curricularen Lehrplan vorgesehen – zusammen mit der Klasse besprochen und ausgewählt werden, worum es in der nächsten Zeit im Religionsunterricht gehen soll. Der Religionslehrer teilt an die Klasse eine Liste aus mit den Themenbereichen, die zur Auswahl stehen, und bittet um Diskussionsbeiträge bzw. Optionen für bestimmte Themen. Ganz hinten in der Klasse sitzen gespannt eine Referendarin und ein Referendar, die zusammen mit dem Religionslehrer – er ist nämlich ihr Seminarlehrer und soll sie in die Kunst des Religionsunterrichtes einführen – gespannt sind, wie die nun folgende Diskussion verlaufen und was das Ergebnis der Abstimmung sein wird. Schließlich wird die Klasse aufgeteilt werden, um den beiden Junglehrern eine überschaubare Gruppe für die ersten Lehrversuche zukommen lassen zu können. Dies weiß allerdings die Klasse noch nicht.

Es breitet sich allmählich etwas Unsicherheit und Unbehagen aus, weil keine Wortmeldungen erfolgen. Deshalb versucht der Religionslehrer die Themen etwas zu veranschaulichen. Er erläutert, was sich hinter den für uns Schüler z.T. unverständlichen Formulierungen verbirgt. Langsam verstehen wir den Inhalt der einzelnen Themenbereiche und der Fachausdrücke. Jetzt müsste es also soweit sein: Jede Schülerin und jeder Schüler entdeckt »ihr und sein« Thema, schlägt es vor und versucht die anderen, die ein anderes Thema favorisieren, von ihrer und seiner Ansicht zu überzeugen. So oder so ähnlich muss wohl der Grundgedanke der Lehrplanmacher gewesen sein: Wir bieten den Schülerinnen und Schülern wertvolle und anspruchsvolle Inhalte an, in denen sie sich und ihr Leben wiederfinden können. Denn schließlich warten sie voller Spannung darauf, welche neuen Erkenntnisse sie im Unterricht entdecken werden, die sie dann für ihre Lebensgestaltung aus dem Unterricht mitnehmen können. Religionsunterricht als Lebenshilfe!

Die Realität im Klassenzimmer sieht allerdings anders aus: Trotz ermunterndem Einstieg: »Jetzt dürft ihr mal wählen, was euch inter-

essiert. Nutzt die Chance! Wo gibt es das sonst noch im Schulalltag?« und verhaltenen Tipps, welche Themenbereiche uns womöglich besonders interessant aufbereitet werden könnten, reagiert niemand. Nach einer zermürbenden Stille fasst sich der Religionslehrer wieder, wird sehr ernst und stellt nüchtern fest: »Ich nehme zur Kenntnis, dass die Klasse an keinem der angebotenen Themen interessiert ist. Somit hat es keinen Sinn mehr, weiter die Zeit totzuschlagen. Ich erkläre hiermit den Religionsunterricht in dieser Klasse für beendet.« Sprach's und verließ den Raum ohne weiteren Kommentar.
Damit hatten wir nicht gerechnet. Wir kannten unseren Lehrer schon länger von den Schulgottesdiensten her, die er als katholischer Geistlicher mit der Schulgemeinschaft feierte. Doch im Unterricht hatten wir ihn in diesem Schuljahr zum ersten Mal. Er befand sich für uns sozusagen noch in der Erprobungsphase; und dazu gehörte nun einmal, dass wir auch seine »Leidensbereitschaft« bzw. sein Repertoire an Reaktionen austesteten und wenn möglich auch bewusst provozierten. Das war nichts Besonderes, schon gar nicht persönlich gemeint, denn als routinierte Klasse an einer Seminarschule, die mit vielen Lehrer- bzw. Referendarwechseln konfrontiert wurde, mussten wir uns ja individuell orientieren, wieweit unser jeweiliger »Spielraum« reichte und was für eine Art von Lehrerpersönlichkeit jetzt »dran« war. Dieses »Verfahren« erwies sich (zumindest aus unserer Schülersicht) für die Gestaltung des unterrichtlichen Beisammenseins als höchst effizient.
Doch mit einer derartig intensiven Lehrerreaktion hatten wir noch nie umgehen müssen. Zunächst stolz über den »Sieg« bekamen wir schnell ein schlechtes Gewissen. Wir hatten den Eindruck, unseren Lehrer persönlich verletzt zu haben. So etwas hatten wir absolut nicht gewollt! Hilfesuchend wandten wir uns an die im Raum zurückgebliebenen Referendare, denen wir unsere Irritationen klarmachten. Sie rieten uns, doch zu versuchen, den Lehrer wieder in die Klasse zurückzuholen und um eine zweite Chance zur Themendiskussion zu bitten. Diese unangenehme Aufgabe fiel dem Klassensprecher zu. Einen Lehrer darum zu bitten (!) Unterricht zu halten – wer von uns hätte sich jemals Derartiges träumen lassen?
Nach erfolgreichen »Friedensverhandlungen« kam es schließlich zu einer durchaus konstruktiven Diskussion. Zwei Lerngruppen wurden gebildet, in denen jeweils verschiedene Unterrichtsprojekte von den Referendaren durchgeführt wurden.
Ich weiß nicht mehr, welche Themen wir damals auswählten. Auch musste ich später an der Universität gelegentlich den Spruch hören: »Das sollte Ihnen eigentlich schon von ihrem Religionsunterricht her bekannt sein.«

Wenn ich allerdings einen Erklärungsversuch wage, weshalb mir diese Begebenheit in unvergesslicher Erinnerung geblieben ist, dann ist es wohl nicht primär der Stoff, sondern stets die Lehrerpersönlichkeit gewesen, die für uns die Garantie dafür abgab, dass es lohnend sein kann, sich mit Dingen des Glaubens zu beschäftigen. Im konkreten geschilderten Fall wurde uns deutlich, wie sehr sich Lehrende im Religionsunterricht auch persönlich der Situation ausliefern und sich dadurch angreifbarer machen als andere Fachlehrer. Somit kann ich Jürgen Werbick nur zustimmen, wenn er ausführt: »Gefragt sind Vermittler, die die Spannung auszutragen und zu gestalten versuchen zwischen Glaubens(tradition) und Inkulturation, zwischen denen, die das Erbe *bewahren* wollen, und denen, die von diesem Erbe und mit ihm heute und morgen *leben* wollen. Solche Vermittlung hat den Charakter des Zeugnisses, das an die Heranwachsenden jene Herausforderung weitergeben möchte, die in Jesu Einladung in die Gottesherrschaft zum Ursprungsgeschehen des Christentums wurde und seither Ursprungsgeschehen jeder christlichen Existenz ist. Dieses Zeugnis wird nur authentisch und glaubwürdig sein, wenn es als das Zeugnis einer frei verantworteten, engagiert erlittenen und immer wieder neu ergriffenen Glaubens-Überzeugungs-Geschichte wahrgenommen werden kann.«[1]
Noch zahlreiche sehr unterschiedlich geprägte Lehrerpersönlichkeiten erlebten wir in unserem Religionsunterricht an einer Seminarschule. »Den« Religionslehrer und »die« Religionslehrerin zu definieren, heißt für mich heute, zwar die fachliche und methodische Kompetenz ins Blickfeld zu nehmen, sie kann aber unmöglich von sozialer und persönlicher Kompetenz abgetrennt werden. Als Schüler achteten wir auf beides! Ich habe die Erfahrung gemacht, dass dies heute nicht anders ist.

2. Die Hinwendung zu den Lebenden

Besonders bei Klassen, denen ich sowohl Religionsunterricht erteile, als auch mein zweites Fach, nehme ich bei den Schülerinnen und Schülern eine Art Szenenwechsel wahr. Hier ein »hartes« Schulfach mit Schulaufgaben, deren Ergebnisse »gnadenlos« Wissenslücken aufdecken, in dem der Kampf um und der Stolz auf mühevoll erarbeitete Erfolge die (fast) alltägliche Atmosphäre ausmachen, dort ein »weiches« Schulfach, in dem man zwar relativ leicht jederzeit in den Stoff »einsteigen« kann, von dem man sich aber auch ggf. sogar »abmelden« kann. Dieser Szenenwechsel bedeutet auch eine Herausforderung. Denn es besteht bereits strukturell die Gefahr, dass der »Wert« des Faches schon aufgrund der schulinternen Einstufung als niedriger, wenn nicht sogar vernachlässigenswert angesetzt wird. Zudem ist grundsätzlich von einer pluralen, äußerst heterogenen religiösen Sozialisation der Schülerinnen und Schüler auszugehen, wie sie von Heiner Barz in seiner differenzierten Analyse bereits 1992 vorgestellt worden ist.[2]

1. Die **religiös desinteressierten Kirchenfernen** kommen aus Familien, in deren Herkunftsfamilien Religion keine Rolle spielt, Erfahrungen in und mit Kirchengemeinden vor Ort sind eher ritueller Art (Kommunion, Firmung), »weil es halt dazugehört...«. Der Religionsunterricht wird als »kleineres Übel« absolviert, es reicht vollauf, wenn dort eine freundliche Atmosphäre herrscht und der Anforderungs- und Notendruck sich in denselben Grenzen, wie in den anderen »Nebenfächern« bewegt. Manchmal wird Religion sogar als Abiturfach gewählt, weil man sich gute Noten für den Abiturdurchschnitt verspricht.

2. Die **religiös interessierten Kirchenfernen** kommen aus Elternhäusern, in denen Religion durchaus eine Rolle spielt, sie nehmen/nahmen an kirchlichen Angeboten (Kinder- und Jugendgottesdienste, Jugendgruppen) teil, gaben/geben sie aber undramatisch auf, wenn attraktivere Angebote für ältere Jugendliche von nicht-kirchlichen Stellen gemacht werden. Ihre Wahrnehmung von Kirche ist stark personenabhängig geprägt (Pfarrer, Gruppenleiter Religionslehrer). Stimmt das Verhältnis zum Religionslehrer, ist auch die Bereitschaft zur Mitarbeit meist sehr ausgeprägt, unabhängig, welche Themen gerade besprochen werden.

3. **Kirchennahe** Jugendliche kommen aus stark religiös geprägten Elternhäusern, sind allmählich und selbstverständlich über ein christliches familiäres Umfeld in den Glauben und in kirchliche Handlungsfelder hineingewachsen, in denen sie sich dann auch aktiv in Jugendgruppen miteinbringen. An den Religionsunterricht haben sie den hohen Anspruch, dass er den bereits eingeschlagenen Weg begleitet und bekräftigt. Die religiöse Primärsozialisation durch die Familie möchten sie im Unterricht mittels kompetenter »Fachgespräche« mit anspruchsvollen Themen vertiefen. »Kuschelpädagogik« seitens des Religionslehrer empfinden sie eher als unangemessene Zeitvergeudung und peinliche Anbiederung. Die Sache ist ihnen ernst, sie wollen qualifiziertes Wissen erwerben.

Schülerinnen und Schüler dieser Gruppe stehen daher mitunter religiösen Zusatzangeboten im schulischen Rahmen (z.B. Orientierungstagen) skeptisch gegenüber, weil das stark sozialpädagogisch geprägte Programmangebot für sie zu wenig religiös-inhaltliche

Substanz besitzt. Lieber und eher lassen sie sich für Mitarbeit z.B. in Gottesdienstteams gewinnen.
Manchmal wünschte ich mir, ich könnte die drei Gruppen aufteilen, wie oben am Beispiel aus meiner eigenen Schulzeit beschrieben. Die Voraussetzungen und Bedürfnisse aller drei Gruppen in ein ausgewogenes unterrichtliches Gesamtkonzept zu integrieren, ist eine Herausforderung, der es sich täglich zu stellen gilt – mit unterschiedlichem Erfolg! Oft zeigen sich dabei die Grenzen eines ausgefeilten, detaillierten Lehrplanes. Denn je nach Zusammensetzung der Lerngruppe aus den drei oben skizzierten Schülertypen können manche Themenbereiche schier gar nicht, müssten andere wiederum viel ausführlicher als vom Lehrplan vorgesehen behandelt werden können. Der Grundgedanke des neuen Lehrplanes, wonach zu einem Bestand an Grundwissen dem pädagogisch-didaktischen Ermessen der einzelnen Lehrkraft mehr Freiräume zugestanden werden, kann hoffentlich dazu beitragen, den oft frustrierenden Stoffdruck auf ein erträgliches Maß zu reduzieren.
Hinzu kommt bei der Wahrnehmung der rasanten Veränderung jugendlicher Lebenswelten eine wachsende Unsicherheit bezüglich der konkreten Inhalte, des Wissens und Könnens, das ich den mir anvertrauten jungen Menschen mitzugeben versuche. »Die lehrenden Erwachsenen haben ihre Selbstsicherheit weitgehend eingebüßt. Sie sind sich oft genug im Zweifel darüber, ob sie *Bewährtes* weitergeben; und sie fragen sich, ob *ihre* Erfahrungen den Heranwachsenden helfen werden, die *ihnen* bevorstehenden Herausforderungen zu meistern.«[3]
Eine freche Karikatur, wahrscheinlich aus der Feder einer Religionslehrerin oder eines Religionslehrers, versucht dieses Dilemma in einer kurzen Bildergeschichte aufzuzeigen.

»Da bezeugt jemand mit bewundernswerter Sicherheit und Eindeutigkeit seinen Glauben mit einem fertigen Satz. Dieser zielt auf Identifikation und Übernahme von Geglaubtem und stellt sich dar als die Konzentration eines umfassenden Antwortsystems.«[4]
Norbert Copray räumt weder dem alten verkündigungsorientierten Ansatz noch dem etwas modifizierteren Ansatz der Weggenossenschaft eine realistische Chance ein, wenn er nüchtern folgert: Die »Haltungen und Wahrnehmungsmuster junger Menschen lassen darauf schließen, daß der RU als Verkündigungsunterricht, als systematischer Versuch, Glaubenslehre weiterzugeben, weithin hinfällig ist. Nicht einmal die Weggenossenschaft des Glaubens dürfte sich aufrecht erhalten lassen, denn viele junge Leute definieren sich nicht in diese Glaubensgemeinschaft des Weges hinein, obwohl sie am Religionsunterricht teilnehmen.«[5]

Es mag dahingestellt bleiben, ob Snoopy nur provozieren will oder ob er mit seiner freundlichen Provokation die Wirkungslosigkeit der fertigen Antwort für ihn persönlich enthüllen möchte. »Da antwortet jemand auf eine Frage, die in dieser Bildergeschichte keiner stellt. Das ist die Tragik dieses Glaubenszeugens. Ob er sie überhaupt bemerkt? Wird er seine Antworten weiter verbissen vor sich hertragen? ... Hat er es überhaupt gelernt, auf solche Fragen Antworten zu geben, die im guten Sinne fragwürdig bleiben? Kommt es zu einer Kommunikation zwischen diesen beiden Gestalten? Immerhin: Das Angebot hierzu ist von Snoopy gemacht.«[6]

3. Die Auseinandersetzung mit dem Glauben

Christlicher Glaube ist und bleibt riskant und eine Zumutung – allerdings mit einem Versprechen von Leben in Fülle! Es ist rational nur eingeschränkt vermittelbar, weshalb die Ethik Jesu die sinnstiftendere Variante sein soll angesichts des Marktes der Möglichkeiten, auf dem heutzutage junge Menschen Sinn angeboten bekommen. Jedoch besteht im Religionsunterricht die besondere Chance, nicht beziehungslos »über« etwas zu informieren – dies mag in Fächern wie LER oder ähnlich weltanschaulich neutral informierenden Fächern geboten (und gewünscht) sein. Das Proprium, das den Religionsunterricht aus dem übrigen Fächerkanon herausragen lässt, ist der Umstand, dass ich als Religionslehrer grundsätzlich persönlich und mit meiner eigenen Existenz für die Wahrheit des Stoffes »hafte«. Diesen »Szenenwechsel« im Schulalltag erwarten auch die Schülerinnen und Schüler. Sie wollen nicht nur »richtige« Informationen erhalten – wie in anderen Fächern üblich –, sondern zusätzlich verbürgt bekommen, dass der Inhalt auch »wahr«, d.h. existenziell relevant ist. Dieser berechtigte Anspruch macht das Unterrichten von Religion über die Maßen zu einer herausfordernden, aber auch persönlich bereichernden Aufgabe. »Für den Religionslehrer sind infolgedessen Religiosität und Glaube nicht nur ein Gegenstand, sondern auch ein Standort. ... Bei ihm wissen Schüler, Eltern und Gesellschaft, woran sie sind. Auf solche Transparenz haben sie einen Anspruch. Erst in der Begegnung mit einer Person, die sich entschieden und eine Glaubensposition für sich verbindlich gemacht hat, erfährt der Schüler, dass religiöse Fragen den Menschen vor die Entscheidung stellen.«[7] Jedesmal wenn ich mich als Lehrer auf die Suche mache, wie die biblische Botschaft immer wieder neu ausgesprochen und pointiert werden kann, bedeutet dieses Fragen und Ringen auch für mich ein Fortschreiten im Glauben, das ohne diese Auseinandersetzung womöglich nicht in Gang kommen würde. Die Entdeckungen, die ich auf diesem Weg mache, können somit auch mich verändern – noch bevor ich darüber mit meinen Schülerinnen und Schülern in Kontakt getreten bin. Eine für mich sehr ansprechende Weise, in einfachen Worten die Einladung unseres Gottes, sich auf den Weg zu machen, zu formulieren, findet Jörg Zink, wenn er schreibt:

»Scheue dich nicht, den Kürzeren zu ziehen. Das ist der Weg zur Gerechtigkeit. /
Lass dir etwas entgehen, so gibst du den Menschen um dich her mehr Leben. /
Wolle niemals einen Sieg. Das ist der Weg zum Frieden. /

Wolle nicht recht haben. Das ist der Weg zur Gemeinschaft mit den Rechthabern./
Sorge nie nur für dich selbst. Das ist der Weg zum Glück. /
Warte nicht für alles auf einen Lohn. Das ist der Weg zur Erfüllung. /
Versuche nicht, dich zu sichern. So wirst du frei und dein Weg offen sein. /
Lass dich los, so bekommst du dich selbst in die Hand. /
Wolle nicht dich selbst verwirklichen. So gewinnst du dich selbst. /
Niemand steht über dir außer Gott allein. Du kannst also für deine Überzeugung stehen gegen jeden Trend und jede Macht. /
Liebe und geh an deine Arbeit. Du wirst nicht nach ihrem Sinn fragen müssen.«[8]

4. Die »eiserne Ration«

»Eine Weggemeinschaft des Lebens und der Sinnsuche ist als eigenständiger Wert des Religionsunterrichts zu entdecken, und dagegen ist die Glaubensgemeinschaft nicht auszuspielen.«[9] Der Religionsunterricht darf sich nicht erschöpfen bzw. verzetteln in einem (zumindest aus der Sicht mancher Schülerinnen und Schüler so empfundenen) Wirrwarr von Einzelinhalten.[10] Es darf der Religionslehrerin und dem Religionslehrer nie aus dem Blickfeld geraten, in welcher konkreten Unterrichts- bzw. Lebenssituation sich die jungen Menschen, die ihm anvertraut sind, jetzt gerade befinden. Ich muss mir zwar im alltäglichen Unterrichtsbetrieb für meinen Stoff eine bestimmte Gliederungsstruktur, methodisch angemessene Arbeitsformen, passenden Medieneinsatz u.v.m. erarbeiten, doch die konkrete Situation, die mir im Klassenzimmer begegnet, wird letztlich nicht immer präparierbar und schon gar nicht »beherrschbar« sein können. Eine wache Sensibilität für Stimmungen und situative Komponenten bewahren mich als Religionslehrer vor einem Abheben in – mögen sie auch noch so gut reflektiert und ausgearbeitet sein – theoretische Höhenflüge und signalisieren den Schülerinnen und Schülern, dass der Stoff nicht um seiner selbst willen, sondern um ihrentwillen es wert sein kann, erarbeitet zu werden. Oder in Abwandlung eines bekannten Jesus-Logions: *Der geplante Stundenverlauf ist für den Menschen da, nicht der Mensch für den geplanten Stundenverlauf.*[11]
Weiterhin kann es als wenig hilfreich gesehen werden, den real existierenden religiösen Analphabetismus wegzudiskutieren, zu verdrängen oder die »guten« alten Zeiten zu verklären. Dieser durchaus nachvollziehbare Verdrängungsmechanismus ist immer wieder

besonders bei Außenbeobachtern anzutreffen, die sich *über* den aktuellen Religionsunterricht Gedanken machen. Entsprechend kritisch bzw. negativ fällt dann auch das Urteil über den »heutigen« Religionsunterricht aus. Statt Anerkennung und Solidarität ernten Religionslehrkräfte Misstrauen und Vorwürfe. Doch jeglichem Vergleich mit volkskirchlichen Verhältnissen muss, da völlig unangemessen und anachronistisch, entschieden entgegengetreten werden. Denn unbestritten gilt, was Anton Bucher in seiner empirischen Studie belegt hat: »Bayern ist nicht mehr *der* katholische Freistaat, in dem in den meisten Familien regelmäßig gebetet und die Messe Sonntag für Sonntag besucht wird.«[12]

Andererseits muss meiner Ansicht nach dringend davor gewarnt werden, in resignativem Selbstmitleid zu versinken und generell Chancen und Möglichkeiten des Religionsunterrichts in Frage zu

stellen – ein Problem, mit dem sich nicht selten gerade engagierte Lehrkräfte nach dem Abklingen der anfänglichen Berufseuphorie und der damit einhergehenden Ernüchterung konfrontiert sehen.[13]
Letztere Argumentationsfigur kann nämlich genauso wie die vergangene Zeiten glorifizierende keine weiterführenden Perspektiven anbieten. »Man stelle sich vor, Sport- oder Musiklehrerinnen und -lehrer würden sich ihrer bedienen! Eltern treiben keinen Sport – also kann ich mit Schülerinnen und Schülern nicht turnen. – »Klassische« Musik wird zuhause nie gehört – also kann ich ihnen Beethoven und Mozart nicht nahe bringen usw.«[14]
Mag auch der Wind der Religionslehrerin und dem Religionslehrer mitunter noch kälter ins Gesicht wehen als den o.g. Kolleginnen und Kollegen, so hat Bucher erstaunlicherweise entdeckt, dass Kreativität und persönliches Engagement sehr wohl ihre Wirkung entfalten können. »Obschon religiös stärker sozialisierte SchülerInnen dem Religionsunterricht gewogener sind und ihm höhere Effizienz attestieren, gelingt es ihm in einem beachtlichen Maß, auch bei religiös kaum oder nicht Erzogenen auf Akzeptanz zu stoßen.«[15]
Meine feste Überzeugung: Gerade *weil* die uns anvertrauten jungen Menschen in einer Welt leben, die vor allem von Naturwissenschaft und Technologie geprägt ist, sind wir als Religionslehrkräfte dazu aufgerufen, den Aspekt der Transzendenz in die intellektuelle und emotionale Erziehung miteinzubringen!
Noch immer wollen Menschen wissen, »welchen Sinn ihr Leben hat, wofür es sich zu leben lohnt, wie man richtig lebt, ob und warum es sinnvoll ist, an Gott zu glauben und an ein Leben nach dem Tod.«[16]
Schulische Erziehung würde ohne das Angebot eines Letzt-Sinns verarmen, würde die im Stich lassen, die sich für das qualitative »Mehr« jenseits von Konsum und Fun interessieren. Was uns Menschen unbedingt angeht, darf im schulischen Bereich nicht unberücksichtigt bleiben. Soll ihr Leben gelingen, müssen die Erwachsenen von morgen fähig sein, »religiöse Überlegungen über Befunde anzustellen, auf die sie im Leben stoßen werden.«[17] Diesbezüglich scheint immer noch der Ansatz der korrelativen Verschränkung von Lebenswirklichkeit und Deutungsangebot aus dem Glauben heraus einen wichtigen Beitrag zur Identitätsbildung eines jungen Menschen leisten zu können. Den Menschen ernst nehmen und zu neuen Einsichten und daraus resultierenden Handlungsweisen führen, dieses Modell gründet letztlich auf dem Beispiel Jesu, der ja Zentrum und Ziel allen religionspädagogischen Handelns darstellt.
»Gewiss kann ein philosophisch begründeter Atheismus eine intellektuell und auch moralisch respektable Position sein; aber zumindest ist eine explizite Auseinandersetzung mit der Gottesfrage und

mit dem Problem des Todes unabdingbar, wenn ein Jugendlicher nicht banal werden soll. Die Tabuisierung gar dieser Fragen ist ein Verbrechen an der kindlichen Seele, die Widerstandskräfte zu gewinnen vermag, wenn sie weiß, dass sie sich an einer Instanz orientieren kann, die die faktischen, sozial geltenden Üblichkeiten transzendiert.«[18]

5. Das Ganze im Symbol

Heutzutage kann man bei Martinszügen vielerorts die Verwendung kleiner Lämpchen, die von Batteriestäben in eine Laterne hineinhängen, beobachten. Die praktischen Vorteile des künstlichen Lichtes liegen auf der Hand: Die Eltern müssen sich nicht um offenes Feuer in Kinderhand Sorgen machen. Kein Wind oder Regenwetter kann das Licht löschen. Die Birnchen tropfen nicht, spenden gleichmäßige Helligkeit und haben zudem – vorausgesetzt der Ladezustand der Batterie wurde rechtzeitig vor dem Laternenzug überprüft – eine deutlich höhere Lichtausbeute als traditionelles Kerzenlicht. Laternen mit echten Kerzen dagegen werden als etwas Besonderes, Außergewöhnliches neidvoll bewundert oder manchmal auch wegen ihrer Störanfälligkeit mitleidig belächelt.

Als mein »Wahr-Zeichen« für den Religionsunterricht mag eine von Kerzenlicht erleuchtete Laterne gelten. Ihr warmes, lebendig flackerndes Licht stellt einen wohltuenden Kontrast dar zu den perfekt, mitunter nüchtern und distanziert bis in den letzten Winkel ausleuchtenden Lichtquellen, von denen wir mehr, als es uns zuweilen gut tut, täglich umgeben sind. Eine einzige Kerze kann die ganze Lebenskonstellation, besonders wenn es dunkel und düster geworden ist, in ein völlig neues, künstlich nicht nachzumachendes Licht versetzen.

Nicht umsonst genießen es viele Schülerinnen und Schüler, im Advent vor dem Unterrichtsbeginn die helle Klassenzimmerbeleuchtung auszuknipsen und stattdessen bei Kerzenschein mit einem Gebet und einer kurzen Geschichte den Schultag zu beginnen. Vielleicht müssen sie zu Hause auf solche einfachen und unspektakulären Erlebnisse verzichten oder werden geblendet von vorweihnachtlichen High-Tech-Illuminationen in oder vor ihren Wohnungen.

Nach dem Massaker im Erfurter Gutenberg-Gymnasium haben wir im Foyer unserer Schule mit einem schwarzen Tuch, das sich von der Decke bis zum Boden spannte, den alltäglich gewohnten Weg der Schülerinnen und Schüler ins Treppenhaus versperrt. Sie mussten nun einen Umweg gehen. Doch vor der schwarzen Abspannung haben wir eine einzige große Wachskerze aufgestellt und in der gesamten Zeit bis zur Trauerfeier in Erfurt brennen lassen. In mehreren persönlichen Gesprächen ging mir auf, wie sehr sich viele davon angerührt fühlten, obwohl oder gerade weil rational erklärende Worte in dieser Situation an ihre Grenze gekommen waren.

Wenn Religionsunterricht als »Szenenwechsel« thematisiert worden ist, dann hängt dies meiner Ansicht nach mit der anderen Beleuchtung und Ausleuchtung der Realität zusammen, die in diesem Fach erfolgt. Gelingt es, im Religionsunterricht die Szenenbeleuchtung und somit die gesamte Szene zu wechseln, wird dadurch ein wertvoller Beitrag zur Humanisierung der Schule und damit ein Dienst an den jungen Menschen geleistet.

Anmerkungen

1 J. Werbick, Heutige Herausforderungen an ein Konzept des Religionsunterrichts, in: Katechetische Blätter 7/93, 458.

2 Die folgende Einteilung lehnt sich an an: H. Barz, Jugend und Religion, Opladen 1992,157 f.

3 J. Werbick, a.a.O., 459.

4 G. Hilger, Antwort und Frage, in: Katechetische Blätter 2/92, 85.

5 N. Copray, Tendenz fallend. Das Verschwinden von Kirche und Christentum in der Jugendkultur. Die aej-Studie »Jugend und Religion«, in : Katechetische Blätter 2/92, 640.

6 G. Hilger, a.a.O., 85.

7 Der Religionsunterricht in der Schule. Ein Beschluß der Gemeinsamen Synode der Bistümer für die Bundesrepublik Deutschland, in: Sekretariat der Deutschen Bischofskonferenz (Hg.), Texte zu Katechese und Religionsunterricht, Arbeitshilfen 66, 1998, 173.

8 J. Zink, in: Publik-Forum, Zeitung kritischer Christen, Oberursel, Ausgabe 2/2003, Dossier: Abschied von der Bibel?

9 N. Copray, a.a.O., 640 f.

10 Es muss nüchtern konstatiert werden, dass manchen Schülerinnen und Schülern die elementaren Texte und Inhalte des Christentums (z.B. Vater unser, Apostolisches Glaubensbekenntnis, Dekalog, Kirchenjahr ...) erst im Religionsunterricht (wieder) begegnen.

11 Vgl. Mk 2,27.

12 A. Bucher, Religionsunterricht zwischen Lernfach und Lebenshilfe. Eine empirische Untersuchung zum katholischen Religionsunterricht in der Bundesrepublik Deutschland, Stuttgart-Berlin-Köln 2000, 82.

13 Ein Beispiel dafür, wie sich Fachkollegen aus der Mathematik bissig mit dem »Niedergang der Schule« und ihres Faches beschäftigen, veröffentlichte das Haller Tagblatt am 14.10.98. Darin wird der Wandel einer Rechenaufgabe aufgezeigt. Von den dort ausgeführten sechs 10-Jahres-Schritten mögen hier vier genügen:
»* Hauptschule 1960: Ein Bauer verkauft einen Sack Kartoffeln für 50,00 DM. Die Erzeugerkosten betragen 40,00 DM. Berechne den Gewinn!
* Integrierte Gesamtschule 1990: Ein Bauer verkauft einen Sack Kartoffeln für

50,00 DM. Die Erzeugerkosten betragen 40,00 DM. Aufgabe: Unterstreiche das Wort »Kartoffeln« und diskutiere mit deinem Nachbarn darüber!

* Schule 2000 nach der Bildungsreform: ein kapitalistisch-prifilegierter bauer bereichert sich one rechtfertigunk an einem sak gartofeln um 10 euro. untersuch das tekst auf inhaltliche feler, korigiere das aufgabenstelunk und demonstrire gegen das lösunk!

* Im Jahre 2010: es gipt kaine gartofeln mehr!! nur noch pom frit bei mek donelds.«

14 P. Göpfert, Was geht PISA den RU an? »Skills for Live« – Robinson Crusoe und PISA 2000, in: Arbeitshilfe für den evangelischen Religionsunterricht an Gymnasien, Herausgegeben von der Gymnasialpädagogischen Materialstelle der Evang.-Luth. Kirche in Bayern, Folge II/2002, 41.

15 A. Bucher, a.a.O., 96.

16 Ders. a.a.O., 43.

17 A.a.O.

18 K. Nora/ V. Hösle, Das Café der toten Philosophen. Ein philosophischer Briefwechsel für Kinder und Erwachsene, München 1996, 247.

Ulrich Geissler

... ein großer, vielfältiger Garten

1. Im Archiv des Gedächtnisses

Manchmal, wenn ich zu Besuch bei meinen Eltern in einer typischen Vorstadtgemeinde bzw. einem »Wirtschaftswunderdorf« am Untermain bin, tauchen Bilder aus der Kindheit auf.
Direkt neben unserem Haus und hinter dem großen Garten mit zahlreichen Nutz- und Zierpflanzen lagen Getreidefelder und Wiesen mit Obstbäumen. Intensiv erlebte ich damals bei allen Wetterlagen den Gang der Jahreszeiten mit: die Zeit der Brache und des Stillstands; die Farbenpracht und Düfte der Sträucher und Bäume; das Wiegen der blauen Kornblumen im immer gelber werdenden Weizenfeld; den Genuss, die saftigen dunkelroten Kirschen direkt auf Nachbars Baum im Mund zergehen zu lassen; das Abenteuer, in einer selbst gebauten Strohhütte zu übernachten; das mitunter stundenlange Auflauern in einer Wiese, bis ich endlich die Grille gefangen hatte, die ich dann im eigenen Garten wieder freiließ. Noch viel mehr Bilder und Erlebnisse steigen in mir auf, wenn ich mich in meine Kindheit zurück versetze. Die Wunder der Natur erfüllten mich mit Staunen und mit Ehrfurcht. Sie waren für mich auch – das merke ich erst deutlicher im Rückblick – *ein* wesentlicher Zugang zu Gott.
Mit dieser beschriebenen Lebenswelt sind viele Glaubensbotschaften »verwoben«. Verbunden mit den biblischen Geschichten, die mir im Religionsunterricht erzählt wurden, z.B. von Adam und Eva, von Noah und der Arche, war für mich die Bewunderung Gottes in tiefe Erlebnisse eingebettet. Unterschiedliche Akzente religiöser Deutung und Erfahrung in Elternhaus, Schule und Pfarrgemeinde flossen zu einem Gesamtbild zusammen: Gott als grenzenloser und grandioser Schöpfer ist z. B. zu entdecken im Schmücken des Maialtars und dem Gebet davor, im Gang durch die Felder bei der Flurprozession oder bei Erlebnissen auf dem Zeltlager der Ministranten. Neben anderen Gottesbildern wie z.B. das des strengen Richters und allmächtigen Herrschers wurde mir so in der Grundschulzeit Gott vor allem als imposanter Schöpfer nahe gebracht. Die Person des Religionslehrers war gleichzeitig der Pfarrer oder Kaplan, so

dass mein religiöses Interesse in Vernetzung zwischen Schule und Pfarrgemeinde genährt und wach gehalten wurde. Andere Unterrichtsfächer wie Heimatkunde sowie anfanghafte Erdkunde und Biologie standen meiner Erinnerung nach ohne Verknüpfung zum Religionsunterricht daneben. Aus dem Unterricht der 4. Klasse ist mir noch der sehr engagierte Klassenleiter in Erinnerung, der uns mit Unterrichtsgängen und einem selbst gebauten geographischen Modell den Aufbau der Erdschichten anschaulich vermittelte.

Am Gymnasium gelang allmählich der Übergang vom naiven Glauben an Gott, den Schöpfer, »der alles gemacht hat«, zu einem differenzierten Gottesbild, in dem auch naturwissenschaftliche Erkenntnisse über die Entstehung der Welt einen zentralen Platz haben. Mein Interesse an der Bibel und an theologischer Auseinandersetzung mit Naturwissenschaften wurde von kompetenten Lehrkräften gestärkt. Ich fand es für mich attraktiv, mehr über die Hl. Schrift und den Glauben zu wissen und allmählich an einem Netz zu weben, das in wichtigen Fragen der Menschheit Fächer wie z.B. Erdkunde, Biologie, Physik, Geschichte, Sozialkunde und Religion in Beziehung bringt. Über Inhalte hinaus, die sich oft nicht mehr klar benennen lassen, sind mir vor allem die Lehrkräfte in Erinnerung, die auch außerhalb des normalen Unterrichts als Personen »greifbar« waren: Zum Beispiel ein Lateinlehrer, der mit uns Fünftklässlern auch Fußball spielte, oder ein Religionslehrer, der auf dem Skikurs unaufdringlich, aber wach persönliche und spirituelle Begleitung anbot und sowohl Gottesdienst und Party mit uns feierte.

Wie in vielen Ortschaften Unterfrankens hat sich auch in meiner Heimatgemeinde seit meiner Kindheit vieles verändert. Heute gibt es in diesem ehemaligen »Dorf« mit inzwischen etwa 8000 Einwohnern viele Arbeitsplätze und immer noch ein hohes Gewerbesteueraufkommen, eine verkehrsgünstige Lage zwischen zwei Autobahnen, der Bundesstraße und der Bundesbahn sowie viele Flugzeuge im Anflug auf Frankfurt. Die Erfolge der Aufbauleistung ermöglichten wirtschaftlichen Wohlstand und ein reichhaltiges Angebot kirchlicher, sportlicher und kultureller Einrichtungen mit breiten Freizeitmöglichkeiten.

Der Preis waren zahlreiche Veränderungen und Zerstörungen der Natur, dichte Bebauung, Flächenversiegelung, der Verlust einer eigenen Wasserversorgung, Giftmüllskandal...

Ich habe keine Erinnerung an eine kirchliche Stellungnahme aus der Zeit meiner Kindheit und frühen Jugend, die ich über den Religionsunterricht oder die Pfarrei vermittelt bekommen hätte, in der der christliche Glauben mit der Problematik der Naturzerstörung und Bewahrung der Schöpfung in Verbindung gebracht wurde. Mit

den »Grenzen des Wachstums« wurde ich kurz vor dem Abitur in anderen Schulfächern und den Medien konfrontiert. Politische Dimensionen der Theologie, Christsein und Einmischung in politische Anliegen – das ergab sich für mich im Zusammenhang mit der Entscheidung, Bundeswehr oder Zivildienst zu leisten.
So standen am Ende der Schulzeit Fragen, die mich auch stark für das Studium motivierten:

- Was sind die unverzichtbaren Fundamente unseres Glaubens?
- Welche biblischen und theologischen Grundlagen gibt es in der Bewältigung von heutigen gesellschaftlichen und politischen Problemen?
- Lässt sich die biblische Botschaft beliebig interpretieren?
- Wie kann christlicher Glaube überzeugend gelebt werden und wie sollen wir die Welt mitgestalten?

2. Die Hinwendung zu den Lebenden

Vieles hat sich seit meiner Jugendzeit im Bereich Ökologie und Umwelt getan. Fast alle Parteien haben ökologische Anliegen in ihr Programm aufgenommen und zahlreiche Gesetze wurden erlassen, die bei wirtschaftlichen und politischen Entscheidungen die Erhaltung der Natur stärker berücksichtigen. »Öko- und Bio-Produkte« erreichten einen gewissen Marktanteil. Dennoch nehmen weltweit die Anzeichen für die Bedrohung der Erde zu. Wöchentlich erscheinen Nachrichten mit Katastrophenmeldungen, die z.B. um die Stichworte Ölpest, Ozonloch, Waldsterben, Klimawandel, Flutkatastrophe, Verkehrsinfarkt, Artensterben kreisen. Bei vielen Menschen – gerade auch bei Schülerinnen und Schülern – führt dies zur Überforderung und Ohnmachtserfahrung: Ich kann da doch nichts machen. Weil dieses Gefühl so schwer zu ertragen ist, schotten sich manche junge und ältere Menschen davon ab. Man lebt so lange wie möglich für sich so gut, wie es nur eben geht. Der Alltag an sich birgt ja schon genug Mühe und Plage. Der Karikaturist Haitzinger setzte diese Einstellung auf folgende Weise ins Bild: In Anlehnung an den Untergang der »Titanic« hat er das Schiff der Erde gezeichnet. Die »Globalic« liegt schon schräg in den Wassermassen und ist dabei unterzugehen, aber die Passagiere sind mit anderen Dingen beschäftigt. »Herr Ober, der Tisch wackelt«, ruft einer. »Die Band spielte auch schon mal besser«, sagt ein anderer. »Der Salat ist auch versalzen«, meint ein Dritter. In Anbetracht des Untergangs des Schiffes sind diese Aussprüche völlig nebensächlich. »Nach uns die Sintflut« – dieses Motto kennzeichnet die Situation an Bord und im-

mer wieder auch das menschliche Verhalten auf dem »Raumschiff Erde«.
Mitte Februar 2003 wurde die 14. Shell-Jugendstudie veröffentlicht. Einer darin aufgestellten »In-und-out-Liste« zufolge rangiert die Bereitschaft der Jugendlichen, sich politisch einzumischen, nach »Bioläden« und »Bürgerinitiativen« mit an letzter Stelle.
An der Spitze dieser Liste steht »toll aussehen«, gefolgt von »Karriere«, »Technik« und »Treue«. Ein Ergebnis der Studie ist, dass 37 Prozent der befragten 2515 Jugendlichen im Alter zwischen zwölf und 25 Jahren keiner Partei in Deutschland zutrauen, die anstehenden gesellschaftlichen Probleme effektiv zu lösen. Jugendliche wollen sich nicht langfristig organisatorisch binden, beispielsweise an Parteien oder Verbände. Hingegen sind 70 Prozent in Cliquen eingebunden. Grundsätzlich sei jedoch eine große Bereitschaft vorhanden, an einem konkreten und überschaubaren Projekt mitzuwirken. So engagieren sich viele Jugendliche für eine sinnvolle Freizeitbeschäftigung, aber auch punktuelle Probleme wie die Flutkatastrophe motivierten sie dazu, sich gesellschaftlich zu engagieren. »Attac«, die Bewegung der Globalisierungskritiker, erfreue sich eines großen Zulaufs, weil sich junge Menschen hier projektbezogen einbringen können.
Dieser letzte Punkt deckt sich mit meiner Erfahrung an der Realschule, an der ich einige Stunden unterrichte. Viele Schülerinnen und Schüler wirkten bei dem Projekt »Schöpfungsweg der Marktheidenfelder Schulen« engagiert und motiviert mit, als wir über den Zeitraum von mehreren Monaten einen großen Regenbogen fertigten. Kein einziger beschädigte oder entwendete einen der etwa 150 farbigen Streifen aus Stoff, die wochenlang für jeden zugänglich in der Aula der Schule lagen. Es war ein gemeinsames Werk der Schule, das von allen geachtet wurde.
Im Religionsunterricht der 8. Klasse, in der das Thema Schöpfung – wie an der Hauptschule und am Gymnasium – verankert ist, erlebe ich zunächst häufig kein sehr großes Interesse an der Bibel. Die alten Bibeltexte mit den aktuellen ökologischen Fragen in Beziehung zu bringen, regt einen guten Teil der Schülerinnen und Schüler dennoch zur eigenen Auseinandersetzung an. Selbst Achtklässler staunen über Fotos aus dem Weltraum. Einige greifen interessiert die Impulse auf, wie Naturwissenschaften und Glaube an einen Schöpfer-Gott sich ergänzen können, und haken mit eigenen Gedanken nach. Ein paar Schüler vertreten die Meinung, dass sie sich die Entstehung der Welt auch ohne Gott vorstellen können. Ihr bis dahin nicht sehr differenziertes Weltbild erfährt eine Horizonterweiterung. Dass unser Glaube an Gott den Schöpfer politische bzw. all-

tägliche Auswirkungen auf »schöpfungsfreundliches« Handeln hat, ist für die meisten eine neue Erkenntnis, die jedoch auf Offenheit und Bereitschaft stößt, im persönlichen Umfeld Konsequenzen zu ziehen und im Alltag verantwortlich zu handeln. Wenn die Schülerinnen und Schüler am Ende des Themenbereichs eine eigene Schöpfungserzählung verfassen, bestätigen sich häufig noch einmal die hier beschriebenen Entwicklungen. Ein neues Verständnis von Hl. Schrift und gelebtem christlichen Glauben wird zumindest angebahnt.

3. Die Auseinandersetzung mit dem Glauben

Angesichts der Veränderungen und Zerstörungen in der Natur entdeckte ich meinen Glauben an der Schöpfergott als starke Motivation, zum Erhalt der Schöpfung beizutragen.
Kirchlicherseits wurde die Ökologie inzwischen längst heimgeholt und biblisch sowie schöpfungstheologisch begründet. Es wurden Texte, Denkschriften und Bücher verfasst, die sehr fundiert sind und allmählich in das Leben christlicher Gemeinden und den Religionsunterricht einflossen. Die neuen Lehrpläne an allen Schularten berücksichtigen nun, dass die Verantwortung für die Schöpfung zum »Urgestein« biblischer Tradition gehört. Umwelterziehung und Ehrfurcht vor der Schöpfung wird im neuen Lehrplan der Realschule als eine grundlegende fächerübergreifende Aufgabe der gesamten Schule angesehen. Der »Schatz« der vielfältigen biblischen Überlieferung im Zusammenhang mit dieser Thematik ist jedoch meines Erachtens nur teilweise gehoben. Er könnte zu einer gründlichen und anhaltenden Motivation beitragen und Hoffnung und Orientierung geben, um intensiv mit der Schöpfung zu leben und um zu helfen sie zu bewahren. Diese Motivationsarbeit zu leisten, die gerade auch die Freude an der Schöpfung beinhaltet, scheint mir sehr wichtig zu sein. Echtes Umdenken und nachhaltiges Engagement brauchen das Ergriffensein von allen Sinnen, nicht nur des Kopfes. Ansonsten erschöpft sich das Wirken für die bedrohte Schöpfung sehr schnell in Appellen, in Pflichterfüllung oder kurzatmigen pragmatischen Aktionen. Auf dem weiteren Weg in die Zukunft einer ökologischen Weltgemeinschaft muss Kirche und Theologie jedenfalls einerseits verstärkt in Dialog treten mit allen Menschen guten Willens. »Wir suchen die Gemeinschaft von naturwissenschaftlichen und theologischen Erkenntnissen. Erst in der erkannten Gefahr der universalen, ökologischen und nuklearen Katastrophen und in der gemeinsamen Suche nach einer überlebens-

fähigen Welt wird dann auch der eigene Beitrag der christlichen Tradition und der Hoffnung des christlichen Glaubens einzubringen sein.«[1]

Andererseits braucht es für Christen eine vertiefte Auseinandersetzung mit den schriftlich festgehaltenen Quellen der göttlichen Offenbarung in der Hl. Schrift. So erfährt christliches Denken und Handeln immer wieder neu Motivation und Ausrichtung.

Beides, Dialog mit der Welt und Rückbesinnung auf die ureigenen Quellen des christlichen Glaubens, um daraus Perspektiven des Handelns zu gewinnen, umschreibt der Begriff der Evangelisierung. Bei der Evangelisierung geht es um den Dialog zwischen Leben und Evangelium. Dabei wird sowohl das Leben als auch das Evangelium in seiner personalen, familiären, gesellschaftlichen und politischen Ausprägung berücksichtigt. Evangelisierung zielt auf die ganzheitliche Befreiung durch die befreiende Botschaft der Hl. Schrift. Gemeint ist damit einerseits die Befreiung von allem, was Leben einengt, beschränkt oder zerstört und andererseits die Freiheit zur Verantwortung für das Leben. Die gegenseitige Durchdringung von Lehre und Praxis, von Heil und Welt, von Evangelium und Leben wurde durch das II. Vatikanische Konzil als wesentlich für die Kirche festgehalten. Kirche soll entsprechend der Konstitution »Gaudium et Spes« und »Lumen Gentium« Sakrament des Heils für die Welt sein.

3.1 Mosaiksteine aus der Bibel

In den folgenden Ausführungen möchte ich auf Bibelstellen eingehen, die für ökologische Fragen Anregung und Orientierung bieten, obwohl die Bedrohungen der Schöpfung zur Zeit, als die Bibel verfasst wurde, andere waren als heute. Es überstieg die Vorstellungskraft, dass der Mensch einmal so mächtig sein würde, das gesamte Leben auf der Erde zu gefährden oder zu zerstören. Um so spannender ist es, den zeitlosen Wahrheiten der Bibel nachzuspüren, die vom Verhältnis Gott und Mensch, von Lebenssinn und Lebensverfehlung des Menschen und von der grenzenlosen Schönheit der Schöpfung erzählen. Aus einer Fülle von biblischen Aussagen und dazu deutender Literatur möchte ich als Mosaiksteine vor allem die Anregungen aus den beiden Schöpfungserzählungen in Gen 1 und Gen 2 zusammentragen, die auch in den Lehrplänen der 8. Klasse in diesem Zusammenhang eine zentrale Rolle spielen. Verknüpft mit wesentlichen Aussagen kirchlicher Dokumente ergibt sich dann allmählich ein vielfältiges und doch klares Bild. Gleichzeitig ist dies der Versuch einer Antwort auf die am Ende des ersten Kapitels gestellten Fragen.

3.1.1 Die erste Schöpfungserzählung: Gen 1,1–2,4a

Die erste Schöpfungserzählung wurde wahrscheinlich im 6. Jahrhundert v. Chr. von Priestern im babylonischen Exil verfasst. Nach der Eroberung und Zerstörung Jerusalems schrieben sie ein Loblied und Bekenntnis zum Gott Israels und formulierten ihren Glauben an Gott den Schöpfer. »In dieser trostlosen Situation wollten die Priester ihrem Volk zeigen, dass die Menschen auf diesen Gott, der aus dem Chaos einen wohlgeordneten Kosmos geschaffen hat, vertrauen können.«[2]

Einige Inhalte dieses Bibeltextes, die mir wichtig erscheinen, möchte ich herausgreifen und mit heutigen Problemen in Beziehung setzen.

Gen 1, 1ff.: Aus Chaos wird Ordnung

Der Geist Gottes gestaltet aus dem Chaos eine Ordnung, die Leben ermöglicht. Der menschliche Geist entwickelte immer mehr Möglichkeiten der eigenen Gestaltung – doch mit welchem Ergebnis? Jörg Zink erzählt eine Anti-Geschichte zu Gen 1,1ff. In den »letzten sieben Tagen« nimmt der Mensch seine Zukunft selbst in die Hand. Als Endergebnis des schöpferischen menschlichen Wirkens »irrlichtert der Geist des Menschen als Totengespenst über dem Chaos.« Die Welt *ist* nicht, sie *wird* immer auch noch. Aber der Prozess des Werdens kann ins Chaotische abgleiten, wenn die sinnvolle geisterfüllte Ordnung außer Acht gelassen wird. Trotzdem bleibt festzuhalten: Kreativität entspringt dem »Creator Spiritus«, dem lebensschaffenden Geist.

Gen 1,31: Gott sah, dass alles gut war

In der biblischen Schöpfungserzählung ist noch von keinem Kosten-Nutzen-Denken, noch von keiner Existenzlegitimierung die Rede. Weil die Schöpfung von Gott kommt, weil sie von ihm gewollt ist, ist die Schöpfung gut. Im Vorausgriff auf die johanneische Sprache von Gott als die Liebe kann man Gottes Wirken als »creatio ex amore«, als Schöpfung aus Liebe bezeichnen. Für Gott ist jede kleinste Faser der Natur in sich wertvoll. Es ist der menschliche Geist, der in Nutzpflanzen und Unkräuter differenziert, der liebe Haustiere und lästige Schädlinge unterscheidet. Der Blickwinkel des Schöpfers ist umfassend. Dies gilt auch für die schöpferischen Möglichkeiten des Menschen, für seine Kreativität. Gott schenkte dem Menschen kreative Fähigkeiten nicht nur für die Arbeit und die Weiterentwicklung des technischen Fortschritts. Genau so wichtig – nämlich für unsere Seele und unser Einfühlen in das Ganze der Wirklichkeit – ist die zweckfreie Kreativität, die Kunst, das Träumen, das Spiel.

Gen 1,11f. 20–25: Die Schöpfung wimmelt von Vielfalt und Verschiedenheit
Die umfassende Ordnung des von Gott gewollten Lebens zielt auf vielfältige Formen, auf eine Entfaltung allen Lebens. Es ist keine starre uniforme Ordnung unter dem Nützlichkeitsaspekt. Es ist eine verschwenderische, ja spielerische Fülle in einer großen Ordnung, einem Zueinander und Miteinander. Von daher steht das Bedrohliche und Schöpfungswidrige klar vor Augen: Ständig verschwinden Tier- und Pflanzenarten unwiederbringlich von der Erde. Sogar Völkerstämme, z.B. in den Regenwäldern, verlöschen, weil sie dem aggressiven, einseitig auf so genannten Fortschritt abzielenden Drängen der Zivilisation nicht entsprechen können oder einfach im Weg sind. Damit wirkt aber das, was eigentlich und angeblich der Lebensverbesserung des Menschen dienen soll, als eine eindeutige Reduzierung der Lebensvielfalt dieses Planeten. Die Bandbreite und die Einzigartigkeit der Lebensformen werden preisgegeben zu Gunsten einer verarmten Schöpfung, die vor allem interessant ist, wenn sie Bodenschätze, Landwirtschaftserträge oder Bauland bietet. Diese Entwicklung, so ist zu befürchten, bleibt nicht beim Ausmerzen scheinbar unwichtiger Tier- und Pflanzenarten stehen. Am Schluss steht immer auch jenes Denken von dem brauchbaren, hochstehenden Menschentypen. Im tieferen biblischen Sinn sollte genau das Gegenteil möglich werden: Orientiert an Gottes kreativer Kraft sollten wir Mut machen zur Vielfältigkeit, zur Toleranz und Akzeptanz des Anderen und vielleicht Fremden. Bei Gott zählen nicht Reglementierung, sondern Ermutigung zur Phantasie, nicht Monotonie, sondern Vielfalt, nicht Lethargie, sondern immer neue Begeisterung. Wie viele heilsame Kräfte liegen in einem tiefen Innewerden mit der Natur verborgen. Wie viele neue Wege der Erneuerung und Befreiung im psychischen und physischen Gesundungsprozess schöpfen aus dem Reichtum der Schöpfung (z.B. Therapieformen, Meditation, Naturheilkräfte).

Gen 1, 28: Macht euch die Erde untertan und herrscht über die Tiere
Dieser Satz beschreibt das Denken und den Umgang mit der Natur über Jahrhunderte. Das falsch verstandene und aus dem Zusammenhang gerissene biblische Motto wurde als Unterwerfung und Ausbeutung der Natur praktiziert. Inzwischen hat die Bibelwissenschaft klar aufgezeigt, dass mit der Hl. Schrift keine Zerstörung und Ausbeutung der Erde zu rechtfertigen ist. »Die beiden Schlüsselworte »untertan machen/unterwerfen« und »herrschen« müssen weit behutsamer gedeutet werden, als dies vielfach geschah. ...»Untertan machen« (Gen 1,28) bedeutet, die Erde (den Boden) mit ihrem Wildwuchs botmäßig, gefügig machen. Dies geschieht etwa,

wie der Gebrauch des Wortes im Ersten Testament zeigt, in der Landnahme Israels in Kanaan. Der Boden wird in ein Abhängigkeitsverhältnis gesetzt, vergleichbar dem Verhältnis eines Herrn zu seinem untergeordneten Knecht, der Gehorsam schuldet, zugleich aber auch nicht ausgebeutet und ohne fürsorgenden Schutz gelassen werden darf. Dem Menschen wird also von Gott in dem Herrschaftsauftrag aufgetragen, durch seine Arbeit das Angesicht der Erde zu schonen, zu gestalten, sie zu verändern, sie bewohnbar und fruchtbar zu machen.«[3]

Der Herrscher, den die Genesis-Autoren im Blick hatten, war der jüdische König. Der König war jedoch kein absolutistischer Tyrann, sondern im Idealfall ein weiser, verantwortlich handelnder Repräsentant des Volkes Israel vor Jahwe. Salomo ist dafür ein Beispiel. Der König sorgte für das Wohlergehen seines Volkes und Landes mit allen seinen Kräften. Er hatte dabei besonders für die Armen und Schwachen einzutreten. »Die königliche Herrschaft über die Tierwelt schließt für den biblischen Autor Ausbeutung eindeutig aus, von Jagd und Schlachtung ist in dem Schöpfungsbericht in Gen 1 nirgends die Rede. Der Herrschaftsauftrag des Menschen steht vielmehr unter dem zusammenfassenden Urteil Gottes über die Schöpfung: ›Siehe, es war alles sehr gut.‹«[4]

Das fehlgeleitete Herrschaftsdenken und -handeln des heutigen Menschen beschreibt Altner so: »Die ganze Ambivalenz, Zweiwertigkeit des neuzeitlichen Fortschritts beruht doch darauf, dass das Beherrschen, das uns mittels Wissenschaft und Technik inzwischen möglich geworden ist, nicht mehr in der Bewunderung eingebettet ist. ...Mehr noch, dass das Beherrschen zur Verdrängung jenes abgründigen Gehaltenseins zwischen Nichts und Unendlichkeit geführt hat.«[5]

Gen 1, 27: Der Mensch ist Gottes Abbild

Der Mensch ist aufgerufen, in den Prozess der Gestaltung der Erde einzusteigen gemäß seiner Ebenbildlichkeit Gottes. Hierin liegt die Größe und die Grenze menschlicher Kreativität. Sie muss sich immer wieder an ihrem Ursprung orientieren. »Der Herrschaftsauftrag des Menschen und seine sachgemäße Ausübung stehen und fallen mit der Gottebenbildlichkeit. Sie gilt dem Menschen innerhalb und außerhalb des Gottesvolkes; sie ist unabhängig von Geschlechtszugehörigkeit, Rassen und Klassen. Nur wenn und solange der Mensch in seiner einzigartigen, unmittelbaren Gottesbeziehung lebt – genau dies ist mit Gottebenbildlichkeit gemeint – und wenn er nach der Weise Gottes als Beauftragter Gottes seine Herrschaft ausübt, entspricht diese dem Willen Gottes.«[6]

Nach J. Illies hat die Umweltkrise einen tiefen Zusammenhang mit

der menschlichen Innenweltkrise, sie sei eigentlich nur der Spiegel für unsere veränderte Innenwelt. In der Umweltproblematik tauchen somit Grundfragen des Menschseins auf, die in der Rückbindung an Gott Antwort finden können: Was ist der Mensch? Was macht den Sinn seines Lebens aus? Woher kommt er und wohin geht er? Der Mensch – Mann und Frau – wurde als Abbild Gottes geschaffen: In dieser Aussage bündeln sich viele grundlegende Gedanken, die sich durch die ganze biblische Offenbarung ziehen. »Aus dem Sein der Menschen als Bild Gottes auf Erden folgt die besondere Bestimmung zur Herrschaft. Diese Folge ist nicht umkehrbar. Völker, Rassen und Nationen, die sich zum Herrn der Welt aufschwingen, werden damit keineswegs zum Bild, zum Stellvertreter Gottes oder zum ›präsenten‹ Gott auf Erden, sondern allenfalls zum Monster. Göttlich legitimierte Herrschaft üben Menschen nur als Bild Gottes aus. Das heißt in diesem schöpfungsgemäßen Zusammenhang: Als ganze Menschen, als einander gleiche Menschen und in ihrer menschlichen Gemeinschaft, nicht auf Kosten der Spaltung der menschlichen Person in Geist und Körper, nicht auf Kosten der Spaltung der Menschen in Herrscher und Untertanen, nicht auf Kosten der Spaltung der Menschheit in verschiedene Klassen.«[7]
»Aufgrund dieser Gottebenbildlichkeit kommt jedem Menschen eine königliche Würde zu, und er hat Anteil an der Herrscherwürde Gottes. ... In der Verbindung von ›Ebenbildlichkeit‹ und ›Herrschaftsauftrag‹ sind sowohl die grundlegende Freiheit des Menschen als auch seine Bestimmung genannt: Er ist frei über die Welt zu herrschen und sie für sich in Anspruch zu nehmen; aber in dieser Freiheit wird er angesprochen als Mitarbeiter im Werk der Schöpfung, in dem es um das Heil der Welt und des Menschen... geht.«[8]

Gen 2, 2f.: Der Sabbat – das Fest der Schöpfung
Ein weiterer wesentlicher Aspekt von Leben im priesterschriftlichen Schöpfungsbericht ist der Rhythmus von Arbeit und Ruhe, von Leistung und Muße. Die Schöpfung gipfelt nicht im Menschen, sondern im Sabbat. Sie findet ihren Höhepunkt im Fest, im Zurückschauen und Genießen. Hier mündet der Prozess wieder ein in seinen Ursprung. Nur dadurch wird der Mensch von einer Sisyphosarbeit bewahrt, nur so ist Befreiung von einem einseitigen Leistungsdenken möglich. »Der Zielpunkt jeder jüdischen und jeder christlichen Schöpfungslehre muss die Lehre vom Sabbat sein, denn am Sabbat und durch ihn ›vollendete‹ Gott seine Schöpfung, und am Sabbat und durch ihn erkennen Menschen die Wirklichkeit, in der sie leben und die sie selbst sind, als Schöpfung Gottes. Der Sabbat öffnet die Schöpfung für ihre wahre Zukunft, am Sabbat wird die

Erlösung der Welt vorweggefeiert, der Sabbat ist selbst die Gegenwart der Ewigkeit in der Zeit und ein Vorgeschmack der kommenden Welt. ...Es ist der Sabbat, der die *Welt als Schöpfung* kenntlich macht, heiligt und segnet.«[9]
Der im Sabbat »ruhende Gott«, der segnet und feiert, der sich über seine Schöpfung freut, tritt in der christlichen Tradition zurück hinter seinem Wesen als vor allem »schöpferischer Gott«. Deswegen erweist sich der Mensch vor allem als schöpferischer Mensch als Gottes Ebenbild. Der Sinn des menschlichen Lebens wäre demnach vor allem zu arbeiten und zu schaffen. Schöpferische Aktivität endet jedoch nicht in einem hysterischen Wettlauf um immer mehr, sondern im Innehalten, im Nachdenken und Genießen-Dürfen, im Atem-Holen und im Lobpreis des befreienden und schaffenden Gottes.
»Schöpfung und Sabbat gehören aber nach den biblischen Traditionen zusammen: Es gibt kein rechtes Verständnis der Welt als Schöpfung ohne die Wahrnehmung des Sabbat. In der *Sabbatstille* greifen Menschen nicht mehr arbeitend in die Umwelt ein, sondern lassen sie ganz Gottes Schöpfung sein. Sie anerkennen die Unverletzbarkeit der Schöpfung als Gottes Eigentum und heiligen diesen Tag durch ihre Freude am Dasein als Gottes Geschöpfe in der Schöpfungsgemeinschaft. ... Der Sabbatfriede umfasst die ganze Schöpfung des Himmels und der Erde. Darum eröffnet der Sabbatfriede auch den ›Frieden mit der Natur‹, nach dem heute viele Menschen angesichts der wachsenden Umweltzerstörung fragen.«[10]
»Am priesterschriftlichen Schöpfungsbericht lässt sich der Zusammenhang von Glaubenserfahrung, ihrer Infragestellung und der Entstehung universeller Hoffnungsbilder nachvollziehen. Es zeigt sich: Zu einem Weltbild gehören Beschreibung und Interpretation. Beide sind zeitgebunden. Erhalten bleiben aber die es konstituierenden Grunderfahrungen. Überholbar sind daher nur die zeitbedingten Komponenten, nicht das ganze Weltbild. Dies gilt sogar für naturwissenschaftliche »Weltbeschreibungen«, die auch interpretatorische Komponenten aufweisen.«[11]

3.1.2 Die zweite Schöpfungserzählung des Jahwisten: Gen 2,4b–24

In der jahwistischen Schöpfungserzählung formt Gott wie ein Töpfer den Menschen aus der Erde und bläst ihm den Lebensatem ein. Der Mensch entstammt also der Erde. Er ist tief mit ihr verbunden und gleichzeitig durchdrungen von der Lebenskraft Jahwes. Gott gibt dem Menschen das Leben und beschenkt ihn »mit allem, was sein Leben lebenswert macht: die Natur, einen geeigneten Partner und optimalen Lebensraum als Existenzgrundlage.«[12]

Gen 2,8.9: Der Lebensraum des Menschen
Jahwe sieht als Lebensraum einen Garten vor. Im Gegensatz zur Priesterschrift, in der dem Menschen die gesamte Erde als Lebensraum zugewiesen wird, hat der Jahwist die Vorstellung von einem abgegrenzten Bereich bäuerlicher Lebensweise. »Die Qualität des geschilderten Lebensraums »Garten« umschreibt jedoch die ideale Vorstellung von Natur. Sie birgt die Sicht des Königsgartens im altorientalischen Raum, der einerseits die Schöpfung repräsentiert und andererseits als der bevorzugte Ort für die Gottheit gilt, in dessen kühlen Schatten sie erscheint und durch kultische Handlungen erfreut wird. ... Dieser Garten bietet nun einerseits Wohnraum und Nahrung (Schatten und Früchte der Bäume), bedeutet aber zugleich die Verpflichtung, diesen Garten zu bebauen und zu hüten. Arbeit wird als wesentlicher Bestandteil menschlichen Lebens charakterisiert.«[13]

Gen 2,15: Die Erde wie einen Garten bebauen und bewahren
Der Auftrag Gottes an den Menschen lautet, den Garten zu bebauen und zu bewahren. Der mit Verantwortung gewürdigte und beschwerte Mensch soll den Ackerboden, d.h. die Erde bearbeiten und hegen. Das hebräische Wort für »bearbeiten« lautet »abad«. Es bedeutet ursprünglich »bedienen«. Für »hegen« steht im hebräischen Urtext das Verb »scharmar«. Es besagt die Tätigkeit des Behütens, Bewachens und Bewahrens. »Der dem Erdboden entstammende Mensch hat den göttlichen Auftrag, diese seine Herkunftserde sorgsam-erhaltend zu pflegen. Die Ermächtigung zur verantwortlichen Verwaltung der Erde ist kein Freibrief für Ausbeutung, sondern mit Pflichten befrachtete Bevollmächtigung, die vom Schöpfer vorgegebenen Ausstattungen der Natur weise zu betreuen. Der Mensch ist eher Verwalter als Eigentümer der Natur«.[14] Der Mensch soll der Schöpfung als besonnener, weiser Hüter vorstehen. »Er weiß sich vom Schöpfer dazu bevollmächtigt, die ihm als zerbrechliches Geschenk anheimgestellte Erde zum Garten Eden zu bebauen. Als väterlich sorgender Verwalter der irdischen Behausung Erde übernimmt er nicht die Rolle eines wild um sich schlagenden Haustyranns, sondern eines weise kultivierenden, besonnen hegenden, fürsorglich pflegenden, gewissenhaft bewahrenden Anwalts der Erde.«[15]
Anstatt die Erde behutsam und bewahrend zu bebauen haben die Menschen inzwischen gigantische Fertigkeiten entwickelt, die Schätze der Erde abzubauen und auszuplündern. Im Gleichgewicht von Bebauen und Bewahren steckt große Aktualität. Wenn sich das menschliche Handeln stärker daran orientieren würde, dann sähe es auf der Erde anders aus.

»Demgegenüber ist die Formel vom »Bebauen und Bewahren« eine wichtige näher bestimmte Interpretation zur *Art und Weise* der Herrschaft. Diese Herrschaft muss nämlich im Rahmen des Schöpferwirkens Gottes *zugunsten allen Lebens* geschehen, sich also in den Dienst des Lebens auf der Erde stellen. Darum ist dem Menschen im Umgang mit der natürlichen Welt alles eröffnet zur Fristung und Freude seines Lebens, sofern und solange er die Folgen seines Handelns nach dem Maß menschlicher Einsicht prüft, auch anderen Menschen und den künftigen Generationen die vorgegebene Schöpfungsqualität ihrer Lebenswelt nicht zerstört und dem anderen Lebendigen jetzt und künftig Leben und Lebensmöglichkeit in seinem eigenständigen Daseinsrecht wahrt.«[16]
In der 1998 veröffentlichten Erklärung der Deutschen Bischofskonferenz »Handeln für die Zukunft der Schöpfung« wird das Grundanliegen des »Bebauens und Bewahrens« mit dem ethisch-politischen *Leitbild der »nachhaltigen Entwicklung«* beschrieben. »Sustainable development«, 1987 von den Vereinten Nationen erstmals als ökologisches, soziales und ökonomisches Leitbild für eine tragfähige Entwicklung formuliert, meint eine Entwicklung, die den gegenwärtigen Bedarf zu decken vermag, ohne späteren Generationen die Möglichkeit zur Deckung des ihren zu verbauen. »Nachhaltige Entwicklung hat den Rang einer Forderung, deren umfassenden und unabdingbaren ethischen Anspruch niemand ernsthaft um anderer Ziele willen zur Disposition stellen kann. Im politischen, wirtschaftlichen, sozialen und kulturellen Bemühen um eine nachhaltige Entwicklung konkretisiert sich heute ganz wesentlich die Verantwortung für eine Bewahrung der bedrohten Bereiche der Schöpfung. ... Die christlichen Kirchen können ihrerseits wichtige Impulse für die Vertiefung des Leitbildes und den notwendigen Kurswechsel zu einer nachhaltigen Entwicklung beitragen: Das christliche Schöpfungsverständnis und Menschenbild bieten wichtige Orientierungshilfen für eine Entfaltung der ethischen, geistig-seelischen und religiösen Dimension nachhaltiger Entwicklung.«[17]

3.2 Aussagen des schulischen Lehrplans

Der Lehrplan der Realschule behandelt das Thema Schöpfung unter der Überschrift: Unserer Sorge anvertraut: die Welt als Schöpfung Gottes. Die dann folgenden Aussagen des Lehrplans können auch als Zusammenfassung des 3. Kapitels gelten: »Die Schüler erleben die Welt als faszinierend und besorgniserregend zugleich. Dies kann ihr Interesse wecken, sich mit Fragen nach Ursprung, Sinn und Zukunft unserer Welt auseinanderzusetzen. Beim Erschließen biblischer Texte begreifen sie, dass die Welt nach biblischem Glauben Schöpfung Gottes ist, die dem Menschen als Ebenbild Gottes in verantwortliche Obhut gegeben wurde. Indem die Schüler sich mit Einstellungen, Werthaltungen und Aktivitäten von beispielhaften »Ebenbildern Gottes« befassen, entdecken sie, dass sich Gott durch verantwortlich handelnde Menschen um seine Schöpfung sorgt. So werden sie ermuntert, ihren persönlichen Beitrag zur schöpfungsgerechten Gestaltung des eigenen Lebens und des Lebens ihrer Mitwelt aufzuspüren und zu leisten.«[18]

4. Die »eiserne Ration«

Mein Glaube an Gott den Schöpfer motiviert mich, Zeit und Kraft in die Mitarbeit im Bund Naturschutz, der Aktionsgemeinschaft Hafenlohrtal und der Agenda 21 einzubringen. Gerne möchte ich an Schülerinnen und Schüler weitergeben, dass dies ein Akzent des »Christseins im Alltag« sein kann und dass es sich lohnt und Freude macht, die Schönheiten der Natur zu erleben und gleichsam als »Bündnispartner Gottes« für die bedrohte Natur einzutreten.
In folgendem Kreuzwort des Main-Echo Aschaffenburg vom 8. Juni 2002 habe ich dieses Anliegen so formuliert:

4.1 »Aufstehen für das Wasser«

Liebe Leserinnen und Leser,
vielleicht haben Sie in den vergangenen Tagen einen Spaziergang oder eine kleine Radtour unternommen. Möglicherweise ging es Ihnen dabei wie mir: Es begeistert mich zur Zeit, draußen in der Natur unterwegs zu sein. Alles wächst und gedeiht üppig. Wiesen und Felder leuchten in vielfältiger Farbenpracht. Die Luft ist erfüllt von den Gerüchen der Pflanzen und vom bezaubernden Gesang der Vögel. Strahlender Sonnenschein wärmt die Haut und wechselt sich ab mit erfrischendem Wind und kühlenden Regenschauern.
Für mich ist die Erfahrung dieser grenzenlosen Vielfalt und Schönheit der Natur auch immer wieder ein Zugang zu Gott, dem Schöpfer unserer grandiosen Welt.
In großem Abstand zu unserem Erdball hat der amerikanische Astronaut James Irvin seine Begeisterung für das Weltall so in Worte gefasst: »Die Erde erinnerte uns an eine in der Schwärze des Weltalls aufgehängte Christbaumkugel. Mit größerer Entfernung wurde sie immer kleiner. Schließlich schrumpfte sie auf die Größe einer Murmel – der schönsten Murmel, die du dir vorstellen kannst. Die-

ses schöne, warme, lebende Objekt sah so zerbrechlich, so zart aus, als ob es zerkrümeln würde, wenn man es mit dem Finger anstieße. Ein solcher Anblick muss einen Menschen einfach verändern, muss bewirken, dass er die göttliche Schöpfung und die Liebe Gottes dankbar anerkennt.«
Ob aus der Ferne im Weltraum oder aus der Nähe im Blick auf eine Blumenwiese oder einen Bach – aus der Freude und Dankbarkeit für die Schöpfung ergibt sich für viele Christen wie von selbst, sich für die Bewahrung der Schöpfung einzusetzen. Ein kleiner, aber sehr wertvoller Teil unserer Erdkugel ist das Hafenlohrtal. Seit nun bald 25 Jahren kämpft die »Aktionsgemeinschaft Hafenlohrtal« gegen den Bau eines Stausees zur Trinkwassergewinnung. 250 Hektar Land im wohl schönsten Tal des Spessarts würden überflutet werden, um über Fernwasserleitungen Ballungsräume mit Trinkwasser zu versorgen.
Seit 1995 unterstützen kirchliche Gruppen mit einer ökumenischen Wallfahrt das Anliegen, die nach wie vor bedrohte Schöpfung entlang der Hafenlohr so zu erhalten, wie sie ist: Rückzugsgebiet seltener, vom Aussterben bedrohter Tier- und Pflanzenarten und gleichzeitig »Paradies« und Erholungsraum für Wanderer.
Das Lied »Aufstehen für das Wasser« umrahmt jedes Jahr die Stationen der Wallfahrt und umreißt das Motto für unser gemeinsames Engagement.
Vielleicht sehen wir uns ja morgen um 14.30 Uhr am Lindenfurter Hof im Hafenlohrtal zu unserer 8. ökumenischen Wallfahrt?«

4.2 Projekt »Schöpfungsweg« der Marktheidenfelder Schulen

Von einem gelungenen Beispiel schulübergreifender Kooperation und praktischer Arbeit, in der alle Sinne angesprochen wurden, möchte ich noch berichten. Seit Anfang 1998 treffen sich einige evangelische und katholische Religionslehrer/innen der Marktheidenfelder Schulen, um über die Gestaltung des Schullebens zu sprechen und konkrete Aktivitäten der Schulpastoral in Gang zu bringen. Im Mai 2001 wurde ein langfristiges schulpastorales Projekt begonnen, der »Schöpfungsweg« entlang des Heubrunnenbachs, der an einigen Schulen vorbei fließt. In Zusammenarbeit von Religion und Kunst gestalteten Schüler/innen und Lehrer/innen aus sechs Marktheidenfelder Schulen Stationen, die im Bezug zum Thema »Schöpfung« stehen. Der Bauhof der Stadt Marktheidenfeld leistete dabei tatkräftige Unterstützung. Einige Firmen stellten Materialien zur Verfügung. Zwei Studentinnen des Lehramts für Grundschule schrieben darüber ihre Zulassungsarbeit.

Am Anfang des Schuljahres 2002/2003 wurde das gemeinsame Werk gefeiert und die einzelnen Stationen der Öffentlichkeit präsentiert:

- Die St. Kilianschule legte einen »Sinnespfad« mit duftenden Kräutern und einem Barfuß-Fühlpfad an.
- Die Berufsschule fertigte Menschen, Tiere und Pflanzen aus Holz zum Thema »Schöpfung ist Entwicklung«.
- Die Realschule gestaltete auf der Wiese hinter der Schule einen Regenbogen aus vielen farbigen Stoffbändern.
- Das Gymnasium kreierte aus Metall im Bach die Wasser-Skulptur »Der Mensch«.
- Die Grundschule malte den hier verrohrten Verlauf des Baches auf die Straße.
- Die Hauptschule verschönerte eine Unterführung mit Graffitis und Gemälden zum Thema »Schönheiten und Bedrohungen der Schöpfung«.

An der Abschlussfeier im September 2002 nahmen über 200 Personen teil: Schülerinnen und Schüler, Kunst- und Religionslehrer, Schulleiter, einige Sponsoren und der Bürgermeister. »Die Schöpfung mit allen Sinnen erleben – vom Sinnerleben zum Lebenssinn« an den sechs Stationen entlang des Heubrunnenbachs konnten die Beteiligten der einzelnen Schulen die Werke der anderen Schulen aktiv kennenlernen. Sie durften barfuß den Riech- und Fühlpfad der St. Kilianschule durchlaufen, Holzanhänger mit Tiersymbolen gemeinsam mit Berufsschülern aussägen, bunte Lesezeichen unter dem Regenbogen der Realschule basteln, ihre Fingerabdrücke vor der Wasserskulptur des Gymnasiums nehmen, Memory auf dem von einer 4. Klasse der Grundschule gemalten Verlauf des Baches spielen und die Bilder der Hauptschule an den Wänden der Unterführung am Äußeren Ring noch weiter verschönern.

Im Rahmen eines kurzen Gottesdienstes auf dem Schulgelände, den die Band des Balthasar-Neumann-Gymnasiums musikalisch bereicherte, wurde noch einmal der Sinn des Projektes verdeutlicht: Wir dürfen durch den Schöpfungsweg wieder erleben und erkennen, wie wundervoll Gottes Schöpfung ist und dass wir sie auch selbst mit- und weitergestalten können. Durch die bisherige und künftige Arbeit an den einzelnen Stationen soll auch das Verantwortungsgefühl der Schülerinnen und Schüler für ihre Umwelt mit allen Sinnen geweckt und gestärkt werden. Die oft eher kognitive Beschäftigung im Unterricht wird ergänzt durch kreatives und praktisches Wirken.

Dem Lob und Dank an Gott, den Schöpfer, schlossen sich kurze Dankesworte an die Stadt Marktheidenfeld, die unterstützenden Firmen und alle Beteiligten an. Zum Abschluss bekamen alle Mitwirkenden einen Halbedelstein aus Namibia geschenkt.

Mit dem Verzehr einer Brezel und dem Genuss frischen Quellwassers klang die Feier aus.

5. Das Ganze im Symbol

Der Begriff »Garten« ist im Verlauf des Artikels schon mehrfach in unterschiedlichem Zusammenhang aufgetaucht. Zum Schluss möchte ich das Bild vom großen, vielfältigen Garten noch einmal mit der Arbeit im Religionsunterricht und in der Schulpastoral in Beziehung setzen.

Eine Dimension dieses bildhaften Vergleichs ließe sich so deuten: Die religionspädagogische Arbeit mit jungen Menschen im Lern- und Lebensraum Schule bietet mir als Lehrkraft selbst zahlreiche Entwicklungsanreize und Denkanstöße, weil die Themen, die behandelt werden und die Personen, die mir dabei begegnen, mich in meiner Entwicklung und meinem »individuellen Wachstum« weiterbringen.

In meiner Rolle als Religionslehrer fühle ich mich auch zeitweise wie ein Gärtner, der in einem großen, vielfältigen Garten sät, pflanzt, gießt, jätet, düngt, schneidet, wachsen lässt und manchmal erntet. Völlig unterschiedliche »Pflänzchen« gedeihen hier, schießen ins Kraut oder welken zwischendurch. Mit Geschick, Tatkraft und Gelassenheit trage ich einen kleinen Teil zum Wachsen bei. »All das, was wir säen, werden wir eines Tages auch ernten.« So benennt der Schauspieler Ralf Bauer in einer Talkshow sein Lebensmotto. Die Erfahrung in der Schule ist teilweise so, dass wir einiges säen und pflanzen, aber die Zeit der Ernte nicht immer erleben. Schon Paulus beschreibt mit dieser Symbolik – allerdings auf dem Hintergrund von Eifersucht und Streit in der Gemeinde – im 1. Korintherbrief, wie die Verkündigung der Botschaft Jesu Christi geschieht: »Ich habe gepflanzt, Apollos hat begossen, Gott aber ließ wachsen. So ist weder der etwas, der pflanzt, noch der, der begießt, sondern nur Gott, der wachsen lässt. Wer pflanzt und wer begießt: beide arbeiten am gleichen Werk.«

Auch das Gleichnis vom Wachsen der Saat in Mk 4, 26–29 bedeutet für mich in diesem Zusammenhang eine spirituelle Ermutigung: Wachsen und wachsen lassen, mich selbst mit meinen Grenzen und Entwicklungsmöglichkeiten im Blick behalten; meine Fähigkeiten hineingeben, um den Boden zu bereiten und zu säen, aber mich nicht überschätzen, als ob ich alles machen könnte oder alles im Griff hätte. Manches wächst einfach ohne mein Zutun. Oft brauche ich einen langen Atem, bis sich etwas entfaltet. Die Saat auf dem

Acker benötigt vier Jahreszeiten, um Frucht zu bringen. Die Zeit der Brache wechselt sich ab mit frühlingshaftem Keimen. Es gibt Wachstumsschübe und scheinbaren Stillstand, bis die Zeit der Reife und Ernte anbricht, bevor erneut die Winterruhe folgt. Das Gleichnis vom Wachsen der Saat entlastet vom Wahn, jederzeit produktiv, kreativ und »fruchtbar« sein zu müssen.

Wer an seiner Schule die Kommunikation fördern will, wer anderen Wegbegleitung anbieten möchte, der sollte auch der eigenen Kommunikationsfähigkeit und Persönlichkeitsentwicklung einen Platz lassen. Nur während ich selbst mein Leben immer wieder im Licht des Evangeliums deute und daran orientiere, kann ich andere dazu ermutigen.

Das Gelingen des Religionsunterrichts wie der Schulpastoral ist entscheidend mit der *Person* des Religionslehrers bzw. der Religionslehrerin verknüpft. Deshalb sollte jede Lehrkraft immer auch sich selbst im Blick behalten, ihre eigenen Ressourcen (im umfassenden Sinn) nähren und sich genügend Raum und Zeit lassen, um die eigene Spiritualität zu pflegen. Daraus entwickeln sich die notwendigen Schritte des Tuns.

Die spannende Arbeit im großen, vielfältigen Garten des Religionsunterrichts und der Schulpastoral wird für andere und für uns selbst erfüllend und bereichernd, indem wir dazu beitragen, dass der Lernort Schule auch als Lebensraum erfahrbar wird, in dem Beziehungen wachsen, persönliche und gesellschaftliche Probleme bewältigt werden und Menschen mehr zu sich und zu Gott finden.

Anmerkungen

1 J. Moltmann, Gott in der Schöpfung: Ökologische Schöpfungslehre, München 1985, 27.

2 I. Musch, in: Kath. Schulkommissariat in Bayern (Hrsg.): Verantwortung für die Mitwelt: unsere Welt als Schöpfung Gottes, München 2000, 10.

3 Gemeinsame Erklärung des Rates der Evangelischen Kirche in Deutschland und der Deutschen Bischofskonferenz: Verantwortung wahrnehmen für die Schöpfung, 1985, 71.

4 J. Jeremias, in: Bewahrung der Schöpfung, hrsg. im Auftrag der Landessynode der Evang.-Lutherischen Kirche in Bayern, 1989, 57.

5 G. Altner, in: Bewahrung der Schöpfung, 1989, 71.

6 Gemeinsame Erklärung des Rates der Evangelischen Kirche in Deutschland und der Deutschen Bischofskonferenz: Verantwortung wahrnehmen für die Schöpfung, Köln 1985, 35.

7 J. Moltmann, a.a.O., 230.

8 C. Westermann, zitiert nach Musch I., München 2000, 10.

9 J. Moltmann, a.a.O., 279.

10 Ebd., 280.

[11] G. Hunze / C. Thomas, in: Schöpfung; in Religion – Unterrichtsmaterialien Sek. 1, Aachen 2002, 1.
[12] A. Wuckelt, in: Verantwortung für die Mitwelt: unsere Welt als Schöpfung Gottes, München 2000, 11.
[13] Ebd.
[14] M. Rock, in: Verantwortung für Gottes Garten, Diözesaner Informations- und Materialdienst, Würzburg 1986, 13.
[15] Ebd, 13.
[16] Gemeinsame Erklärung der Evangelischen Kirche in Deutschland und der Dt. Bischofskonferenz: Gott ist ein Freund des Lebens, Trier 1989, 33f.
[17] Sekretariat der Deutschen Bischofskonferenz (Hrsg.): Handeln für die Zukunft der Schöpfung, Bonn 1998, 54f.
[18] Bayerisches Staatsministerium für Unterricht und Kultus: Lehrplan für die sechsstufige Realschule in Bayern, München 2001, 109.

Abdruck der Fotos mit freundlicher Genehmigung von Edith Wiesmann und Thomas Bissinger.

Ulrike Hieronymus

... eine schützende, bergende Hand

1. Im Archiv des Gedächtnisses

11. Dezember

»Macht hoch die Tür, die Tor macht weit.«

Eben komme ich von der adventlichen Feier des Schulamtes, und es klingt in meinen Ohren jenes Lied, das ich immer noch auswendig mitschmettern kann. Zumindest die erste Strophe und die vierte Strophe – die musste ich nämlich seinerzeit im Religionsunterricht der 2. Klasse lernen. Erinnerungen kommen hoch: Ich sehe meine »alte« Grundschule mit dem warmen und lichtdurchfluteten Klassenzimmer, der Geruch nach Bohnerwachs steigt mir wieder in die Nase, ich höre die Stimme unseres Pfarrers, der nach und nach Kinder aufstehen und sie die beiden Strophen rezitieren (herunterleiern) lässt...

So ging das immer wieder: »Maria, Maienkönigin«, »Mein Hirt ist Gott, der Herr«... »Aufstehen, setzen, 2!« Aufstehen, setzen, Kopfnuss! Was lernte ich nicht alles auswendig? Die 10 Gebote, den Ablauf der hl. Messe, den Beichtspiegel... zuvor in stundenlanger Arbeit fein säuberlich während des Religionsunterrichtes ins Heft geschrieben und mit Zierleisten versehen, denn schließlich bekamen wir ja immer kurz vor den Zeugnissen Heftnoten!

Apropos Hefte! Ich müsste sie doch noch in der Kiste im Keller haben? Da bin ich aber jetzt neugierig...

12. Dezember

Meinen gestrigen Abend verbrachte ich beim Schmökern in meinen alten Schulsachen:

Da stehen sie tatsächlich – die Lieder, Gebete und Katechismensätze – in Sonntagsschrift, umrankt und (un)verblümt: Ein schwarzes Herz und ein helles Herz daneben; darunter: vor und nach der Beichte. Das Auge Gottes – in gelb, rot und orange gemalt; darunter: Gott sieht alles.

Ach ja, und dann mein Religionsbuch: Ich suche die Seite mit dem Bild des Engels Gabriel, der mit einer Lanze den hässlichen Teufel mit seinem langen Schwanz in die Hölle stößt. Kann das sein? Wa-

ren das die Inhalte, die mir damals vermittelt wurden? Ein drohender Gott, Hölle und Fegfeuer? Daneben »Himmelsau, licht und blau, weißt du wieviel Sternlein?« Romantisch und kitschig, aber auch nichts fürs Leben (außer, dass ich es heute noch auswendig kann!)! Keine biblische Geschichte, kein für Kinder verständliches Gebet oder Lied, keine kindgemäße Sprache! Dabei gab es in den 70-er Jahren doch schon längst im Grundschulbereich die Pädagogik »vom Kinde aus«! Was hatte der Religionsunterricht eigentlich mit meiner Lebenswirklichkeit, mit mir selbst, zu tun?
Na ja, wenn ich mir meine Religionslehrer in der Grundschulzeit so anschaue, dann wundert mich diese Art des Religionsunterrichtes nicht. Ich erinnere mich an zwei Pfarrer (Anrede: »Herr Stadtpfarrer«) und eine Katechetin, die zwar noch gar nicht so alt waren, aber die biblische Meinung teilten: Wer sein Kind liebt, der züchtigt es! Von wegen »Atmosphäre des Vertrauens« – eine Riesenangst hatten wir alle! Kein Wunder, dass wir froh waren, wenn der Religionsunterricht ausfiel, weil Hochwürden eine Beerdigung hatte (und das war relativ häufig der Fall!).

13. Dezember

Vorhin hat mich Verena angerufen und wir kamen über meine alten Religionshefte und Bücher ins Gespräch. Obwohl sie noch eine ganze Ecke jünger ist als ich, erlebte sie einen ähnlichen Religionsunterricht: Angst vor dem Pfarrer, Auswendiglernen formelhafter Phrasen, die in Proben wortwörtlich wiedergegeben werden mussten, und ein inquisitorisches Fragen, wer am Sonntag in der Kirche war und wer nicht (na ja, Verena ist auf dem Dorf in die Schule gegangen!). Inhalte waren ihr keine mehr präsent. Nach einigem Hin und Her schoss es plötzlich aus ihr heraus: Sag mal, warum hast du dann eigentlich im Unterrichtsfach Religion studiert?
Meine Begeisterung für das Fach Religion wurde erst im Gymnasium geweckt, soviel konnte ich ihr zunächst mal antworten. Doch wovon ließ ich mich anstecken? Waren es die Inhalte, die Methoden, die besondere Atmosphäre in diesem Fach oder gar der Relilehrer, der mich über sehr lange Zeit begleitete?
Das Telefongespräch hinterlässt viele Fragen...

14. Dezember

Meine Erinnerungen an meine Zeit im Gymnasium sind erst kürzlich aufgefrischt worden, denn unser letztes Klassentreffen liegt gerade drei Wochen zurück. Da unser Religionslehrer hohes Ansehen in der Schülerschaft genoss (auch bei den evangelischen Schülern), haben wir ihn auch eingeladen. Und er kam – zu unserer aller Freude. Zu

später Stunde, in kleinerer Runde, wurde das Gespräch mit ihm sehr persönlich. Wir alle waren uns einig darüber, wie wichtig er uns als Begleiter in einer sehr sensiblen Phase unseres Lebens war. Er verstand es, uns als Jugendliche ernst zu nehmen. Er hat uns zugehört (auch in unserer oft vehement vorgetragenen Kritik an Kirche, Staat und Gesellschaft), hat weder geurteilt noch den moralischen Zeigefinger erhoben. Deshalb standen wir häufig nach der Stunde bei ihm, erzählten ihm aus unserem Leben oder holten uns bei diesem weltoffenen Priester einen Rat. Mit den Jungs spielte er in Freistunden, unten im »Aquarium«, oft eine Runde Schafkopf. Ganz klar, dass er uns auch auf unsere Abifahrt nach Rom begleitete. Alle, auch die kirchlich-distanzierten, waren von der Persönlichkeit unseres Religionslehrers tief beeindruckt. »Trockene Inhalte« verstand er methodisch geschickt weiterzugeben. Klar waren es auch Themen, die uns als Jugendliche unter den Nägeln brannten: die Frage nach dem Woher und Wohin, Euthanasie, Abtreibung, Sozialethik.... ich erinnere mich noch sehr gut an Auseinandersetzungen über biblische Texte, an Diskussionen über Küng, Rahner oder Kasper. Und über allem stand immer die Botschaft des liebenden Vaters.
Nachts im Bett dachte ich nochmals an unseren Religionslehrer, der sich erfüllt und (zu Recht!) ein kleines bisschen stolz von uns verabschiedete.

15. Dezember

Wenn ich mir meine Tagebucheintragungen der letzten Tage nochmals zu Gemüte führe, so wird mir der Unterschied zwischen dem Unterricht der Grundschule und dem am Gymnasium deutlich:

- hier ein Unterricht mit Angst, Schrecken und »Gewalt«, dort ein Unterricht, der getragen ist von Wärme, Nähe und Zuwendung
- hier die schlagende, sich erhebende Hand – dort die tragende, schützende Hand
- hier Persönlichkeiten, die hart und unbarmherzig mit sich und den Kindern umgehen – dort eine Persönlichkeit, die liebevoll den Erfahrungshorizont der Jugendlichen wahrnimmt und ernst nimmt
- hier die Drohbotschaft und ein beobachtender und strafender Gott – dort die Frohbotschaft und die Vermittlung eines liebenden Gottes
- hier ein Unterricht mit leeren, formelhaften Worthülsen, ohne persönliche Auseinandersetzung mit dem eigenen Glauben – dort ein Unterricht, der zwischen Kognition und Affektion pendelt und zur Auseinandersetzung mit dem eigenen Glauben (und somit auch mit der eigenen Person) führt

Im Archiv meines Gedächtnisses prägte sich mir (bisher sicher eher unbewusst) ein Religionsunterricht ein, der getragen wird in aller erster Linie von einer herzlichen Lehrerpersönlichkeit, die den Kindern, aus dem eigenen Glauben heraus, einen liebevollen und barmherzigen Gott vermitteln kann. Einen Gott, der im Leben wirkt, der da ist. »Du bist getragen und du kannst nicht tiefer fallen als in die

Hände Gottes« hängt seit dieser Zeit an meiner Pinwand. Dieser Satz hat für mich bis heute nicht an Gültigkeit verloren.
Eben fällt mir ein, dass wir als Kinder zur »Belohnung« von unseren Religionslehrern immer so schöne (kitschige) Andachtsbildchen geschenkt bekamen. Im Stil der Nazarenerbildchen – Engel, die Kinder führen. Ach, wie habe ich sie geliebt! Wie einen Schatz habe ich sie gehütet, diese Schutzengelbildchen.
Waren sie vielleicht ein Abbild der Sehnsucht nach dieser schützenden und begleitenden Hand Gottes, die als Botschaft in Worten zu kurz kam?

2. Die Hinwendung zu den Lebenden

16. Dezember

Ich bin wie gelähmt! Gibt es sowas? Das war bis jetzt der Gipfel dessen, was ich während des Unterrichts an Störungen erlebt habe! S. nimmt heute morgen den leeren Stuhl neben sich in die Hand, hebt ihn hoch und schleudert ihn durchs Klassenzimmer. Ohne jegliche Vorankündigung! Wir sind alle entsetzt. J. weint. Sie wird leicht am Arm getroffen, macht aber, wie immer, einen Affenzirkus daraus. Als ich mich wieder fasse, J. getröstet habe und S. zur Rede stelle, meint er, er wäre einfach nur wütend gewesen.
Der Vorfall ist sicher einmalig, aber in seiner Art kein Einzelfall: immer mehr enden Streitereien in Gewalttätigkeiten (keine Raufereien, kein »normales« Kräftemessen!), die Ausdrücke werden schärfer, der Umgangston ist teils hart und lieblos geworden. Aus vielleicht anfangs harmlosen Spielereien wird sehr schnell »blutiger Ernst«! Die Grenze des Verletzens, aber auch des Verletztwerdens ist niedriger geworden.
Es tummeln sich mittlerweile viele Kinder in unseren Klassenzimmern, die uns das Miteinander schwer machen. Da sind die Kinder mit basalen Problemen im Bereich der Wahrnehmung und Aufmerksamkeit. Sie sind extrem unruhig und/oder haben Schwierigkeiten sich in einen Sachverhalt zu vertiefen und deshalb oft auch schlechte Noten. Was wiederum der Auslöser für aggressives Verhalten ist. Oder die vielen Schülerinnen, die extrem ichbezogen sind (aus welchem Grund auch immer!) und sich in keinster Weise auf soziales Arbeiten einlassen wollen. Keine Seltenheit sind mittlerweile auch Kinder, die mit einem Problemrucksack frühmorgens die Schule betreten: sie begleiten die drogenabhängigen Eltern zum Arzt und kommen deshalb eine Stunde zu spät; sie füttern das kleine, schreiende Geschwisterchen und legen es der schlafenden Mama

ins Bett; sie werden mit dem Staubsaugerrohr geprügelt oder müssen die ganze Nacht durch putzen....
Im Gespräch mit meinen Kollegen höre ich überall dasselbe Klagelied: die Werteunsicherheit der Gesellschaft allgemein, die passive Freizeitgestaltung der Kinder, das Streben nach materieller Bestversorgung, die schnelle Bedürfnisbefriedigung, die fortschreitende Individualisierung, die Reizüberflutung, der Wandel der Familie und der Zeitmangel der Eltern machen uns das Leben und die Erziehung in der Schule schwer.
So, jetzt habe ich mir erst mal alles von der Seele geschrieben. Das war wichtig, nach der Sache heute morgen. Schließlich will ich mich morgen wieder gestärkt den Kindern und auch der Mutter von S. zuwenden.

»Ich steh vor dir mit leeren Händen, Herr...« (Gotteslob 621)

17. Dezember

Da hat sich ja ganz schön was zusammengebraut in letzter Zeit! Aber auch das Loslassen und Betrachten dessen im Gebet haben mir gestern abend gut getan. Ich kann, so wie ich bin, mit meinen »leeren Händen« vor Gott stehen – er hat mich in Seine Hand geschrieben: er kommt mir entgegen und er führt mich in das gelobte Land! Das entlastet mich! Nicht ich habe es in meinen Händen, was aus unseren Kindern, aus unserer Gesellschaft noch wird, sondern ...

»Und doch ist Einer, welcher dieses Fallen
unendlich sanft in seinen Händen hält.«
(R. M. Rilke)

Mit dieser Zuversicht fiel es mir leicht, heute morgen im Adventsmorgenkreis mit den Kindern das »Dunkel« in unserer Welt anzuschauen. Als dann A. unserem S. spontan »Licht« gebracht hat und als Aufgabe damit verknüpft, sich fortan um ihn zu kümmern und ihn zu beschützen, wurde mir ganz warm ums Herz.
»...Sprich du das Wort, das tröstet und befreit und das mich führt in deinen großen Frieden...« (Gotteslob 621)

18. Dezember

Wo habe ich im Unterrichtsalltag Zeit, mich dem gebrochenen Leben zuzuwenden? Sicher, ich habe als Klassleiterin schon einige pädagogische Freiräume, die ich auch erziehlich nutzen kann und muss. Aber der neue Lehrplan fordert seinen Tribut: das Niveau ist deutlich gestiegen, wir verwenden viel mehr Zeit für das Durchdenken und Versprachlichen von Strategien – die restliche Zeit brauche ich zum Üben (dazu bleibt sowieso viel zu wenig!). Ich bedauere als

Klasslehrerin, dass ethisch-religiöse Themen auf das Fach Religion verschoben wurden (habe ich früher im Rahmen des Heimat- und Sachkundeunterrichts die Adventszeit mit den Kindern gefeiert, so knappse ich mir heute die Zeit im Morgenkreis ab!) und nur noch wenig Zeit bleibt, sich den »lebenskundlichen« Fragen (die in der Tat einen immer breiteren Raum einnehmen) zuzuwenden. Gut, wir sollen die kognitiven Fähigkeiten der Kinder mehr fördern: doch wie kann ich das Kind in seiner Gesamtpersönlichkeit sehen, wenn die Lehrpläne im Grundlegenden Unterricht bei geringerer Wochenstundenzahl als ursprünglich geplant, stofflich immer mehr überfrachtet werden?
Schon aus diesem Grund, aber auch per se, hat gerade der Religionsunterricht die Aufgabe, heilend mit den Bruchstellen des Lebens umzugehen.
Liegt für viele Kinder vielleicht darin die Faszinationskraft des Religionsunterrichtes? Hier als Kind, mit all den Freuden, Sorgen und Problemen ernst genommen zu werden? »Kinder im Grundschulalter haben die Fähigkeit zu staunen und wollen mit ihren Fragen und ihrem Wunsch nach einer sinnhaft geordneten Welt wie auch nach spielerisch-ritueller Gestaltung des Lebens ernst genommen werden. ... und bringen Interesse an Religion und Glauben mit« (soweit der Lehrplan 2002). Ich erlebe täglich meine Schülerinnen im Unterricht, wie sie sich begeistern lassen für biblische Geschichten, Heiligenerzählungen oder auch für das Leben Jesu. Feste wie Advent, Weihnachten und Ostern sind für sie noch elementare Einschnitte. Auf der Suche nach Lebensorientierung verlangen sie gerade nach Gestaltungsformen des Zusammenlebens und nach der Einbindung ihres eigenen Lebens in einen Vertrauensgrund.
Auch wenn der Stellenwert jenes Faches in der Gesellschaft, unter den Eltern, nicht sehr hoch ist, wir allenthalben über eine fehlende religiöse Sozialisation klagen, das religiöse Vorwissen der Kinder demzufolge recht gering ist, der Glaubenshorizont der Kinder noch recht begrenzt ist, so ist es um so mehr Aufgabe von Religions-Lehrer/innen, die Fragen der Kinder zur persönlichen Lebensgestaltung und ihre Sehnsüchte aufzugreifen und mit dem biblisch-christlichen Glauben in Beziehung zu bringen.

3. Die Auseinandersetzung mit dem Glauben

19. Dezember

Eben habe ich noch meine Religionsstunden für die Woche nach den Ferien vorbereitet. Ich habe mir Gedanken über die Sequenz »Auf

vielfältige Weise beten« gemacht. Ich denke, es wird wichtig sein, zunächst einmal mit Ruhe- und Stilleübungen zu beginnen. Auch wenn diese Formen den Kindern bereits aus dem täglichen Unterricht vertraut sind, so wird nach Ferienbeginn ein Sich-sammeln (auf eine Mitte hin) notwendig sein. Außerdem muss diese Haltung den Kindern als Grundhaltung des Betens bewusst gemacht werden. Mit Daniela habe ich vorgestern die Stunde »Klopfet an und es wird euch aufgetan« durchgesprochen, die sie im Rahmen der AG vor Kollegen halten wird. Sie schließt sich dem »Still werden und in sich hineinhören« an. Gut finde ich, zu Beginn dieser Sequenz »Beten mit Herz, Mund und Händen« zunächst einmal die unterschiedlichen Vorerfahrungen der Kinder zu diesem Thema einzuholen. Ich bin überzeugt, es wird Kinder geben, die bisher ausschließlich die Gebete aus dem Unterricht kennen. Daniela und mir ist die Haltung beim Beten wichtig, sich selbst, mit dem je eigenen Anliegen, vor Gott zu bringen. Ich darf, so wie ich bin, zu Gott kommen. Er ist immer für mich da und öffnet mir seine Tür (nach Lk 11, 5–13) ist deshalb das Grundanliegen der Stunde. Die Grunderfahrungen »zu bitten« und »von jemanden angenommen werden« sollen am Symbol Tür (anklopfen und öffnen) erarbeitet werden. Hierbei spielt v.a. die emotionale Komponente (Einfühlungsübung, Malen mit Farben als Ausdruck) eine wichtige Rolle. Die Übertragung dieser Erfahrung auf Gott erfolgt erst gegen Ende. Hier wird jedem Kind persönlich durch die Lehrerin zugesprochen, dass es zu Gott kommen kann und ihm immer die Tür offen steht. Die Anliegen, mit denen sich das Kind an Gott wendet, sollen Thema der folgenden Stunden sein. Mir schwebt vor, mit den Kindern eine Reise in die eigene Schatzkammer zu unternehmen[1] und auch ganz persönliche Vorstellungen als Anlässe zum Beten aufzugreifen (Bsp: »Ich kann nicht verstehen, dass...« oder »Ich bin glücklich, wenn...«[2]. Seine Fortführung werden diese Anliegen finden, wenn die Kinder auf Symbolen schreiben, was sie bewegt (Hoffnungssätze auf Wassertropfen, Angstsätze auf Steine, Danksätze auf Blumen, Schmerzens/Klagesätze auf »Dornenstücke«, Staunenssätze, Mutmachsätze auf Räder, Geheimnissätze.»Das habe ich nur mir und Gott zu sagen« in Briefform[3] und diese Gedanken in einer liturgischen Handlung (z.B. Litanei, Fürbitten...) vor Gott zu bringen. Vorher werden u.U. noch Anrufe für Gott/Jesus bei Gebetsanfängen mit den Kindern gemeinsam gesucht.
Auch in den Psalmen sollen sich die Kinder in ihren Grund- und Lebenserfahrungen selbst entdecken. Hier gefällt mir sehr gut die Arbeit, die bei Oberthür beschrieben ist.[4] Vielleicht können wir anfanghaft Gebetsgesten aus dieser Arbeit entwickeln und dann lang-

sam ins Singen (Kehrverse, Anrufe, Kyrierufe) und Tanzen kommen? Doch ja, so gefällt mir die Sequenz »Beten mit Herz, Mund und Händen« – Schluss für heute!

4. Die »eiserne Ration«

20. Dezember

Heute beim »Weihnachtsputz« (immer fällig am letzten Schultag, weil das für mich ein Übergangsritual von Arbeit zur Freizeit ist) sind mir beim Aufräumen meiner alten Religionshefte so einige Dinge durch den Kopf gegangen...

Beim Weg nach unten in den Keller gingen mir Bilder durch den Kopf: der Herr Pfarrer, die Katechetin, Ohrfeigen, Angst, ein drohender Gott, ein Höllenbild, auswendig lernen von Lieder und Gebeten, Abfragen, nur Worthülsen, keine aktive Durchdringung .....

Beim Hinaufsteigen in meine Wohnung dachte ich nochmals an den Unterricht am Gymnasium, der mir erst die Auseinandersetzung mit Glaubensinhalten ermöglichte. Ein Religionsunterricht, in dem unser Religionslehrer selbst aus der Nähe Gottes lebte und uns dies auch vermittelt hat: einen Gott, der sich offenbart, der Auge, Ohr und ein Herz für die Menschen hat. Eine Botschaft, die in meinem Elternhaus grundgelegt wurde, die ich vor Jahren in der Jugendarbeit weitergab – eine Botschaft, die mich noch heute trägt in meinem Dasein als Religionslehrerin: Gott ist für uns da. Er rettet und befreit. Und jetzt an Weihnachten wird dieses Wort lebendig in Jesus, dem Retter – dem Immanuel (»Gott ist mit uns«). Gerade für unsere Kinder mit ihren »Problemrucksäcken«, ohne religiöse Sozialisation, muss der Religionsunterricht ein Ort sein, wo sie diesem Heiland und Erlöser begegnen können:

> »Fürchte dich nicht....,
> ich habe dich beim Namen gerufen,
> du gehörst mir.
> Wenn du durchs Wasser schreitest,
> bin ich bei dir,
> wenn durch Ströme,
> dann reißen sie dich nicht fort.
> Wenn du durchs Feuer gehst,
> wirst du nicht versengt,
> keine Flamme wird dich verbrennen.
> Denn ich, der Herr, bin dein Gott,
> ich, der Heilige Israels, bin dein Retter! (Jes 43,1–3a)

20. Dezember, spät abends:

Ich muss mich nochmals an meinen Computer setzen, um meinen Gedanken freien Lauf zu lassen:

Gelingt es mir, meinen Schülerinnen den »wirklichen« Glauben zu vermitteln? Können sie sich auf Gott einlassen, ihr Herz öffnen und Vertrauen fassen zu einer geheimnisvollen Macht, die ihr Leben trägt?

Ich kann meine Schülerinnen nicht gläubig »machen«, ich kann ihnen dieses Urvertrauen, das ein Kind im Elternhaus umgibt, nicht schenken. Ich kann aber dazu beitragen, dass etwas von dieser Liebe Gottes sichtbar wird:

- durch meine Person – ist Gott in meinem Leben noch wirklich, wirke ich glaubhaft und ansteckend, ist mein Herz im Religionsunterricht beteiligt, lasse ich auch dem Heiligen Geist eine Chance?
- durch meine Beziehung, die ich zu meinen Schülerinnen pflege – ist sie liebevoll, annehmend, warm, herzlich?
- durch meine Botschaft – ermutigt sie, eröffnet sie neue Perspektiven, kündet sie von dem nahen, liebenden Gott?

Selbst wenn einige unserer Kinder in ihrem Leben noch nicht ein Nest erlebt haben, in dem sie sich geborgen wissen dürfen, so haben sie doch alle eine Sehnsucht danach. An diese Sehnsucht möchte ich anknüpfen, den Kindern zärtlich die Hände auflegen und sie segnen und ihnen damit vermitteln: in Gottes Hand ist alles gut!

5. Das Ganze im Symbol

21. Dezember

Beim Lesen der Psalmen stieß ich gerade auf Psalm 31, der mein zentrales Anliegen im Religionsunterricht sehr gut in Worte fasst:

> »Herr, ich suche Zuflucht bei dir.
> Lass mich doch niemals scheitern; rette mich in deiner Gerechtigkeit!
> Wende dein Ohr mir zu, erlöse mich bald!
> Sei mir ein schützender Fels, eine feste Burg, die mich rettet....
> In deine Hände lege ich voll Vertrauen meinen Geist; du hast mich erlöst, Herr, du treuer Gott.« (Psalm 31, 2–3.6)

Ist nicht der Holzschnitt »In manibus tuis« des Schweinfurter Künstlers Walter Habdank eine Umsetzung dieses Psalms? Ich werde mir heute Nachmittag im Krankenhaus das Original nochmals unter diesem Aspekt zu Gemüte führen.

21. Dezember, abends

Ein trostvolles Bild, dieser Holzschnitt in der Kapelle des Krankenhauses: voll Vertrauen legt ein Mensch sich (sein Leben) in die Hand Gottes. Wie vielen kranken Menschen hat die Botschaft dieses Bildes schon Zuversicht geschenkt? Konnten sie sich selbst loslassen und sich der Führung Gottes anvertrauen? Haben sie die tragende Hand Gottes in ihrer Lebenskrise verspürt? Könnten sie die Jesaiabotschaft bezeugen:

»Sieh her: Ich habe dich eingezeichnet in meine Hände.«

Mein Blick fällt auf die kleine Skulptur »Bleib Sein Kind« von Dorothea Steigerwald[5]. Sie steht auf der Fensterbank vor mir. Ich nehme sie in die Hand, umschließe sie und lasse mich in die Worte von Theo Schmidkonz fallen:

»Gott,
ich suche eine Hand,
die mich hält und ermutigt,
die mich beruhigt und beschützt.
Ich taste nach einer Hand,
die mich begleitet und führt,
die mich heilt und mich rettet.
Ich brauche eine Hand,
die stark ist und mich trägt,
die mich ergreift und nicht mehr loslässt.
Ich möchte eine Hand,
die es gut mit mir meint,
die sich zärtlich um mich legt.
Ich sehne mich nach einer Hand,
der ich mich restlos anvertrauen kann,
die treu ist, die mich liebt.
Ich suche eine große Hand,
in die ich meine kleinen Hände
und auch mein Herz
hineinlegen kann,
eine Hand,
in der ich geborgen bin – ganz.
Gott,
Deine Hand lädt mich ein:
Komm!
Deine Hand lässt mich spüren:
Fürchte dich nicht!
Deine Hand schenkt die Gewissheit:
Ich liebe dich.
In Deiner Hand bin ich geborgen
und aufgehoben für immer.
Und wenn ich dennoch
in einen Abgrund stürzte –
ich weiß:
Am Grund dieses Abgrunds
wartet auf mich
Deine Hand,
Deine gütige, alles bergende Hand.
Und Deiner liebenden Hand –
kann mich niemand entreißen.

Gott,
in Deine Hand – lege ich alles.
Deine Hand – lässt mich nicht mehr los.
Danke, Du gute zärtliche Hand, danke.«[6]

Anmerkungen

[1] Vgl. K. Bürgermeister u.a., »Bei Sinnen sein«, Winzer 1998, 140ff.
[2] Ebd., a.a.O., 126 f.
[3] Ebd., a.a.O., 122 ff.
[4] R. Oberthür, Kinder und die großen Fragen, München 1995, 82 ff.
[5] © Joh. Brendow & Sohn Verlag GmbH, D-47443 Moers. Plastik von Dorothea Steigerwald. Motiv: Bleib Sein Kind.
[6] Quelle unbekannt.

S. 73: © Sieger Köder, »Schöpfung«

Michael Hofmann

... ein Kaleidoskop

1. Im Archiv des Gedächtnisses

Es fällt mir schwer, im Gedächtnis zu kramen und die Botschaften des Glaubens zu finden, die ich nicht vergessen habe. Dabei ist meine eigene Schulzeit noch gar nicht so weit zurückliegend. Bei meiner Einschulung war eine Zeit, in der sich der Übergang vom Katechismusunterricht zum curricularen Religionsunterricht vollzog. Als Kind bekommt man ja davon nichts mit und so ist es spannend, darüber nachzudenken, was einem so in der »Schülerzeit« mitgegeben worden ist, was einen prägt und trägt.

Als Kind der Dompfarrei bin ich aufgewachsen im »Schatten des Domes«. Aus unserem Wohn- und Kinderzimmerfenster konnte ich die Türme des Domes sehen und meine ganze Kindheit begleitete das Läuten der Domglocken. Meine Eltern erzählten gerne die Geschichte, dass ich beim Glockenläuten ans Fenster lief und hindeutete. Später, als ich sprechen konnte, kam der Satz dazu: »Jetzt glockt sie wieder.«

Und ich erinnere mich daran, dass die Scheiben ein wenig klirrten bei den Frequenzen der großen Glocken. Sie erschienen mir groß und mächtig. Was diese Rhythmisierung des Tages bedeutete, habe ich erst viele Jahre später erspürt, beim Studium in München. Wo ich wohnte, war kein Glockenläuten zu hören.Was ich zu Hause elementar erfahren durfte, hat mich geprägt. Der Dom und damit »meine Kirche« hat mit dem Läuten etwas Majestätisches, Erhabenes, Großes.

Nun vermittelt das Domläuten natürlich keinen Glauben und ich weiß nicht, wie dieses mächtige, lärmende Dröhnen auf mich eingewirkt hätte, wenn nicht Menschen auf dem Lebensweg mir den Dom, das Haus Gottes, erschlossen hätten. Meine Erinnerungen reichen nicht so weit zurück, dass ich bewusst sagen könnte, ob die Kindergartenschwestern von St. Anna mir diese oder jene Glaubensbotschaft mitgegeben hätten. Aber eines ist sicher: Glaubensvermittlung erfolgt immer nur durch Menschen. Die Erstverkünder sind Mutter und Vater. Sie haben primäre Gotteseigenschaften. Eltern lieben, stillen, tragen, schauen an, streicheln, nehmen in den

Arm, führen an der Hand, tragen einen bei Schwachheit, beschützen und pflegen einen in Krankheit und Angst. Hier wird Gott elementar erfahrbar. Die gemachten Ur-erfahrungen sind Gotteserfahrung. Vater = Gott, Mutter = Gott, Oma = Gott, Opa = Gott. Später dann: Erzieherin = Gott und Lehrerin = Gott.

All die gemachten Urerfahrungen spielen in den Satz hinein: »Wenn ich an Religionsunterricht denke, fällt mir ein...«. Dieser Zugang zum »Ernst des Lebens« und der Greifbarkeit der Glaubensbotschaften lässt viele Erinnerungen aufkommen.

Ich weiß nicht mehr, wer uns das lernen ließ, aber aus dem »grünen Katechismus«[1] blieben mir die Sätze über Engel, die wir lernen mussten:

»Engel sind rein geistige Wesen, die Gott anbeten, ihn lieben und seine Aufträge erfüllen.

Die Schutzengel beschützen uns an Leib und Seele, sie bitten für uns und ermahnen uns zum Guten.

Die bösen Geister sind abgefallene Engel, die Gott hassen und uns an Leib und Seele zu verderben suchen.«[2]

Mich hat das stark beeindruckt, ist doch an dieser Stelle folgendes Bild abgedruckt:[3]

Der Erzengel Michael. Mussten nicht alle Michaels aufstehen (ich glaube wir waren drei in der Klasse) um zu erfahren, dass das unser Namenspatron ist, dem wir nacheifern dürfen? Ich erinnere mich deutlich: So wollte ich nicht sein – der Gesichtsausdruck ist böse. So kämpft der für das Gute? Ich jedenfalls schämte mich und wollte nicht so sein.

Szenenwechsel – Kommunionunterricht in der dritten Klasse. Mittlerweile singe ich bei den Domsingknaben – mit großer Freude. Der Dom, der mich als kleines Kind schon faszinierte, lässt mich nun durch das Singen und alles was an Mühen, Proben dazugehört in den gottesdienstlichen Feiern erfahren: »Ich gehöre zur Gemeinschaft Gottes dazu«. Dieses Gefühl der Beheimatung ist mir sehr elementar und plastisch in Erinnerung. Unser Religionsunterricht wurde in der dritten Klasse durch den Pfarrer und die Gemeindereferentin sehr zielgerichtet und zielorientiert angeboten. Wir erfuhren kognitiv-rational, was es mit den Jesuserzählungen auf sich hat und wie wir uns verhalten sollen. Die Glaubensbotschaften des Kommunionunterrichtes in der Pfarrei (durch den Pfarrer) sind mir emotional sehr positiv im Gedächtnis. Anders eine Begebenheit der Bußkatechese, die im Gedächtnis haftet. Um zur Kommunion gehen zu dürfen, war die Beichte notwendig – theologisch ohne Versöhnung keine Tischgemeinschaft. Der Bußunterricht war streng, eng und mit rigiden »Arbeitsblättern« gestaltet. Ein Beispiel sei hier aus meinem Religionsheft der dritten Klasse abgedruckt:

»1. LEBEN MIT GOTT
Gott will, daß wir auf ihn hören, gern an ihn denken und andächtig beten.
2. HEILIGE NAMEN UND DINGE
Gott will, daß wir vor Hl. Namen und Dingen Ehrfurcht haben.
3. SONN- UND FEIERTAGE
Gott will, daß wir an Sonn- und Feiertagen die Hl.Messe andächtig mitfeiern.
4. ELTERN UND VORGESETZTE
Gott will, daß wir unseren Eltern und Vorgesetzten gehorchen und ihnen Freude machen.
5. NÄCHSTER
Gott will, daß wir unseren Nächsten lieben wie uns selbst, ihm helfen und ihm nichts Böses tun.
6. SCHAMHAFTIGKEIT UND KEUSCHHEIT
Gott will, daß wir schamhaft und keusch sind.
7. EIGENTUM
Gott will, daß wir das Eigentum achten.
8. WAHRHEIT
Gott will, daß wir immer wahrhaftig sind.
9. SCHULE UND ARBEIT
Gott will, daß wir fleißig lernen und arbeiten.
10. SELBSTBEHERRSCHUNG
Gott will, daß wir uns beherrschen und unsere Fehler bekämpfen.«

Dann kam mein erstes Beichterlebnis: Wohl vorbereitet und mit allen möglichen kindlichen Vergehen, die dem Fragenkatalog entsprachen, ging ich in den Dom. Aufgereiht mussten wir da sitzen. Zur Glaubensbotschaft *Gott ist immer da* durften wir die Körperhaltungen beim Gebet üben: Stehen, sitzen, knien, mit offenen Armen, mit gefalteten Händen. Darüber wurde gewacht, bis man drankam. In Aussicht wurde das schöne Erstbeichtbildchen gestellt, wenn man alles Geforderte ableistete. Die Beichte dagegen war die Erfahrung, dass Gott um mich weiß. Ich wurde gefragt, wie es mir geht, ich durfte Situationen benennen, in denen ich Gott danke, lobe und bitte. Der mühsam aufgestellte Antwortenkatalog war nicht gefragt. Die Aufgabe war ein Vaterunser. Ich freute mich über dieses Ereignis und war schnell mit dem Vaterunsergebet fertig. Allerdings – mir

wurde nicht geglaubt, ich erhielt mein Bildchen erst nach einer ganzen Reihe von anderen Gebeten, die mir von der »Aufpasserin« aufgetragen wurden.
Der Religionsunterricht im Gymnasium ist ein weißer Fleck im Gedächtnis. Menschliche Erfahrung und der christliche Glaube aus dem Evangelium, der so aufgeschlossen wird, dass er zur Lebensbewältigung und Lebensgestaltung werden kann, habe ich nie erfahren. Der Religionsunterricht war für mich eines der übelsten Schulfächer. Geblieben ist mir die Erfahrung, dass Religionsunterricht eher etwas Züchtigendes hat. Unser Religionslehrer, mit blassem fahlen Gesicht, immer schlecht gelaunt; Professor Snape in den Harry-Potter-Büchern erinnert mich fatal an ihn. Und die Ohrenschmerzen – er zog einem immer die Ohren lang. Nach unten, wenn man nicht sauber schrieb, nach oben, wenn man aufstehen sollte. Da die Häufigkeit von der persönlichen Zu- bzw. Abneigung abhing, war es unberechenbar, wie oft man drankam.
Gott sei Dank hatte ich in späteren Jahren einen sehr gütigen, weisen Pater als Religionslehrer. Mir ging es nicht so gut in der Schule, ihm waren die Schülerinnen und Schüler wichtig. Aus heutiger Sicht bearbeitete er sozial-ethische Themen, die er immer in den Horizont seiner Glaubensüberzeugung stellte. Bei ihm war es eine Erziehung zum eigenen Sein, aus christlicher Überzeugung. Seine Überzeugung war das tägliche Leben, die Lebensbezüge in einen biblisch-religiösen Horizont zu stellen, der menschliches Handeln religiös begründet.

2. Die Hinwendung zu den Lebenden

Umfrage in der Schule: Wer war denn in den Weihnachtsferien einmal in der Kirche? In drei Klassen (insgesamt 38 Schülerinnen und Schüler) meldeten sich 3 Schülerinnen und Schüler. Auf die Frage, was Weihnachten mit Jesus zu tun hat, weiß zumindest die 3. Klasse: Jesus ist da geboren. Schwieriger ist es da schon in den Klassen 6–9.Ist zumindest Einvernehmen da, dass wir an Weihnachten den Geburtstag von Jesus feiern, wird schon bezweifelt, dass Jesus »Gottes Sohn« ist.
Die zentrale christliche Botschaft, dass Jesus Christus auferstanden ist, wird von vielen Schülerinnen und Schülern als Erfindung der Kirche und des Religionsunterrichtes abgetan.
Sollen die Schülerinnen und Schüler im Glaubensbekenntnis eine Aussage machen, was sie davon glauben, sieht das Ergebnis (alle Angaben in Prozent) in zwei Klassen (8. und 9. Klasse) wie folgt aus:

	Ja, das glaube ich	Weiß nicht so recht	*Nein,* das glaube ich nicht
Das Apostolische Glaubensbekenntnis			
Ich glaube an Gott,	45	*54*	1
den Vater, den Allmächtigen,	27	33	*40*
den Schöpfer des Himmels und der Erde,	23	*46*	31
und an Jesus Christus	*54*	31	15
seinen eingeborenen Sohn, unsern Herrn,	31	*54*	15
empfangen durch den Heiligen Geist,	11	*78*	11
geboren von der Jungfrau Maria,	*42*	33	25
gelitten unter Pontius Pilatus,	26	*40*	34
gekreuzigt, gestorben und begraben,	*58*	42	0
hinabgestiegen in das Reich des Todes,	34	*48*	18
am dritten Tage auferstanden von den Toten,	23	*54*	23
aufgefahren in den Himmel;	39	*46*	15
er sitzt zur Rechten Gottes, des allmächtigen Vaters,	31	*62*	6
von dort wird er kommen, zu richten die Lebenden und die Toten.	33	*58*	9
Ich glaube an den Heiligen Geist,	*46*	38	16
die heilige katholische Kirche,	*61*	39	0
Gemeinschaft der Heiligen,	31	*54*	15
Vergebung der Sünden,	42	*50*	8
Auferstehung der Toten	31	*46*	13
und das ewige Leben.	*46*	31	13
Amen.			

Interessant ist, die Auswertung wie folgt zu lesen:

- Die Mehrheit der Schülerinnen und Schüler glaubt an Jesus Christus, der von der Jungfrau Maria geboren ist, der gekreuzigt, gestorben und begraben wurde. Die Schülerinnen und Schüler glauben an den Heiligen Geist, die heilige katholische Kirche und das ewige Leben.
- Schülerinnen und Schüler wissen nicht, ob sie an Gott glauben sollen, ob er der Schöpfer ist, ob Jesus der Sohn Gottes ist, der durch den Heiligen Geist empfangen wurde. Fraglich bleibt auch der Weg Jesu in den Tod, die Auferstehung Jesu und das Wiederkommen mit dem Weltgericht.
- Nicht geglaubt wird, dass Gott der allmächtige Vater ist.

Liest man die Umfrage mit absoluten Mehrheitszahlen, bleibt:

- Der Glaube an Jesus, der als Mensch gelebt hat, gekreuzigt wurde, gestorben ist und begraben wurde, sowie an die katholische Kirche.

- Unsicherheit beim Glauben an Gott, Jesus als Sohn Gottes, unser Herr, der auferstanden ist, zur rechten Gottes sitzt und das Gericht.

Dementsprechend wurde die Frage »Was ist dir an Gott wichtig« so beantwortet (Angaben freiwillig):

- Dass man an ihn betet.
- Dass Gott uns hilft, eine Freundin zu finden.
- Dass man an ihn glauben kann.

Auf die Fragen »Was ist dir an Jesus wichtig? Was findest du gut an ihm?« schrieben Schülerinnen und Schüler:

- Dass er sich für andere Menschen geopfert hat.
- Ein guter Mann, der sehr viel für uns getan hat.
- Er gründete die Kirche und half den Unterdrückten, den Blinden und den Behinderten.
- Dass er einen Heiligenschein hat.
- Dass man ihn empfangen kann.
- Alles (?)

Insgesamt lässt sich aus meiner Sicht bei den Schülerinnen und Schülern ein vages Bedürfnis nach Glauben feststellen. Allerdings bleibt dies aufgrund mangelnder oder mangelhafter Glaubenserfahrung völlig unverbindlich.

Entsprechend diffus ist das Gottesbild. Der christliche Glaube scheint bei der Mehrzahl der Schülerinnen und Schüler im Alltag wenig bis gar keine Bedeutung zu haben. Jesus von Nazaret hat für die Schülerinnen und Schüler keine große Bedeutung. Er stellt bestenfalls als historische Gestalt eine Art Vorbild dar.

Meine Wahrnehmungen bei der Überlegung, warum das so ist:

Die Familie kann in der Mehrzahl der Fälle nicht mehr als Ort der religiösen Primärerfahrungen angesehen werden. Zumeist erfolgt eine Berührung mit Kirche nur durch die Teilnahme an den Sakramenten (Taufe, Kommunion, Firmung) und manchmal noch die Teilnahme am Gottesdienst. Ausgehen kann ich davon, dass im schwierigen Umfeld meiner Schulart (Förderschwerpunkt Lernen, Verhalten) an einer weiteren Glaubensentwicklung der Schülerinnen und Schüler bei der überwiegenden Zahl der Eltern kein Interesse besteht, ja der Kontakt mit Glaube und Kirche abbricht, wenn nicht eine Begegnung mit einer glaubwürdigen Person erfolgt.

Somit stellt der Religionsunterricht für die meisten Schülerinnen und Schüler den einzigen Ort dar, wo sie persönlich mit Glaube und Kirche in Berührung kommen .

Religionsunterricht bzw. die ihn erteilende Person spielt dann eine Rolle, wenn in Grenzsituationen alle anderen Mittel versagt haben. Erst dann wird die Person des Religionslehrers (an-)gefragt als eine Lebenshilfe in aussichtsloser Situation.

3. Die Auseinandersetzung mit dem Glauben

> *Das erste Wirkende ist das Sein des Erziehers,*
> *das zweite, was er tut,*
> *und das dritte erst, was er redet.*
> Romano Guardini[4]

Un-Heil

Die Schülerinnen und Schüler begegnen mir sehr oft in aussichtsloser Situation, haben mit vielgestaltigen seelischen Behinderungen zu kämpfen, die in ihrer Lebensgeschichte begründet liegen:

- Erregungszustände
- Persönlichkeitsstörung
- Verfolgungswahn
- Größenwahn
- Wahrnehmungsstörungen
- Konzentrationsschwächen (o.a. funktionale Schwächen)
- Motorische Störungen
- Auffassungsstörungen (z. B. Sprachauffälligkeiten)

Es begegnen mir Menschen mit Beeinträchtigungen, in oft unheilvollen Lebensumständen gefangen.

Achtung

Für die Planungen des Religionsunterrichts sind die neueren Lehrpläne in Bezug auf die Hinwendung zu Schülerinnen und Schülern wegweisend. Die Grundschule schreibt sich in den Lehrplan die Notwendigkeit der Entwicklung der Persönlichkeit der Schülerinnen und Schüler[5]:
»insbesondere wird dem Recht auf Kind-sein-Dürfen angemessener Raum gewährt.« ...«sollen die Kinder Selbstwertgefühl, Eigenverantwortung und eine bejahende Lebenseinstellung aufbauen«.
Für meine Unterrichtsplanung steht im Mittelpunkt eine Pädagogik der Achtung des Kindes, wie sie Janusz Korczak durch sein Leben aufgezeigt hat.
Das Recht des Kindes auf Achtung im Sinne Korczaks als wechselseitige dialogische Beziehungsgestalt von Erwachsenen und Kindern beschreibt Prof. Dr. Ferdinand Klein[6] wie folgt:
Das Recht des Kindes auf den heutigen Tag oder von der Bedeutung der Gegenwart für das Kind, die nicht einer ungewissen Zukunft geopfert werden darf, daraus folgt

- die Betonung des absoluten Wertes des Kindes;

- die Zubilligung der spezifischen Kinderperspektive, -bedürfnisse und -wünsche im Hier und Jetzt;
- die Zubilligung altersangemessener Rechte und Pflichten.

Das Recht des Kindes, so zu sein, wie es ist, oder von der Notwendigkeit, dem Kind sein So sein zu erlauben und zu ermöglichen, insbesondere

- die Förderung der Entwicklung von Individualität und Identität;
- die Berücksichtigung von Anlage und Erziehungsmilieu als Determinanten der Erziehung;
- die freie Entfaltung im Hinblick auf soziale Möglichkeiten, Bedingungen und Ansprüche.

Gilt Romano Guardinis Satz als ein Leitsatz für pädagogisches Handeln in der Förderschule, dann dürfen wir theologisch davon sprechen, dass wir durch unsere Arbeit Wege vom *Un-Heil* zum *Heil* aufzeigen wollen. Nicht umsonst sprechen wir von *heilpädagogischem Arbeiten.* Doch was haben wir darunter zu verstehen?

Heil-Pädagogik

»Das pädagogisch entscheidende Positivum im Begriff *Heilpädagogik* liegt im impliziten, originär pädagogischen Inhalt von *heil* im Sinne von *ganz*. Das Wort ›heil‹ bedeutet etymologisch ›ganz‹ (griech. *holos*), übrigens auch im Sinne von ›Glück‹. Der Begriff ist umfassender und auch in verschiedenen Kulturen heimischer. Im altchinesischen ›Tao-te-king‹ des Lao-tse (1985) findet sich folgender Spruch (gekürzt):

> ›Verkrüppelt wird heil,
> krumm wird gerade,
> leer wird voll, verschlissen wird neu,
> geringer Besitz soll bekommen,
> großer Besitz soll erschrecken.‹
> Wären das leere Worte?
> Nein, wahrlich, heil soll alles werden und wieder hergestellt.«[7]

Konstruktivismus

Ein wichtiger Punkt in den neuen Lehrplänen ist auch der Konstruktivismus. Hierbei wird der Pädagogik Pestalozzis (»*Werk seiner Selbst*«) und M. Montessoris (»*Baumeister seiner selbst*«) Rechnung getragen, das Kind wird aktiv in Lernprozesse mit hineingenommen – eine Erziehung, die das Kind in der Einmaligkeit seines Wesens ernst nimmt und auf seinen Selbstbildungswillen vertraut (Maria Montessori[8]).

Seit Descartes »cogito, ergo sum« (Ich denke, also bin ich) ist dieser Ansatz »bedacht«.
»Eine neuere theologische Befundquelle findet sich bei Romano Guardini. In dem Büchlein ›Die Annahme seiner selbst‹ 1960 betont er, dass es die Welt ›für mich nur als jene gibt, in der ich bin; die mir begegnet; in der ich handle. Eine Welt, in der ich nicht wäre, ist eine bloße Grenzvorstellung ... denken kann ich sie nicht ... Für jeden ist ›Welt‹ seine Welt, eine andere gibt es nicht.‹«[9]
Was hat dies mit unseren Schülerinnen und Schülern zu tun?
»Das Leben ist ständig bedroht. Der Mensch ist unendlich empfindlich und verletzbar. Um ihn generell als schutzbedürftig auszuweisen, unabhängig von seinen Verdiensten oder Schulden, seinem Vermögen oder seiner Armut, hat *Kant* den Begriff der Würde des Menschen geprägt, die jedem zukomme, der Mensch sei. Was ist damit gemeint?«

Würde – Wert-sein

»Der ›Grund der Würde‹ des Menschen ist nach Kant in seiner Autonomie (KPV, Werkausg. Bd. VII,69) *zu sehen. Damit ist ein ethisch nicht hintergehbares Prinzip gemeint, auf dem die gesamte Rechtsordnung beruht. Es bedeutet, dass mein Handeln auf der Basis von Freiheit und Verantwortung prinzipiell eingebunden ist im Sinne einer Selbstverpflichtung zum Guten dem Anderen gegenüber, weil er Mensch ist wie ich und als Mensch zu achten ist.*
Es gibt auch eine christliche Begründung. Sie liegt in der Geschöpflichkeit des Menschen. Das Wort der ›Gottebenbildlichkeit‹, das in diesem Zusammenhang immer wieder verwendet wird, darf freilich nicht so verstanden werden, als habe man darunter eine im Menschen fixierte besondere Eigenschaft im Sinne eines statischen Wesensvorzugs zu sehen oder als sei der Mensch eine Ikone Gottes. Gemeint ist vielmehr die Bezogenheit des Geschöpfes auf seinen Schöpfer oder, wie *Lévinas* es ausdrückt: Es ist ›in der Spur Gottes.‹«[10]
Die Grundbotschaft des sozial-ethischen Lernens im Bereich des Religionsunterrichtes nimmt deshalb in den Blick, dass sich ethisches Handeln in der Begegnung mit dem Andern konstituiert.
»Gegenüber einer an Werten orientierten Ethik bedeutet dies, dass das Ethische, wie es *Lévinas* schreibt, ›nichts den Werten verdankt, vielmehr sind es die Werte, die ihm alles verdanken. Das Konkrete des Guten ist dieses Wert-sein des anderen Menschen.‹«[11]
Ausgehend vom Dargestellten benennt der neue Lehrplan für das »Förderzentrum mit dem Förderschwerpunkt geistige Entwick-

lung«[12] im Fachprofil Katholische Religionslehre folgende Handlungsschwerpunkte[13]:

Katholischer Religionsunterricht

- »stärkt das Selbstvertrauen und die Lebenszuversicht, denn die vorbehaltlose Annahme eines jeden Menschen ist nach christlicher Auffassung im unbedingten Ja Gottes zum Menschen begründet,
- fördert ein gelingendes Miteinander, denn ein mitmenschlicher und solidarischer Umgang ist für Christen im Verhalten Jesu zu seinen Mitmenschen vorgezeichnet,
- entfaltet das Leben in und mit der Welt, denn die Achtung vor dem Geschaffenen ist im biblischen Schöpfungsverständnis grundgelegt,
- motiviert das Handeln des Menschen, denn es wird gesehen als Gabe Gottes mit dem Auftrag, die eigenen Fähigkeiten zu entwickeln und im verantwortungsvollen Tun einzusetzen.«

Unterrichtliche Umsetzungshinweise[14]:

- »Erfahrung und Glaube
  Damit der christliche Glaube aus dem Geist des Evangeliums als Hilfe zur Lebensbewältigung und Lebensgestaltung wahrgenommen werden und sich bewähren kann, sind die Inhalte des Religionsunterrichts so aufzuschließen, dass ihr Bezug zu menschlichen Grunderfahrungen sowie zu anderen Lern- und Lebensbereichen spürbar und sichtbar wird« ...
- »Elementarisierung
  Der wesentliche Schritt zur Unterrichtsplanung besteht im Bemühen um Elementarisierung. Dabei geht es weniger darum, Inhalte zu vereinfachen oder zu reduzieren, als vielmehr darum, das Grundlegende und Lebensbedeutsame eines Inhalts am Grundlegenden und Lebensbestärkenden der Schülerinteressen und -fähigkeiten aufzuschließen. *Elementarisierung ist vor allem Leistung der Schülerinnen und Schüler, die in Auseinandersetzung mit neuen, vielleicht auch provozierenden Lerninhalten das für sie Bedeutsame herausfinden und begreifen*« ...
- »Der Religionsunterricht sucht darüber hinaus allen Schülerinnen und Schülern, die ihn besuchen, einen Zugang zum religiösen Wahrnehmen, Erleben und Handeln zu vermitteln. Denn die Würde eines jeden Menschen verpflichtet, Achtung und Toleranz einzuüben sowie Gemeinsamkeit im Zusammenleben von Menschen verschiedenen Glaubens oder unterschiedlicher Weltanschauungen zu fördern.«

In der praktischen Umsetzung ist es deshalb wichtig, dass die Schülerinnen und Schüler immer wieder ausreichend Gelegenheit bekommen sich selbst mit ihren Gedanken, Fragen, Nöten und Sorgen einzubringen. Dadurch können sie selbst zu einem eigenen Gottesbild kommen. Gott hat in ihrem LebenRaum, sie können lernen mit ihm zu sprechen, ihn einzubeziehen, sich an ihn zu wenden an schönen und frohen Tagen, aber auch in Not, Leid, in Zeiten, in denen sie nichts mehr verstehen und keiner sie mehr zu verstehen und zu mögen meint. Ein Beispiel aus der Unterrichtspraxis (5. Klasse) soll dies verdeutlichen.

Artikulation	*Kommentar*	*Geplanter Unterrichtsverlauf*	*Medien*
• Eröffnungsphase/ Anfangsphase Einstimmung Anfangsritual	*Ankommen* *Ritual zur Ankerung der Schüler/-innen*	Schüler versammeln sich im Sitzkreis ❶ Begrüßung mit auditivem Signal, Kerze und gutem Wunsch – Anfangsritual ❷ Gebet aus Gebetsschachtel	Klangschale, Klangkugel Jesuskerze
stummer Impuls		Platzwechsel auf Platz	Bild Sieger Köder[15] als Folie, OHP
Motivation		UG über das Bild (Beachtung der Regeln der Bilddidaktik!)	
	Impulse	*Ich sehe* *Mir gefällt an diesem Bild (überhaupt nicht),* *Mir fällt auf, ...*	
Hinführung	*Auditives Wahrnehmen*	Zu dem, was unsere Augen wahrnehmen, müssen wir die Geräusche hören, um die Situation lebendig werden zu lassen.	
		Wassermusik, Chaosmusik, die Angst macht	CD
Eindruck	*Einfühlung in Situation, konkret auch mit EGLI-Figur denkbar (basale Erfahrung Angst)*	Du kannst sagen, was du hörst Satzanfang: Ich höre .... *SÄ: Sturm heult, Wind bläst, Wellen klatschen, Holz splittert ....*	
	Einfühlen, wahrnehmen, identifizieren...	Stell dir vor, du bist einer im Boot, (setz dich so hin) ein Jünger... Sturm ... Not ... was fühlst du in dir ? ....Du rufst (schreist) ...	
Zielangabe		*Ich habe Angst*	TA
• Erarbeitungsphase Information Eindrucksphase	*Kurze Lehrerinfo reduzierte Information des biblischen Textes auf eine Szene*	Platzwechsel Sitzkreis – Nebenraum Einer ist im Boot, du kennst ihn! *Jesus.* Eglifigur auf blaues Kett-Tuch auf weiß legen	
	Vorwissen	*Lehrererzählung*	
	Rhythmisierung *Empathie*	Die Jünger tun nun etwas! Schülerinnen und Schüler »Wecken« Jesus auf! (Stellen die Eglifigur auf)	Eglifigur Jesus
Ausdrucksphase/ Gestaltung	*Jesusbegegnung Stellung beziehen, verbalisieren.* *Verklanglichung, möglich ist auch ein Aufschreibenauf Satzstreifen*	Du bist eingeladen, Jesus zu sagen, was du denkst; Hierzu darfst du dir einen Satz überlegen und ihn Jesus jetzt in dieser Situation sagen. Dazu darfst du, wenn du möchtest, ein Geräusch machen mit einem dieser Instrumente. Du darfst es dann weitergeben ...	Orff-instrumente
	Vorwissen eruieren – ergänzen	Schüler/-innenäußerung mit Satzmuster: Jesus ...	
Erkenntnisphase		Du weißt, wie die Erzählung ausgeht .... Vorwissen der Schülerinnen und Schülern –	
	Impuls	*Lehrererzählung*	
		An den Jüngern kann man nun sehen, wie sie sich fühlen	

Artikulation	*Kommentar*	*Geplanter Unterrichtsverlauf*	*Medien*
	kreativ den Eindruck umsetzen *möglich ist hier auch eine Körperübung oder ein Standbild.*	Einladung zum Stellen von 3 weiteren Eglifiguren (drei Schülerinnen und Schüler stellen, die anderen korrigieren evtl.) In der Begegnung mit Jesus ist etwas mit der Angst geschehen – Jesus nimmt die Angst	3 weitere Eglifiguren TA
TZWH		Austeilen des Arbeitsblattes mit Bild, erlesen des ersten Teils	AB
Transfer/Übertragung • Schlussphase	*Umsetzen der eigenen Empfindungen*	Platzwechsel auf den Arbeitsplatz Du darfst das Bild in Ruhe anschauen Bei Musik schaust du es dir genau an. Phase ca. 1 Min.	Folie[16] Musik 
Vertiefung		Musik ausstellen,Einladung zu freier Äußerung im Rundgespräch ... ungerichtet	
		L liest Sätze vor in meditativer Stimmung:	
		Habe keine Angst, ich habe dich beim Namen gerufen	
		Fürchte dich nicht, ich bin mit dir.	
		Habe ich auch große Angst, du hältst mich am Leben	
		In deiner Hand liegt mein Leben	Textblatt
		Du umschließt mich von allen Seiten und legst deine Hand auf mich.	
		Lege dein Leben in Gottes Hand, verlass dich auf ihn.	
	Erhebung für alle Würdigung des Getanen Besinnliches Betrachten	Schüler/-innen sitzen ruhig, betrachten ihr Bild, hören Sätze, finden ein Wort für ihr Bild oder einen Satz.	
	Verbalisieren der gemachten Erfahrungen	Ein zweites Mal vorlesen, ein drittes Mal mit allen im Rundlesen.	
Einladung		Du darfst einen Satz, ein Wort unter das Bild schreiben.	
Gebet		Wer fertig ist, setzt sich mit seinem Bild im Nebenraum auf den Boden	
		(Bodenbild Jesus und drei Jünger!)	Kerze
		Schüler »sammeln« sich im Sitzkreis.	
Aufheben		Einladung zum Vorlesen des eigenen Satzes,	
		Ich lade dich ein, deinen Satz vorzulesen, einer nach dem anderen, wir geben dabei die Kerze weiter.	
		RGS	
		L beschließt die Stunde mit einem abschließenden Satz:	
		Jesus, du hast den Jüngern die Angst genommen, ihnen Vertrauen in ihr Leben gegeben. Schenke dieses Vertrauen auch uns, wir sind alle in deiner Hand. Amen.	

AB

Ich habe Angst – Jesus nimmt die Angst

Die Erzählung vom Seesturm

Der Sturm heult. Wasser klatscht in das Boot, die Jünger schreien vor Angst. Jesus schläft. Die Jünger fragen sich: „Lässt er uns untergehen?" Lässt er uns sterben?" Jesus wacht auf. Er fragt: „Warum hast du solche Angst?" Hast du kein Vertrauen?"
Jeder Jünger spürt, dass Jesus Kraft gibt. Er ist die Ruhe im Sturm. Mit ihm gelingt alles. Die Angst weicht. Jeder spürt: „Mit Jesus kann mir nichts passieren. Jeder spürt: Jesus ist bei mir. Er verlässt mich nicht."

Jesus ist auch bei mir – er hält mich

MITEINANDER REDEN UND LACHEN SICH GEGENSEITIG GEFÄLLIGKEITEN ERWEISEN ZUSAMMEN SCHÖNE BÜCHER LESEN SICH NECKEN DABEI ABER AUCH EINANDER SICH ACHTUNG ERWEISEN MITUNTER SICH AUCH STREITEN OHNE HASS SO WIE MAN ES WOHL EINMAL MIT SICH SELBST TUT MANCHMAL AUCH IN DEN MEINUNGEN AUSEINANDERGEHEN UND DAMIT DIE EINTRACHT WÜRZEN EINANDER BELEHREN UND VONEINANDER LERNEN DIE ABWESENDEN SCHMERZLICH VERMISSEN DIE ANKOMMENDEN FREUDIG BEGRÜSSEN LAUTER ZEICHEN DER LIEBE UND GEGENLIEBE DIE AUS DEM HERZEN KOMMEN SICH ÄUSSERN IN MIENE WORT UND TAUSEND FREUNDLICHEN GESTEN UND WIE ZÜNDSTOFF DEN GEIST IN GEMEINSAMKEIT ENTFLAMMEN SO DASS AUS DEN VIELEN EINE EINHEIT WIRD

AUGUSTINUS BEKENNTNISSE

In unserem Unterricht ist die Bibel durch nichts zu ersetzen. Sie hat eine einzigartige sachliche und didaktische Qualität. Sie bietet in ihren Erzählungen exemplarische Erlösungsangebote, die Schülerinnen und Schüler in ihrer Autonomie ernst nehmen und ihm im Lernprozess eine aktive Rolle zubilligen und zuweisen. Schülerinnen und Schüler wählen aus den Erzählungen aus, was in ihnen zum Wirken kommt.

Wo sonst sind so verdichtet menschliche Grunderfahrungen in allen Höhen und Tiefen zu finden? Wo sonst könnten unsere Schülerinnen und Schüler Stärkung und Halt finden? Gott ist einer, der bei mir ist. In den alttestamentlichen Erzählungen ist erfahrbar, dass er mit den Menschen durch dick und dünn geht. Und wenn wir auch in der gesamten Bibel keine schlüssige Antwort auf die drängendsten Fragen von Krankheit, Behinderung, Leid, Not und Tod finden, in Jesus bekommt die Hoffnung auf mein Leben eine Gestalt. In Jesus wird das Mitgehen Gottes am dichtesten. Er ist in den Erzählungen begreifbar, erfassbar, wahrnehmbar. Durch ihn scheint die Liebe Gottes, die vor keiner Lebenssituation halt macht. Jede der biblischen Lebens- und Glaubensgeschichten zeigt uns einen Aspekt der Beziehung Gottes mit den Menschen. Lässt uns teilhaben und bringt ihn zum Klingen. Gott ist ein Gott des Lebens, er ist ein Mitgehergott, er sorgt sich um mich und ist ein heilender Gott. Jesus hat keinen ausgegrenzt und er hat es gerade als seine Aufgabe angese-

hen, die Ausgestoßenen in die Gemeinschaft zurückzuholen. Die am Leben verhinderten, nicht die »Normalen« und somit ALLE waren die ihm wichtigen.
Für unsere Schülerinnen und Schüler sind nicht die christologischen Bekenntnisaussagen Christus, Messias, Gottes Sohn, Davids Sohn, Menschensohn von Bedeutung. Können diese Begriffe doch nicht definieren, wer er ist, so wenig wie wir Gott theologisch definieren können.
Gott wird erfahrbar in Begegnungen, die uns aufzeigen, Gottes Wirken ist

... um der Menschen Willen:
Gott verleiht jedem (Bartimäus, Zachäus, dem Aussätzigen, mir) unendliche Würde.
In menschlicher Nähe wird etwas vom heilenden Christus erfahrbar.
Es geht um den Menschen als Menschen, unterschiedslos um jeden.

... um der Menschen Willen stehen folgende *inhaltliche Erfahrungsangebote* durch intensive Wahrnehmungs- oder Sinnesübungen im Mittelpunkt:
- Du bist wichtig.
- Gott kennt dich.
- Er steht zu dir, er verlässt dich nicht.
- Gott richtet auf.

... um der Menschen Willen werden die *methodisch-didaktischen Schwerpunkte* einer sonderpädagogisch orientierten Religionspädagogik beachtet:
- Arbeit mit Ritualen, die durch stark affektiv-emotionale Wirkung das Bewusstsein prägen.
- Arbeiten mit Material, Gegenständen und Symbolen, um die transzendentale Wirklichkeit, die nicht direkt sinnlich zugänglich ist, zu eröffnen.
- Elementares Arbeiten, um das Lebensbedeutsame und Lebensstärkende für die Schülerinnen und Schüler zu eröffnen.

5. Das Ganze im Symbol

Alles scheint bekannt.
Ist das wirklich so?
Gibt es keine Missverständnisse?
Bei genauerer Prüfung erweist sich die Sicherheit als trügerisch: Meist ist das ganz Alltägliche und Selbstverständliche ausgespart, und wir sehen und deuten alles durch »unsere eigene Brille«.

Wer jemals durch ein Kaleidoskop gesehen hat, der weiß von der Faszination der schön anzuschauenden Bilder, die die Wirklichkeit durch Spiegelung in regelmäßige und sich durch Drehung immer wieder ändernde Bilder spiegelt und meist in einen sechsstrahligen Stern anordnet. Bei viel Licht betrachtet glänzt und glitzern dieses Ab-Bilder der Wirklichkeit. Und doch sind diese Bilder Teil des Ganzen.

Mit dem Religionsunterricht ist es ähnlich wie mit einem Kaleidoskop. Wir können es drehen und wenden, uns schöne Bilder machen von dem, zu dem wir uns hinwenden und hinsehen.

Die Fragmente sortieren sich zu einem Gesamtbild. Gefällt es uns nicht so, suchen wir uns ein Neues.

Vieles wird ausprobiert, beplant, neu in den Blick genommen.

Und doch – Religionsunterricht wird erst durch die, die ihn erteilen, lebendig, farbenfroh, facettenreich, vielseitig, vielgestaltig – eben wie ein Kaleidoskop.

Und wesenhaft wird der Focus bedeutsam; das, was in den Blick genommen wird. Wenn wir durch das Kaleidoskop auf die Botschaft sehen und die Adressaten, dann wird deutlich, dass wir beides in den Blick nehmen müssen, um auch das »Alltägliche« und »Selbstverständliche« in schönen Bildern betrachten zu können.

REDE AN DEN CHRISTEN

Wo immer du deine Arme ausbreitest,
stehst du als Kreuz vor der Welt.
Eingewachsen ist es ins Fleisch deiner Liebe,
und du spürst es auch ohne die große Gebärde:
selbst mit verhaltenen Flügeln,
im Schlaf bleibt der Vogel noch Vogel.

Du brauchst keine Fahne!
Die Welt ist voll widerwärtiger Winde,
da ist es genug, wenn dein Haar weht.
Man sah schon zuviele Zeichen, die trogen:
wer noch ein Heil bringt,
birgt es still in den Händen.

Nenn auch den Namen nicht eitel,
den du nimmer ergründest!
Das Geheimnis des Menschen
ist der gemäße Auftrag.
Wo sie den Glauben verweigern,
ist es Zeit, daß du handelst!

Hoffe nicht, dich zu bewahren,
eins nur gilt: sich bewähren!
Auch im niedrigsten Zelt,
im dunkelsten mußt du hausen,
auf den Stufen der Bettler,
zwischen den Malen des Unrats.

Wer mit den Säufern nicht trinkt
und nie im Bett des Verhurten
schlief oder heimlich mit Dieben
schlich, wer das Messer des Mörders
niemals in Händen hielt,
versteht nicht die Angst dieser Erde.

Und keiner, den Gott nicht verlassen,
der den Kuß des Verrates
und die Galle des Zweifels
nie geschmeckt hat, kann heute
Bruder sein den Verlornen.
Denn sie mißtraun mit Recht:
Aufruhr erstickt nicht die Herzen,
aber das Fett der Trägheit!

Es kann sein – unterwegs –
daß du den Namen vergißt oder verlierst,
ihn verwirfst als ein fremdes Gewand,
das dich trennt von den andern,
und hingehst, nackt unter Nackten.
Aber das Kreuz in dir
ist nicht zu entwurzeln und zwingt dich
jäh aus der Schmach, am Markt oder mitten im Schlafe:
daß du aufbrichst zur Richtstatt
und es den Schlächtern bezeugst.[17]

Anmerkungen

1 Katholischer Katechismus der Bistümer Deutschlands, Ausgabe für das Bistum Würzburg, o. J.

2 Ebd., 33.

3 Ebd., 32.

4 R. Wild, Sein zum Erziehen, Mit Kindern leben lernen, Freiamt 1998, 5.

5 Amtsblatt des Bayerischen Staatsministeriums für Unterricht, Kultus und Wissenschaft, Forschung und Kunst, KWMBL I So.-Nr. 1/2000, 7.

6 F. Klein, Pädagogische Hochschule Ludwigsburg, Fakultät Sonderpädagogik Reutlingen in Verbindung mit der Universität Tübingen. Erstmals veröffentlicht

in: Die Neue Sonderschule 42 (1997) 3, 176. Weiterer Artikel »Pädagogik der Achtung im Geiste Janusz Korczaks« in Zeitschrift für Heilpädagogik 11/2002, 467-472.

7 O. Speck, System Heilpädagogik: eine ökologisch reflexive Grundlegung, 3.völlig neubearb. und erw. Aufl., München 1996.

8 M. Montessori, Kinder sind anders, 17. Auflage, München 2000.

9 Speck a.a.O., 120.

10 Ebd., 162 f.

11 Ebd., 167.

12 E. Leving: Hiermit ist die Schule zur individuellen Lebensbewältigung, ehemals Schule für Geistigbehinderte gemeint. Die Schulbezeichnung »Förderzentrum mit dem Förderschwerpunkt geistige Entwicklung« ist noch nicht eingeführt, das BayEUG wird erst dahingehend geändert. Der Lehrplan ist noch nicht genehmigt, soll zum Schuljahr 2003/2004 in Kraft treten.

13 Aus dem Fachprofil Katholische Religionslehre im Lehrplan »für den Förderschwerpunkt geistige Entwicklung«, noch ohne endgültige Seitenzuordnung.

14 Ebd.

15 © S. Köder, »Sturm auf dem See« (Als Farbpostkarte erhältlich im Schwabenverlag, Ostfildern, Bestellnummer SK 210.)

16 © S. Köder, »In Gottes Händen« (Als Farbpostkarte erhältlich im Schwabenverlag, Ostfildern, Bestellnummer SK 251.)

17 Chr. Busta, Einsilbig ist die Sprache der Nacht, © Otto Müller Verlag, Salzburg 2000.

ERICH KOHL

... eine Haltebucht an der Schnellstraße

An vier Wochentagen unterrichte ich eine Hauptschulklasse, aber jeden Mittwoch fahre ich mit dem Auto als religionspädagogischer Mentor kreuz und quer durch die Diözese, um junge Theologen – in der Theorie gut ausgebildet – in ihrem Schulalltag als Religionslehrer nunmehr bei ihren praktischen Erfahrungen zu beraten und zu unterstützen. Auf diesen, oft stundenlangen Fahrten zu den Schulen habe ich meist genügend Zeit zur inneren Vorbereitung auf den bevorstehenden Unterrichtsbesuch bzw. zum Nachdenken über das, was ich im Religionsunterricht dort beobachten konnte.

1. Im Archiv des Gedächtnisses

Wie ganz anders ist doch der Religionsunterricht heute im Vergleich zu dem, wie ich ihn selbst vor Jahrzehnten erlebt habe. Ich erinnere mich noch gut an meine ersten Religionsstunden in der ersten Volksschulklasse einer Dorfschule. Religionslehrer war unser Ortspfarrer, wir titulierten ihn »Herr Geistlicher Rat«. Mit eindrucksvollen Worten schilderte er uns die Erschaffung der Welt und das Leben der ersten Menschen im Paradies. Wie bestürzte mich die Vertreibung von Adam und Eva als Folge ihres Ungehorsams. Als Drittklässler berührte er mich im Rahmen der Vorbereitung zur Erstkommunion zutiefst mit der Geschichte von jenem Kind, das in Erfüllung des damals noch gültigen absoluten Nüchternheitsgebotes vor dem Kommunionempfang zwar übertrieben, aber vom Anliegen her nach Meinung des Pfarrers doch in lobenswerter Absicht handelte, indem es am Morgen des Erstkommuniontags den sich ansammelnden Speichel immer wieder ausspuckte, bis die Mutter klärend eingriff. Ein schlechtes Gewissen brachte mir mein Unvermögen, die eingedrillten Verse zur persönlichen Danksagung nach dem Kommunionempfang im Gedächtnis zu behalten.
Dieser Religionsunterricht mit seinem Schwerpunkt auf dem Einprägen vorgegebener Glaubensinhalte und dem Einüben einer traditio-

nellen Glaubenspraxis vermittelte mir den Eindruck der Abhängigkeit von einem allmächtigen Gott, dessen Wohlwollen es durch die möglichst wortgetreue Erfüllung seiner Weisungen und durch eifrige Übungen der Frömmigkeit zu erhalten galt. Das ist nun schon über 50 Jahre her und dennoch merke ich, wie stark mich Religionsunterricht und Religionslehrer von damals sowohl in meiner Haltung gegenüber Gott, aber vor allem auch gegenüber den Mitmenschen beeinflusst haben. Wenn auch das sehr liebevolle Verhältnis meines eigenen Vaters zu mir glücklicherweise eine Revision meines Gottesbildes gebracht hat, so ertappe ich mich doch noch heute bisweilen beim unreflektierten Vollzug formaler religiöser Gewohnheiten, vor allem aber immer wieder in willfähriger Ergebenheit gegenüber menschlichen Autoritäten.
Der Übertritt an ein Würzburger Gymnasium schränkte meine Bindung an die Heimatgemeinde und Pfarrei deutlich ein. Ich wurde jetzt in dieser Stadtschule vor allem auch im Religionsunterricht mit der Tatsache konfessioneller Verschiedenheit, der Meinungsvielfalt und auch mit der Geringschätzung einer religiösen Überzeugung konfrontiert. Es fällt mir schwer, mich noch an bestimmte einzelne Stundenthemen des Religionsunterrichts jener Zeit zu erinnern, umso lebhafter ist mir mein damaliger Religionslehrer im Bewusstsein geblieben. Auf seine Initiative hin gab es eine religiöse Schülerwoche mit P. Alfonso Pereira S. J.; er diskutierte mit uns das Welt- und Menschenbild des Teilhard de Chardin, bei ihm hielt ich ein Referat über Charles de Foucauld und eines über die ökumenische Bewegung der Nachkriegszeit. Er begeisterte uns für die Anliegen des II. Vatikanischen Konzils, im Besonderen für die Liturgiereform. Ich denke, ich habe es vor allem ihm und seinem Unterricht zu verdanken, den Glauben begriffen zu haben als Befreiung und Ermutigung, als etwas, das der Welt und den Menschen letztendlich Sinn und Ziel gibt. Durch ihn habe ich Kirche als Vielfalt begriffen, bewegt vom Heiligen Geist, der weht, wo er will. Dieser Religionslehrer hat mir das Bewusstsein zur Mitverantwortlichkeit im Reich Gottes geschärft und schließlich in mir damit auch den Wunsch geweckt, als Lehrer in der Glaubensvermittlung mitzuwirken.

2. Die Hinwendung zu den Lebenden

Ich bin nun schon 34 Jahre Volksschullehrer und Religionslehrer in einer Kleinstadt, seit über 20 Jahren an einer Hauptschule tätig mit über 600 Schülern aus 20 verschiedenen umliegenden Ortschaften. Zum Teil unterrichte ich schon die Kinder meiner ehemaligen Schüler. Ich

stelle mir die Frage, was bewirkt meine Glaubensunterweisung und die meiner Kollegen, was hat sie bewirkt? Wenn ich das tägliche Treiben im Schulalltag beobachte, merke ich wenig davon. Es ist kaum Sachwissen aus den Vorjahren vorhanden, dessen Einordnung wird meist zum Ratespiel. Ein Gutteil meiner Siebtklässler hat Schwierigkeiten, das Gegrüßet seist du Maria oder das Apostolische Glaubensbekenntnis auswendig zu sprechen, freies Beten ist völlig ungewohnt. Schulgottesdienste zeigen eine weitgehende Unkenntnis der dabei üblichen Verhaltensregeln und Frömmigkeitsformen. Nur drei meiner 28 Schüler besuchen regelmäßig die Sonntagsmessfeier. Sie sind Ministranten. Ältere zwingen jüngere Schüler, für sie zu stehlen, und drohen Gewalt an. All dies ist leider nichts Außergewöhnliches, sondern wie ich bei meinen Besuchen an anderen Schulen aller Schularten feststelle, zunehmend »normal«. Ellbogenmentalität, Ichbezogenheit, Gewaltbereitschaft und mangelnde Werteorientierung sind Kennzeichen unserer Gesellschaft geworden, Schule und Schüler sind ihr Spiegelbild. Wie soll sich hier christliche Geschwisterlichkeit entwickeln, wenn der Glaube nur noch als Privatangelegenheit angesehen wird? (Neulich erfuhr ich mehr zufällig, dass zwei meiner Schüler in ihrem Heimatort gefirmt wurden.) Wie sollen sich eine Gebetshaltung bilden oder andere Ausdrucksformen gelebter Frömmigkeit festigen, wenn im Elternhaus keine beständige Einübung des Glaubens mehr erfolgt, wenn die Vorbildfunktion der Erwachsenen in Familie und Schule nicht erlebt wird? Wie soll sich ein junger Mensch für das Evangelium interessieren, wenn Gott im täglichen Leben totgeschwiegen wird, wenn die Meinung der Kirche als oppositionell und rückständig etikettiert wird und der Glaube nicht als relevante Hilfe zur eigenen Lebensbewältigung erfahren werden kann?
Andererseits kann ich – was ich früher so nie sah – beobachten, dass Hauptschüler von sich aus im Religionsbuch schmökern, bereit sind Hausaufgaben für den Religionsunterricht zu machen, Religionslehre als Prüfungsfach im Rahmen des »Quali« wählen, dass sich Klassen auf ihre »Tage der Orientierung« freuen und dort engagiert dabei sind. Ich habe zwar schon viele kritische Schülerstimmen gehört zu den Personen und der Art der Glaubensvermittlung, aber bisher noch keine, die den Glaubensinhalten ablehnend-aggressiv gegenüberstand. Vielmehr möchte ich dieser jungen Generation bei all ihren Flapsigkeit und bei ihrem »Null-Bock«-Gebaren eine grundsätzliche Offenheit für die Glaubensdimension bescheinigen, stets, wenn auch oft unbewusst, auf der Suche nach einer zeitgemäßen Ethik und nach Antworten auf ihre Fragen zum Sinn des Lebens und ihres Daseins. Auch die heutigen Schüler sind durchaus zu einem akzeptablen religiösen Standpunkt fähig. Das zeigt sich besonders in ihren Äußerungen bei

anonymen Befragungen oder Probearbeitaufgaben, die zur kreativen persönlichen Auseinandersetzung auffordern.

3. Die Auseinandersetzung mit dem Glauben

Es mag sein, dass mancher Lehrer den in immer kürzeren Abständen eintretenden Wechsel der Lehrpläne als unnötig ansieht, sich in seiner Umstellungsfähigkeit überfordert sieht. Jedoch auf dem Hintergrund meiner Beobachtungen hinsichtlich des Glaubenshorizonts der Schülerinnen und Schüler halte ich eine Veränderung der Lehrpläne, im Besonderen der Lehrpläne in Religionslehre, an die Anforderungen der Zeit für unerlässlich. Somit begrüße ich aufrichtig die neuen bayerischen Lehrpläne der Grund- und Hauptschule. In beiden finde ich mir sehr wichtige inhaltliche und methodische Verpflichtungen genannt, von denen ich mir wünsche, dass sie die kommenden Lehrpläne der anderen Schularten übernehmen.

Der Religionsunterricht soll dem Heranwachsenden helfen, mit der eigenen Lebenssituation, ihren Problemen und Anforderungen besser zurecht zu kommen. Die im Religionsunterricht gewonnenen biblischen Grunderfahrungen sollen stets auch dem Schüler Perspektiven für das eigene Leben erschließen. Daher lege ich bei der Beratung der angehenden Religionslehrer (und selbstredend bei meiner eigenen Unterrichtsgestaltung) großen Wert auf bewusste und zeitlich angemessene Transfermomente, in denen der religiöse Gehalt der Stunde deutlich aktualisiert wird, d. h. mit der Lebenssituation der Schüler in Beziehung gebracht wird. Aus gleichem Anliegen heraus muss vorausgehend das angestrebte Stundenthema so problematisiert aufbereitet werden, dass die Schüler es in möglichst hohem Maße für lebensbedeutsam annehmen.

Der Religionsunterricht will zum verantwortlichen Denken und Verhalten führen, zu ethischem Handeln anregen. Deshalb habe ich in der 7. Jahrgangsstufe seit einigen Jahren bei der Behandlung des Themenbereichs »Konflikte fair austragen« ein Mediationsprogramm aus der Streitschlichterausbildung in die Unterrichtssequenz »eingebaut«. Den Reingewinn eines schulhausinternen Weihnachtsplätzchenverkaufs spendete die Klasse von sich aus für ein gleichaltriges körperbehindertes Kind in einem Nachbarort. Die mit der Klasse vorbereiteten Feiern in der Vorweihnachts- und Fastenzeit, die Vorplanung und Mitwirkung beim Kreuzweg aller örtlichen Schularten sollen lehrplangemäß meine Schüler (wieder) vertraut machen mit den Ausdrucksformen des christlichen Glaubenslebens und Brauchtums.

Freilich lassen sich viele der genannten Aktivitäten nicht allein durch-

führen. Deshalb verweisen die Lehrpläne auf die Kooperation aller Unterrichtsfächer, ja sogar auf die klassenübergreifende Zusammenarbeit bei Projekten. Mit dieser kollegialen Unterstützung wurden z. B. an unserer Hauptschule durch die Impulse der Religionslehrer ein Aktionstag zum Thema »2000 Jahre Christentum« durchgeführt und schulartübergreifend ein Besinnungsweg mit Objekten zum Thema »Schöpfung« geschaffen. Um kooperativen Lehrern Mut zu machen und Beispiele für die mögliche Zusammenarbeit zu geben, entstand aus der Praxis der Mentoren des Katechetischen Instituts das Heft 2/2001 der »Würzburger Hefte«.
Nach den Lehrplänen gilt es auch, eine ganzheitliche Unterrichtsgestaltung anzustreben, mit vielen bildnerischen, spielerischen, musikalischen, erzählerischen und meditativen Elementen.
Es bleibt zu hoffen, dass trotz der Ergebnisse der PISA-Studie Bildung nun nicht wieder »kopflastig« wird. Der Besuch eines gestaltpädagogischen Kurses hat nicht nur meine Unterrichtsgestaltung bereichert, sondern bei mir auch zu einer neuen ganzheitlichen Sichtweise geführt. Daher begrüße ich die vielfachen gestaltpädagogischen Ausbildungs- und Fortbildungsangebote in unserem Bistum.

4. Die »eiserne Ration«

Es wird nicht mehr lange dauern, dann werde ich meine Unterrichtstätigkeit beenden. So ist es an der Zeit, nach meinem »Vermächtnis« als Religionslehrer zu fragen, nach dem, was mir von der christlichen Botschaft so wichtig ist, dass ich es stets weiterzugeben versucht habe und auch künftig weiterzugeben versuche.
Meine Antworten mögen vielleicht sehr schlicht, wenig differenziert und wenig spektakulär sein, aber ich glaube, dass ein Schüler das Wesentliche am Christsein verstanden hat, wenn er ein solches Bekenntnis ablegt.
Da wäre zunächst die Rede von Gott. Gott ist nicht jener »kleinkarierte« Aufpasser meiner Volksschulzeit, sondern jener, der mich wie ein gütiger Vater wunderbar am Leben erhält, mir Freiheit zur Selbstentfaltung gibt, mich in meiner Schuldhaftigkeit erträgt und mich durch Not und Leid hindurchträgt, zu dem ich nach dem Tode kommen darf. Er will sich von mir finden lassen in seiner Schöpfung, vor allem aber in der Person Jesu Christi. Mit seinem Leben, seinem Tod und seiner Auferstehung zeigt Jesus mir den Weg zu Gott; er ist mein Bruder und Erlöser. Gottes Heiliger Geist befähigt mich zum Glauben und zum Handeln.
Als Mensch bin ich »Sohn und Erbe« im Reich Gottes und trage so

eine hohe Würde. Ich darf froh die Angebote der Welt annehmen. Doch ist mein Mitmensch mir ebenbürtiger Bruder oder Schwester, ich bin für sein Wohl und das der ganzen Welt mitverantwortlich. Bei all meinem Tun aber bleibe ich unvollkommen und erlösungsbedürftig. Im Mitvollzug christlicher Frömmigkeitsformen erfahre ich Stärkung im Glauben in der Gemeinschaft und Orientierungshilfe für mein Leben.
Von der Kirche ist mir jenes Bild wichtig, das ein Haus aus lebendigen Steinen darstellt, dessen Festigkeit davon abhängig ist, wie gut jeder Stein an seinem Ort den ihm gemäßen Dienst erfüllt zum Wohl des Ganzen.
Ein weiterer mir wichtiger Punkt gerade als Mentor ist die Lehrerpersönlichkeit. Mag der Religionsunterricht methodisch noch so geschickt konzipiert sein, er wird wohl auf Dauer wirkungslos bleiben, wenn der oder die Unterrichtende nicht glaubwürdig ist. Die Worte bleiben unverbindlich, wenn nicht das vorgelebte Handeln damit übereinstimmt. Daraus ergibt sich eine hohe Verantwortung für die Religionslehrer, denn schließlich bedeutet Lehren, ein Leben für immer zu berühren.

5. Das Ganze im Symbol

Vergangenen Sommer fuhr ich mit meinem Auto auf der neu ausgebauten Bundesstraße 50 von Bingen in Richtung Flugplatz Hahn. Ich kam zeitlich gut voran, dennoch wurde ich etwas ungehalten. Ich hätte nämlich gerne einmal meine Fahrt unterbrochen, einerseits um mich von dem erstaunlich dichten Verkehr auf der Schnellstraße für ein paar Augenblicke zu erholen, andererseits um einen Blick auf die Straßenkarte zu werfen. Aber leider, auf der gesamten Strecke gab es, zumindest zu diesem Zeitpunkt, keine einzige Haltebucht.
Ich meine, eine solche Haltebucht hat viele passende Vergleichsmomente mit dem Religionsunterricht.
Da ist zuerst einmal das »Aussteigen und Abschaltenkönnen«. Weg vom Dauerstress und der Verpflichtung zu möglichst ständiger Aufmerksamkeit und Höchstleistungsfähigkeit, sei es auf der Schnellstraße oder in den meisten, eher kognitiv orientierten Unterrichtsfächern. Bei aller Befürwortung der Vernetzung und Integration der Fächer war und wird der Religionsunterricht schon von seinem Wesen her eine besondere Stellung im Fächerkanon einnehmen. Denn die Erschließung der religiösen Dimension des Menschen erfordert sicher zunächst auch Distanz und Ruhe. So wie ich die Haltebucht zum mich Bewegen, zum Träumen, zur Stärkung nutze, hilft der Religionsunter-

richt durch seine ganzheitliche Unterrichtsgestaltung mit der Vielfalt seiner Gestaltungselemente und -orte (z. B. ein Meditationsraum) Abstand zu den Dingen zu gewinnen, die Stress verursachen und lässt neuen Schwung holen.
Die Haltebucht ermöglicht mir, den herausgefallenen Geldbeutel zu suchen, die Blinklichter zu überprüfen, die weitere Reiseroute vorzuplanen. Ebenso gibt der Religionsunterricht immer wieder Impulse zur Lebensorientierung und Gelegenheit zur Besinnung der Lebenseinstellungen und der bisherigen Handlungen.
Wenn ich die Höhe der Nackenstütze verändern oder ein störendes Geklapper beseitigen will, mache ich das in der Haltebucht. Der Religionsunterricht initiiert oder unterstützt Aktivitäten in der Schule bzw. in deren Umfeld (z. B. Friedensdemonstration).
Das Kleinkind braucht seinen Brei, ein Vorfall bedarf einer längeren Erklärung, das Liebespaar möchte zärtlich sein. Für derart intensive Zuwendungen sind Haltebuchten oder Rastplätze da. Eine vergleichbare Funktion hat auch der Religionsunterricht, indem er Zeit und Gelegenheit zur Kommunikation gibt. Kinder an unseren großen Schulen wissen oft nach Monaten im Klassenverband noch nicht, aus welchem Ort der Mitschüler kommt, geschweige denn etwas von seinen Hobbys oder seiner familiären Situation. Im Religionsunterricht sollen Schüler von ihren Eindrücken und Erfahrungen erzählen können, Gefühle äußern dürfen. Der Religionslehrer sollte auch Zeit zum persönlichen Gespräch und zur individuellen Förderung finden. Projektarbeit, Tage der Orientierung und andere Formen der Schulpastoral schweißen die Klassen zusammen.
Ich bin gerne Lehrer und erteile gerne Unterricht, am liebsten Religionsunterricht.

Schule kann ein Ort sein, wo deine Schüler lernen können, wie wertvoll und lohnend sie sind. Gib ihnen diese Chance! *Karen Katafiasz*

Wir können unserem Kind nichts Wertvolleres für sein Dasein mitgeben als die Freundschaft mit Gott. *Hansheinz Reinprecht*

GÜNTER KRÖNERT

... Binsen am Bach

In meinem glaubensbiographischen Rückblick auf mein Leben, das mir Gott geschenkt hat, wundere ich mich bis auf den heutigen Tag immer wieder darüber, wie der Satz zutrifft: »Die Geschichte unseres Lebens ist die Geschichte unserer Begegnungen.«

- Meine »Begegnungs-Geschichte« im Zusammenhang mit dem Religionsunterricht beginnt in meiner Volksschulzeit unmittelbar nach dem 2. Weltkrieg mit dem von mir so hoch geschätzten Kuratus. (Vgl. 1.)
- Sie wird untermauert durch den richtungsweisenden »Leit-Satz« unseres Bischofs Paul-Werner Scheele aus einer Predigt anlässlich einer Fortbildungsveranstaltung für ReligionslehrerInnen (vgl. 3.2 und 4.) und setzt sich fort in der tagtäglichen Begegnung mit jungen in der Ausbildung stehenden Lehrer/-innen mit dem Fach Religion. (Vgl. 2.–4.)
- Mein »Rück-Blick« mündet mit einer sehr bedeutsamen Feststellung ein in den »Aus-Blick« auf mein eigenes Leben und gipfelt im »Durch-Blick«, nämlich in zwei »Schlüssel-Sätzen« unseres Bischofs, die wir seiner Rückschau auf 50 Jahre priesterliche Tätigkeit verdanken. Sie werden durch einen bemerkenswerten »Grund-Satz« des Religionslehrplans von 1979 und einen tröstenden »Zu-Spruch« aus der Bibel vertieft. (5.)

1. Im Archiv des Gedächtnisses

In der Rückbesinnung auf den Religionsunterricht meiner Schulzeit fällt mir die erste Begegnung mit dem Wort Gottes in einer kleinen Dorfschule Frankens unmittelbar nach dem 2. Weltkrieg ein. Sie erfolgte durch unseren Kaplan. Ich kann mich bis auf zwei konkrete Beispiele (s. 1.1 und 5.2) nur bruchstückhaft an einzelne biblische Erzählungen wie die Sintflut-, Josef- und Mosegeschichten erinnern. Was sich aber unauslöschlich in mir eingeprägt hat, war die eindringliche, unvergessliche Art und Weise der Begegnung mit dem »Glaubens-Gut« durch unseren »Herrn Hochwürden«.

1.1 »Denn sein Wort war voll Macht« (Lk 4,32): überzeugte Begegnung mit dem Wort Gottes

Im Gegensatz zu vielen Behauptungen, in der damaligen Zeit sei die »Frohbotschaft« als »Drohbotschaft« verkündet worden, kann ich voller Dankbarkeit feststellen: Bei unserem Kaplan durfte ich in den ersten fünf Jahren meiner Schulzeit das Wort Gottes als eine so liebenswerte, glaubwürdige und überzeugende frohe Botschaft »er-leben«, dass die Begeisterung, mit der er sie uns mitteilte, wie ein »Funke auf mich übergesprungen und bis heute nicht erloschen ist« vergleichbar der Begegnung von Mose mit Gott am brennenden Dornbusch, als durch seine Selbstoffenbarung in Mose »ein Feuer entfacht wurde, das nie mehr ausgegangen ist« und ihm die Kraft verliehen hat, den ihm erteilten Auftrag zu erfüllen (Ex 3, 1–8.10–15).

1.2 »Ein Sämann ging aus zu säen« (Mt 13,4): überzeugende Begegnung mit dem Wort Gottes

Unser Kuratus verkörperte in seiner Güte, seinem tiefgründigen christlichen Humor und vor allem in seiner unerschütterlichen Gläubigkeit und Frömmigkeit das Idealbild eines guten Hirten (Joh 10,14). Wir spürten deutlich: Was er im Religionsunterricht (und auf der Kanzel) verkündete, davon war er voll und ganz »be-seelt« und überzeugt. Lehre und Leben waren bei ihm eine untrennbare Einheit eingegangen. Auf ihn traf ein Ausspruch von Papst Johannes Paul I. genau zu: »Der Katechet kann nicht geben, was er nicht besitzt; ja er lehrt weniger das, was er hat, oder das, was er weiß, sondern das, was er ist.«[1]
Der »Same« des Wortes Gottes fällt nur dann auf »gutes Erdreich« (Mt 13,8), wenn die frohe Botschaft von unserem guten Gott und Vater in der Lehrperson konkret Gestalt angenommen hat, in ihr »wirk-lich« geworden und verbürgt ist. Diese Erfahrung aus frühester Kindheit ist für mich heute noch die unersetzbare Voraussetzung für ihre überzeugende »wirk-liche« Weitergabe an die Schülerinnen und Schüler gemäß dem Aufruf Jesu: »Wer Ohren hat, der höre« (Mt 13,9).
Sie hat sich in meiner über 20jährigen Tätigkeit als Religionslehrer immer wieder bestätigt und erfährt seit fast 20 Jahren immer wieder – Tag für Tag im Religionsunterricht »vor Ort« bei meinen Unterrichtsbesuchen – ihre erneute Erfahrung. Nach meiner Einschät-

zung stellt sie das »A und O« der erfolgreichen Verkündigung der frohen Botschaft dar. Ich verdanke diese mich prägende Erfahrung meinem ersten Religionslehrer und darf sie als »Sämann« weiterschenken an junge ReligionslehrerInnen, bei denen sie durchwegs »auf gutes Erdreich« fällt, »vielfältige Frucht bringt« (vgl. Mt 13,8), die auch mich reich »befruchtet«.

Beseelt,
überzeugt, überzeugend,
tragfähige Lebensworte Gottes,
Heilsbotschaft für alle Menschen:
GLAUBENSGUT.

2. *Die Hinwendung zu den Lebenden*

Man beklagt in Kirchenkreisen die in unserer Leistungsgesellschaft überall spürbare »Verdunstung des Religiösen«. In unseren Familien und der heranwachsenden Generation spiegelt sich wider, was die Gesellschaft »vor-spiegelt«: Verstummt also der Ruf Gottes in unserer Zeit völlig oder ergeht er auch heute noch an die Menschen?

2.1 »Folget mir! Ich will euch zu Menschenfischern machen« (Mt 4,19): Gottes Ruf ergeht auch heute noch

Zu Beginn eines jeden Schuljahres kann ich voll Freude feststellen: Gottes Ruf ergeht auch heute noch an die Menschen und wird auch heute noch »wahr-genommen«. Dies zeigt sich, wenn wieder eine stattliche Anzahl junger Menschen voller Begeisterung in den Schuldienst eintritt und als »Menschenfischer in See sticht«, um die frohe Botschaft unseres gütigen Gottes im Religionsunterricht zu verkünden.

Ich kann auf Grund von weit über 2 000 Unterrichtsbesuchen behaupten: Diejenigen, die in ihrem Studium das Fach Katholische Religionslehre gewählt haben, unterrichten es durchwegs auch aus voller Überzeugung.

- Bei der »Berufung der ersten Jünger« (Mt 4,17–22) zeigte die junge Lehrerin eine von ihr gefertigte Zeichnung. Jesus geht am Anfang eines Weges. Mit der Hand zeigt er nach vorne, sein Blick weist aber suchend nach hinten, um sich zu vergewissern, ob ihm jemand folgt, aber – es ist niemand hinter ihm. Im Bildhintergrund sind die Jünger bei ihrem Boot zu erkennen. Nach der Bilderläuterung stellte sie ein zweites Bild vor, auf dem sie sich als »Jüngerin« hinter Jesus dazugemalt hatte. Die Überraschung war groß! Ein Schüler rief spontan: »*Da können wir uns auch hinmalen!*« Der Vorschlag wurde begeistert aufgenommen und bei der Auswertung der Ergebnisse erläuterten die SchülerInnen – und auch die Lehrerin – an konkreten Beispielen, wie sie Jesus auf ihre eigene Art und Weise nachfolgen können.

Es stellt sich zu der o. g. Frage logischerweise eine weitere: Wie steht es um die AdressatInnen der frohen Botschaft? Fällt das Wort Gottes überhaupt noch »auf gutes Erdreich« (Mt 12,8) – wie eben geschildert – oder doch »auf den Weg«, »auf steinigen Grund« oder gar »unter die Dornen«? (Mt 12,4–7).

2.2 »Maria setzte sich zu Füßen des Herrn und lauschte seinem Wort« (Lk 10,39): Gottes Ruf kommt auch heute noch an.

Bei der Befragung der Lehrer/-innen durch das ISB-München aus dem Jahr 1997[2] anlässlich der Neueinführung des Lehrplans für die Grundschulen in Bayern kristallisierte sich klar und deutlich heraus:

- Viele Schülerinnen und Schüler bringen wenig oder kaum kirchlich-religiöse Erfahrungen und nur spärliches Vorwissen aus dem Elternhaus mit.
- Ihre religiöse Ansprechbarkeit wird aber als sehr hoch eingeschätzt.

Auch wenn sie offen und ungeschminkt zugeben, »keine Theologen werden zu wollen« und mit Religion »nichts am Hut haben«, erlebe ich immer wieder in beeindruckender Weise, wie sie sich im Religionsunterricht »öffnen«, sich auf das unterrichtliche Geschehen einlassen und interessiert und bereitwillig »mit-gehen« und »mitarbeiten«.

- Eine junge Lehrerin beklagte, wie »mager« es um die religiösen Vorerfahrungen und speziell um das Beten ihrer Kinder stand, das viele überhaupt nicht kannten. »Jesus« hatten manche noch nie gehört! Die Klasse rekrutiert sich hauptsächlich aus Familien von Asylanten, Spätaussiedlern, Sozialhilfeempfängern und vom Jugendamt zwangseingewiesenen Gastschüler/-innen. Viele von ihnen wirken verwahrlost, werden zu Hause geschlagen und sind verhaltensauffällig.

  Was diese junge Kollegin in einem Jahr durch ihr Engagement, ihre Geduld, Zuwendung, Liebens- und Glaubwürdigkeit, Konsequenz und Kontinuierlichkeit bei ihren Drittklässler/-innen bewirkt hat, hätte ich nicht geglaubt, wenn ich es nicht selbst erlebt hätte: Beim letzten Unterrichtsbesuch arbeitete dieselbe Klasse konzentriert, interessiert und bereitwillig mit, führte einen meditativen Tanz ohne jede Störung auf und formulierte plötzlich selbstständig freie Gebete. Ich war völlig überrascht! Sogar das Bilden und Auflösen eines Sitzkreises mit Stühlen funktionierten reibungslos. Viele summten beim Verlassen des Klassenzimmers das auf Rosi Gollmann, die Gründerin des Andheri-Hilfswerks für Blinde in Indien (Thema der Stunde) umgetextete Luzia-Lied, das sie zum Ausklang der Stunde gesungen hatten. Ein Schüler meinte beim Hinausgehen zu seinem Mitschüler: »Die Umdichtung fand ich cool!«

Auch wenn es auf Grund unserer so sehr an Leistung orientierten, sehr weltlich eingestellten Gesellschaft schwieriger geworden ist, die heranwachsende Generation für Religion zu interessieren, heißt das noch lange nicht, dass sie religiös nicht ansprechbar wäre – im Gegenteil: Die o. g. ISB-Befragung, Schülererhebungen, die aktuelle Meinungsforschung, »die einen Trend hin zu Gemeinschaftswerten wie Familie, Freunde und Religion« feststellt und angibt, dass 61 % der Jugendlichen im Alter von zwölf bis 25 Jahren »glauben«[3], und die schulpraktische Erfahrung untermauern, dass die Schülerinnen und Schüler auch heute noch wie Maria im Lukas-Evangelium (Lk 10,39) auf die Frohbotschaft Jesu »lauschen«, sich ansprechen lassen und sogar betroffen reagieren.

Bedingung – »sine qua non« – ist jedoch: Die Lehrperson muss mit ihrer ganzen Person »in Gedanken, Worten und Werken« hinter dem stehen, was sie verkündet, um »glaub-würdig« zu wirken. Die Schüler/-innen haben ein feines Gespür, dies zu erkennen, und lassen sich unter dieser Voraussetzung auch heute noch für Religion »be-geistern«. Sie sind »Suchende« (deshalb bei ihnen oft »Sucht« als irriger Ausweg!) und machen Schwierigkeiten, weil sie Schwierigkeiten haben.[4]

Deutlich,
hörbar, überhörbar,
glaubwürdiger Anruf Gottes,
Frohbotschaft für junge Menschen:
VERKÜNDIGUNG.

3. Die Auseinandersetzung mit dem Glauben

Das Jahr 2003 wurde zum Jahr der Bibel ausgerufen mit dem Motto: »Suchen. Und finden.« –

Wie treffend! Wenn man die Schüler/-innen im Religionsunterricht heute noch erreichen und »be-geistern« will, stellt sich in der Unterrichtsvorbereitung die unverzichtbare Aufgabe, so lange zu »suchen« und sich mit dem »Glaubens-Gut« auseinanderzusetzen, bis die jeweilige typische frohmachende Botschaft »gefunden« ist und verkündet werden kann wie der Engel den Hirten auf den Fluren von Bethlehem mitteilte: »Fürchtet euch nicht! Ich verkünde euch eine große Freude« (Lk 2, 10).

Wenn »der Funke auf die Schüler/-innen überspringen soll«, muss die Frohbotschaft einer jeden einzelnen Religionsstunde vor jeder methodischen Verlaufsplanung in zweifacher Hinsicht als »Frohbotschaft« gesucht und gefunden werden:

- die Frohbotschaft als heilverheißende und heilbringende Liebesbotschaft,
- die Frohbotschaft als angstnehmende und trostspendende Lebensbotschaft.

3.1 »Ich verkünde euch eine große Freude: Heute ist euch in der Stadt Davids der Heiland geboren, der Messias und Herr« (Lk 2,11): die Frohbotschaft als heilverheißende und heilbringende Liebesbotschaft

Bei dem Thema der Botschaft von der »Menschwerdung Gottes« z. B. geht es in entscheidender Weise darum, die Grundeinsicht zu erarbeiten, dass sowohl für die Menschen von damals wie von heute mit Jesus nicht ein niedliches »Baby« geboren ist, sondern in ihm »der Messias, der Retter und der Heiland«, menschliche Gestalt angenommen hat. »Heiland«, ein Begriff und gleichsam ein Programm der Liebe: Er bringt uns Menschen das »Heil« für unsere Seele, für unseren Geist und für unseren Körper und somit für unsere ganze menschliche Person.

- In einer äußerst schwierigen 2. Klasse einer Stadtrandschule hatte die junge Lehrerin in disziplinärer Hinsicht größte Schwierigkeiten, »Die Segnung der Kinder« (Mk 10,13 ff) »über die Bühne zu bringen«. Als sie aber dennoch den Mut aufbrachte und den vielen »Zappel-Philippen« so wie Jesus die Hand auflegte, um sie seine bzw. ihre Liebe gleichsam »hautnah« spüren zu lassen, herrschte auf einmal Totenstille: Es warteten alle – störungsfrei im Kreis um die Junglehrerin vereint – geduldig darauf, bis sie »drankamen«.
- »Das Gleichnis vom barmherzigen Vater« (Lk 15,21 ff): In einer kleinen Dorfschule schloss bei einem Rollenspiel »der barmherzige Vater« seinen »verlorenen Sohn« in die Arme und bekannte voller Treuherzigkeit: *»Du bist mein Sohn und du bleibst mein Sohn!«* Dieser Ausspruch ist mir in unvergesslicher Erinnerung geblieben und hat sich auch auf mein Verhalten als Vater ausgewirkt.

Wenn in einem ersten Blick auf das jeweilige Glaubensgut die ihm typische Frohbotschaft als Liebesbotschaft entdeckt und gefunden worden ist, gilt es in einem zweiten »Hin-Blick« auf das Wort Gottes seine existenzielle Bedeutung für das Leben der Schüler/-innen zu »Suchen. Und zu finden.«

3.2 »Fürchtet euch nicht!« (Lk 2,10): Die Frohbotschaft als angstnehmende und trostspendende Lebensbotschaft

Religionsunterricht verbleibt zu sehr Religionskunde, wenn es in der Unterrichtsvorbereitung nicht gelingt, neben der »Heilsbedeutsamkeit« (s. 3.1) die »Lebensbedeutsamkeit« der Frohbotschaft für sich als Lehrperson und für die Schüler/-innen zu entdecken. Dies erfordert eine intensive, persönliche »aktive Auseinandersetzung mit dem Lerngegenstand«[5] und ist unerlässlich, wenn die Lebensbedeutung der jeweiligen Religionsstunde aufscheinen und zum Ausdruck kommen soll.

- »Abraham und Sara zweifeln und glauben« (Gen 15, 1–6): Nach der eindringlichen Präsentation des biblischen Geschehens zeigte die Junglehrerin ein Bild von S. Köder, auf dem Abraham mit ausgebreiteten Händen zum nächtlichen Himmel mit den vielen unzähligen Sternen emporblickt. Nach der Erläuterung der Darstellung stellte sie die provokative Behauptung auf: »*Wir sind auch auf dem Bild dargestellt!*« Große Verblüffung in der Klasse, bis ein Schüler meinte: »*Wir sind einer dieser Sterne!*« Der »Groschen war gefallen« und die Klasse erkannte, dass die Verheißung Gottes an Abraham auch uns gilt und uns Mut zusprechen will.
- »Abraham und Sara begegnet in den Fremden Gott selbst« (Gen 18,1–10): Der junge Lehrer teilte zum Ende der Religionsstunde ein Faltblatt aus, auf dessen Titelseite Abraham und Sara in einer schwarz-weiß-Umrisszeichnung mit dem Thema der Stunde »Gottes Weg mit Abraham« zu sehen waren. Innen war das »Gebet eines Jugendlichen« mit einem Habdank-Holzschnitt[6] abgedruckt:

Lieber Gott,
es gibt Augenblicke in meinem Leben, in denen ich an meinem Glauben zweifle und mich frage, ob es dich überhaupt gibt. Wenn ich zu dir bete und meinen Wunsch nicht gleich in Erfüllung gehen sehe, bin ich traurig und enttäuscht. Wenn ich dich brauche, bist du nicht immer da, oder ich merke es nicht.
Manchmal aber, wenn ich höre, was du für uns getan hast und wie du mit den Menschen umgegangen bist, kann ich dich besser verste-

hen und spüre, dass du mir nahe bist. Stärke mein Vertrauen zu dir, damit ich den richtigen Weg wie Abraham finde. – Amen.
Die Aussprache, durch die Habdank-Illustration anschaulich ergänzt, ließ deutlich werden, wie dieses Gebet den Schüler/-innen »unter die Haut ging« und ihnen für ihr eigenes Leben viel Zuversicht gegeben hat.
Die »Frohbotschaft« als heilverheißende und heilbringende Liebes- und angstnehmende und trostspendende Lebensbotschaft zu »Suchen. Und zu finden.« ist notwendige Voraussetzung für ihre Verwirklichung im Religionsunterricht.
Bischof Paul-Werner Scheele[7] formulierte in diesem Zusammenhang als »durchgängige Aufgabe« einen bedeutsamen »Leit-Satz« für den gesamten Religionsunterricht: »Er muss erfahrbar machen, dass wir eine Frohbotschaft empfangen haben und weitergeben dürfen.«

Erfahrbar,
suchen, finden,
Heilsworte zum Leben,
Stern in dunkler Nacht:
FROHBOTSCHAFT.

4. Die »eiserne Ration«

Der Religionsunterricht soll den Schüler/-innen nach Bischof Paul-Werner Scheele zweierlei »erfahrbar« machen:

- Wir haben eine Frohbotschaft (als »Liebes- und Lebensbotschaft«: vgl. 3.1 und 3.2) empfangen und
- dürfen sie weitergeben.

Um dies im Religionsunterricht zu verwirklichen, ist logischerweise ein erfahrungsbezogener Religionsunterricht angesagt. Der Begriff »Erfahrung« meint nach J. Imbach nicht »vereinzelte Eindrücke, Empfindungen und Erlebnisse, sondern die Gesamtheit alles Erlebten und Empfundenen und dessen geistige Verarbeitung.« Erfahrung »kommt da zustande, wo jemand ›sich auf Fahrt begibt‹, sich auf den Weg macht – und gleichzeitig bereit ist, Neues, Ungewohntes, Fremdes aufzunehmen.« Jede Erfahrung setzt »eine persönliche Deutung des Erlebten, eine Art Urteil« voraus. Daher definiert J. Imbach »Erfahrung als interpretierte Wahrnehmung.«[8]
Neben dem Erfahrungsbezug im Religionsunterricht ist die »Authentizität« als »ein Ausweis der Ernsthaftigkeit dessen, was Thema ist«[9], unerlässlich. Baldermann fordert »eine doppelte Authentizität:

- Authentizität einerseits gegenüber dem biblischen Text und dem, wovon er erzählen will,
- und andererseits gegenüber der Glaubwürdigkeit des Erzählers.«[10]

4.1 »Brannte nicht das Herz in uns, als er unterwegs mit uns redete und uns die Schrift erschloss?« (Lk 24,32): erfahrungsbezogenes, authentisches Empfangen und Wahrnehmen der Frohbotschaft

Erfahrungsbezogenes, authentisches »Empfangen« und »Wahrnehmen« der Frohbotschaft im Hinblick auf ihren Inhalt erfordert für die Lehrkraft, sich »auf die Fahrt ins Evangelium zu begeben«, bis ihr auf dieser Rundreise »das Herz brennt«, die spezifische Frohbotschaft der jeweiligen Religionsstunde entdeckt, in der Auseinandersetzung mit ihr ein eigener »Stand-Punkt« gefunden und in seiner Bedeutung im Hinblick auf sich selbst und die Schüler/-innen interpretiert und modifiziert worden ist.
R. Guardini beschreibt diesen notwendigen Prozess: »Das Wort Gottes ist nicht ein Laut und auch nicht einfach eine Stimme; es ist eher ein Raum, und wir sind eingeladen hineinzugehen, zu spüren, wahrzunehmen, was es uns ganz persönlich sagen und zeigen will.«[11]

- Wie ein vor Begeisterung »glühender« Lehrer »die Glut gelegt hatte«, so dass bei den Siebtklässler/-innen »ein Feuer entfacht worden war«, erlebte ich beim Thema »Der barmherzige Vater« (Lk 15, 21 ff). Sie wurden am Ende der Religionsstunde zu einer

Metaphermeditation eingeladen: Von Schuld befreit werden ist für mich wie ...
»ein neuer Anfang«, »ein neues Leben«, »Licht in der Dunkelheit«, »ein Lichtblick«, »ein Sonnenaufgang«, »eine Blume, die aufgeht«, »Erlösung«, »Erlösung von dem Klagen« (des ›verlorenen Sohnes‹), »eine Mauer, die niedergerissen wird«, »von einer Last befreit zu werden«, »eine Last zu verlieren«, »wenn ein Stein vom Herzen fällt«, »wenn man einen Stein aus seinem Lebensweg entfernt«, »wie die Beichte«.

- »Jesus öffnet Bartimäus die Augen« (Mk 10, 46–52): Die Erstklässler/-innen hatten eine »dunkle Situation« aus ihrem Leben gemalt. Ein Kind hatte dargestellt, wie ihm sein »Liblinshase« gestorben und im Garten beerdigt war. Im trauten Sitzkreis um ihre Lehrerin vereint durften sie am Ende der Religionsstunde ihr Bild vor sich hinlegen und nach einer kurzen (freiwilligen) Erläuterung um die brennende »Jesus-Kerze« anordnen, um so mit dem gemeinsam gesungenen Lied »Manchmal bin ich blind«, zu dem die junge Lehrerin eine eigene Strophe verfasst hatte, ihr »Leid« symbolisch bei Gott abzulegen: »Werft alle eure Sorgen auf ihn! Er sorgt für euch« (1 Petr 5,7).

»Manchmal bin ich blind«[12]

Manchmal bin ich blind. Ich weiß nicht aus noch ein.
Ich seh' alles schwarz und keinen Sonnenschein.
Dann vertrau' ich auf Jesus, der mir Hoffnung gibt.
Der Gottes Liebe weiter schenkt und mich liebt.

4.2 »So wirkt das Wort Gottes in euch, die ihr gläubig seid« (1 Thess 2,14): erfahrungsbezogene, authentische Weitergabe der Frohbotschaft

Erfahrungsbezogenes, authentisches »Weitergeben« der Frohbotschaft im Hinblick auf die »Frohbotin« bzw. den »Frohboten« entfaltet dann bei den Adressat/-innen ihre Heils- und Lebenskraft, wenn sie eine glaubhafte, wirkungsvolle »Weiter-Gabe« und »Mit-Teilung« des Wortes Gottes darstellt – Steinwede: Frohbotschaft ist »Verkündigung und Bekenntnis«, das heißt, dass biblisches Erzählen eine ungeschiedene Einheit von »verkündigen« und »bekennen« darstellt. Der Erzählakt ist zugleich ein Bekenntnisakt. Wer authentisch und glaubwürdig erzählt, verbürgt sich mit seiner Person unweigerlich für das, was er erzählt: das Wort Gottes.

- »Ihre Kinder sollen erleben: Da ist ein Mensch. Da ist ein Priester, da ist ein Lehrer, da ist ein Erzieher – da ist einer, dem glauben wir, dass er glaubt... Wenn einer auch nur einen Funken Glauben hätte, dass dieser Gott tatsächlich sein Leben trägt, kann er es weitersagen.«[13]
- »Die Bekehrung des Äthiopiers« (Apg 8,26–40) ist für mich das Paradebeispiel, wie die Frohbotschaft als »Bekenntnis« so echt und überzeugend verkündet wird, dass »ein Feuer entzündet wird«, »der Funke überspringt« und den Schüler/-innen »das Herz brennt« (Lk 24,32). – Jean Paul: »Kinder sind wie Flammen, die entzündet werden wollen. Sie sind nicht wie Fässer, die immer nur gefüllt werden.« –:

Philipp, einer von sieben Diakonen »von gutem Rufe und voll Geist und Weisheit« (Apg 6,3), wird durch die wundersame Fügung eines Engels mit dem Äthiopier in einer einsamen Gegend zusammengeführt. Der Schatzmeister der Königin Kandake befindet sich auf der Heimfahrt von einer Wallfahrt nach Jerusalem, sitzt bei brütender Hitze auf seiner Kutsche und liest laut in der Hl. Schrift, versteht aber die Schriftstelle nicht, die er liest. Er lädt Philippus zu sich auf den Wagen ein, damit er ihm die Bibelstelle erklären möge: »Da nahm Philippus das Wort und verkündete ihm die frohe Botschaft von Jesus, wobei er von dieser Schriftstelle ausging (Vers 35).« Dies muss so klar verständlich, begeistert und begeisternd geschehen sein, dass es dem Afrikaner so zu Herzen ging und er spontan ausrief, als sie an einer Wasserstelle (mitten in der Wüste!) vorbeikommen: »Was hindert, dass ich getauft werde?« (Apg 6,37).

Sowohl die Kinder als auch die Jugendlichen und Erwachsenen haben ein ausgeprägtes – ich behaupte, ein angeborenes – Gespür dafür, ob die Botschaft echt und glaubhaft, also wirkungsvoll, oder aufgesetzt, folglich wirkungslos ist. Auch ich spüre es als »Gast« im Religionsunterricht immer wieder.

- Ein zum Schmunzeln, aber auch zum Nachdenken anregendes Erlebnis bei der Auseinandersetzung mit dem 7. Gebot in einer Klasse mit besonders vielen Schüler-/innen von Spätaussiedlern: Als der Junglehrer auf die Frage, ob er in einem Supermarkt auch schon etwas habe »mitgehen« lassen, dies vehement verneinte, rief fast die ganze Klasse im Chor: *»Glauben wir nicht! Glauben wir nicht!«* Ich bin fest davon überzeugt, dass viele auf Grund der ehrlichen »Ich-Botschaft« ihres Lehrers über ihr Verhalten ernsthaft nachdachten, auch wenn sie es vor der Klasse nicht taten. Vielleicht haben einige sich doch vorgenommen, ihr Verhalten zu ändern?
- Ein besonders eindrucksvolles Beispiel, wie eine in der Ausbildung stehende Junglehrerin schon ein glaubwürdiger »Lebensbürge« werden kann, durfte ich in einer 7. Hauptschulklasse erfahren. Beim Thema »Vorbilder« bekannten einige Mädchen ganz offen: *»Sie sind uns Vorbild!«*

Erfahrungsbezogenes, authentisches Empfangen und Weitergeben der Frohbotschaft erfordern gemäß dem bewährten »Unterrichts-Grund-Satz«, dass Religionsunterricht auch »Glaubens- und Lebenshilfe« vermitteln soll, einen gezielt geplanten »aktualisierenden« Übertrag von der biblisch-historischen auf die gegenwärtig-aktuelle Welt.

4.3 »Geh hin und handle ebenso!« (Lk 10,37): erfahrungsbezogene, authentische Aktualisierung der Frohbotschaft

Wenn die Frohbotschaft bei den Schüler/-innen ihre Wirkkraft entfalten soll, muss sie auf die Gegenwart und vor allem die der Schüler/-innen übertragen werden. Bei ihrem Transfer muss sich bewähren, ob die »Heils-Botschaft« gemäß dem Prinzip der »Korrelation« als einem »für den Religionsunterricht theologisch unaufgebbaren Konzept«[14] eine hilfreiche »Lebens-Botschaft« bedeutet. Es meint auf eine Kurzform gebracht: »Das Leben mit dem biblisch-christlichen Glauben in Beziehung bringen«.[15]

Die Garanten dafür, dass Glaubenshilfe zur Lebenshilfe wird, sind die Religionslehrer/-innen, die sich mit ihrer Erfahrung in Form von authentischen, glaubwürdigen, christlich gedeuteten Erfahrungsberichten (Imbach: »Erfahrung« als »interpretierte Wahrnehmung«) in den Religionsunterricht einbringen. So leisten sie einen unersetzbaren Beitrag zur religiösen Haltungsbildung, wenn sie sich den Heranwachsenden gemäß dem Aufruf Jesu an den Gesetzeslehrer: »Geh hin und handle ebenso!« (Lk 10,37) mit ihrem Leben dafür »verbürgen«, was sie verkünden, und konkrete wirkungsvolle christliche Deutungsmuster für ein gelingendes Leben »vorleben«. (Vgl. »Verbürgter Lebenssinn«[16]):

- »Abraham und Sara zweifeln und glauben« (Gen 15,1–6): Es wird totenstill in der Klasse, als die Lehrerin erzählt, wie sehr sie an Gott gezweifelt hat, als trotz ihres eifrigen Betens ihre Eltern sich getrennt haben, und sie dennoch den Glauben an ihn nicht aufgegeben hat. So haben ihre Fünftklässler/-innen (vor allem diejenigen, denen es schon ebenso wie ihr erging!) »glaub-würdige« Glaubens- und Lebenshilfe »er-leben« und »er-fahren« dürfen.
- »Fremde freundlich aufnehmen« (Gen 18,1–10): Bei der Aussprache über das »Gebet eines Jugendlichen« (vgl. 3.2), das die Klasse sehr angesprochen hatte, tröstete der junge Lehrer: *»Ja, wir spüren manchmal Gott mehr, manchmal weniger! Mir geht das auch so in meinem Leben!«* – ebenfalls »Glaubens- und Lebenshilfe« pur!
- Der sinnvollste meiner weit über 2000 Unterrichtsbesuche war sicherlich der, als eine Fünftklässlerin beim Thema »Abraham lässt Lot den Vortritt« (Gen 13,1–13) von sich aus den Bezug zu einem bedrückenden Vorfall in ihrem Lebens herstellte: Gegen Ende der Religionsstunde meldete sie sich lange und hartnäckig. Die Lehrerin beachtete sie aber nicht. Ich spürte irgendwie, dass die Frage sehr wichtig sein musste, und ging hin zu ihr: *»Ich habe eine Frage, die hat mit dem Thema nichts zu tun. Verzeiht uns Gott, wenn wir immer wieder um Verzeihung bitten?«* Auf meine Nachfrage flüsterte sie: *»Ich habe mal was Schlimmes gemacht und habe jetzt Angst, dass Gott mir nicht verzeiht!«* Ich konnte ihr – Gott sei Dank! – viel Mut zusprechen.

Erfahrungsbezogenes, authentisches Empfangen und Weitergeben der Frohbotschaft als echte und »wirk-liche« Liebes- und Lebensbotschaft ist das »Herz-Stück« für einen sinnvollen Religionsunterricht in einer Zeit, in der das Religiöse in der Öffentlichkeit immer mehr zu schwinden droht:

- Laut Bischof Stecher[17] ist es »wichtig, dass der ›Unterricht als Zeugnis‹ erlebt werden könne. Der Katechet müsse sich mit seiner ganzen Existenz in sein ›Fach einbringen‹, müsse ganz ›dahinter stehen‹, um nicht unglaubwürdig zu werden.« Dem ist nichts hinzuzufügen.
- Meinem ersten Religionslehrer verdanke ich den ersten lateinischen Satz meines Lebens, ich habe ihn nie vergessen: *»Verba docent, exempla trahunt« (»Worte belehren, Beispiele reißen mit.«)* – Auch dem ist nichts hinzuzufügen.

Echt,
authentisch, verbürgt,
begeistert, wirklich, mitreißend,
mit Herz zu Herz:
BEKENNTNIS.

5. Das Ganze im Symbol

»Binsbach« nach dem 2. Weltkrieg: Ein kleines, unscheinbares Bauerndorf in Unterfranken, abgelegen, nur eine einzige – ungeteerte – Ortsverbindungsstraße führte dorthin. Es hieß: »Biesbooch, wue kee Teifel hi mooch!« Hier bin ich geboren und durchlebte eine unbeschwerte Kindheit. Wenn ich nicht auf dem Feld mithelfen musste, sind wir Kinder durch Wald und Wiesen auf Entdeckungsreise gegangen und haben uns am Bach – am »Binsbach« – aufgehalten. »Wue bist de denn heut wieddr rümm gschtreunt?«, war die übliche Begrüßung, als ich mich (wie alle anderen) beeilte, nach dem »Engel des Herrn-Läuten« pünktlich zu Hause zu sein.

5.1 »Bist du größer als unser Vater Jakob, der uns den Brunnen gegeben und selbst daraus getrunken hat samt seinen Söhnen und Herden?« (Joh 4,12):
»Wasser« – lebenspendende Kraft

»Wasser« war lebenswichtig. Wir schätzten es sehr. Es war nämlich rar, vor allem im Sommer. Da wurde das kostbare Nass den Tag über oft abgeschaltet und floss erst am Abend wieder. Wir waren spürbar abhängig von ihm. Es wurde dringend für das Gedeihen der Feldfrüchte benötigt, vom Vieh und auch von uns Menschen. Wir tranken als Kinder neben Milch nichts anderes.
Meine Aufgabe war es, als ich für die Feldarbeit noch zu klein war, in einer »Schtütze« (ein Holzgefäß, innen mit Harz ausgegossen, damit es dicht war) das erfrischende Getränk an der »Frouschquelle« (Froschquelle) zu schöpfen und aufs Feld zu meinen Geschwistern und Eltern zu tragen. Wie schmeckte es uns allen so wunderbar!
In der Freizeit waren wir, wie schon festgestellt, oft im Wald und am Binsbach: Wir schnitten uns einen Haselnussstock, bogen ihn ein, spannten einen Pressbändel darum und schon hatten wir einen Bogen. Die Pfeile nahmen wir von den Schilfrohren am Binsbach. Als Spitze diente ein ausgehöhltes Stück »Holler« (Hollunder), das zum Schutz des Pfeiles auf die Spitze gesteckt wurde – und schon »gingen wir auf Jagd«.

Biegsam,
aber unbeugsam,
geknickt, nicht gebrochen,
schwankende Binsen am Bach:
LEBENSSTÄRKE.

5.2 »Das Wasser, das ich einem jeden gebe, wird in ihm zu einem Quell, der fortströmt ins ewige Leben« (Joh 4,14): »Wasser« – heilbringender Kraftquell.

»Binsen am Bach«, nicht nur ein »Bild« für eine ungetrübte Kindheit. Sie sind auch ein typisches Wahrzeichen – mein »Wahr-Zeichen« für den Religionsunterricht:
So wie die Binsen am Bach mit ihren Wurzeln fest im Wasser »verwurzelt« sind, um zu gedeihen und den Kolben als Frucht ausbilden zu können, so muss es auch mit den Religionslehrer/-innen sein. Sie können die Frohbotschaft als erfahrungsbezogene, authentische und fruchtbare Liebes- und Lebensbotschaft nur dann glaubwürdig empfangen und weitergeben, wenn sie »in ihren Gedanken, Worten und Werken«, somit in ihrem ganzen Personsein, standfest und unerschütterlich »im lebendigen Wasser« (Joh 4,11) der christlichen Botschaft verankert sind und ihre Glaubens- und Lebenskraft von dort beziehen. »Die Tragfähigkeit des christlichen Glaubens kann nur der Lehrer glaubwürdig vermitteln, der sich selbst der christlichen Botschaft verpflichtet weiß.«[18]
Zur Verdeutlichung dieser sehr bedeutungsvollen Aussage ein »Wasser-Beispiel«, das vor allem aus den unter 5.1 genannten Gründen (vgl. 1.1) sich mir unvergesslich ins Gedächtnis eingegraben hat: »Die Errettung von Mose« (Ex 2,1–10) im »Papyrosbinsen-Körbchen«, das sich im schützenden Schilf am Ufer des Nils verfangen hatte.

Die Lehrerin schilderte im Zusammenhang mit der o. g. Perikope ihren schweren Autounfall mit Totalschaden. Beim mehrmaligen Überschlagen, *»das gar nicht mehr aufhören wollte«*, konnte sie nur noch denken: *»Lieber Gott, hilf mir!«* Den atemlos lauschenden Kindern versicherte sie: *»Auch wenn ich Gottes Hilfe nicht immer in meinem Leben spüre, in dieser Situation habe ich sie aber gespürt!«* und fügte zur Vertiefung dieser für die Kinder existenziell sehr bedeutsamen Erkenntnis ein von ihr selbst verfasstes Gebet an:

»Guter Gott,
du warst dem Mose nahe und hast ihn beschützt und gerettet.
Auch wir können immer wieder spüren, dass du bei uns bist.
Dafür *danken* wir dir.

Wir *bitten* dich:
Beschütze und rette uns aus allen Gefahren und lass uns
immer wieder deine Nähe spüren,
so wie du es bei dem jungen Mose getan hast! – Amen.

Geschüttelt,
unerschütterlich, standfest,
verwurzelt im Glauben
wie Binsen am Bach:
GLAUBENSSTÄRKE.

6. *»Seht, ich bin bei euch alle Tage bis ans Ende der Welt« (Mt 28, 20): Zusammenfassung*

»Die Geschichte unseres Lebens ist die Geschichte unserer Begegnungen.« Zu den Personen, die meine Glaubensbiographie entscheidend mitgeprägt haben und immer noch stark beeinflussen, gehören neben meinem ersten Religionslehrer die jungen Religionslehrer/-innen, die tagtäglich ihre Frohbotschaft authentisch und glaubhaft an die heranwachsenden junge Generation »mit-teilen« und so ihre Schüler/-innen und auch mich im Glauben ermutigen und stärken: »Der Glaube entzündet sich am Glauben.«[19]
Es ist immer noch »sinn-voll«, die Frohbotschaft Jesu zu verkünden, der, um beim gewählten Symbol zu bleiben, »das geknickte Rohr nicht zerbricht« (vgl. Jes 42, 3) – wie tröstlich – und dessen verheißungsvoller Ruf und »Auf-Ruf« wie seit über 2000 Jahren noch immer an die Menschen ergeht: »Kommt zu mir alle, die ihr mühselig und beladen seid. Ich will euch erquicken« (Mt 11,28). Sein Ruf wird auch heute noch wahrgenommen: »Wer Ohren hat,

der höre!« (Mt 13,9): »Religionsunterricht ist heute eine einmalige Chance«[20], die Frohbotschaft als »wirk-liche« Liebes- und Lebensbotschaft weiterzugeben: »Mit dem Herzen glaubt man, und das führt zur Rechtfertigung; mit dem Munde bekennt man, das führt zum Heile« (Röm 10,10).

Bischof Paul-Werner Scheele [21] prägte folgende »Schlüssel-Sätze«:

- »Was bei allen unseren Aktivitäten herauskommt, hängt entscheidend von der Art unseres Christusverhältnisses ab.« Damit wird außer uns auf EINEN verwiesen, der bei der Verkündigung der Frohbotschaft in ausschlaggebender Weise »mit-redet«, ohne den wir die verantwortungsvolle Aufgabe nicht erfolgreich leisten könnten:
- »Alles ist Gnade«.
  Der Lehrplan für die Grundschulen in Bayern von 1979 drückt es sehr treffend so aus: »Glaube ist nicht machbar, er ist von seinem Wesen her Geschenk.«

Unser Dienst in der Verkündigung der frohen Botschaft wird durch die o. g. tröstlichen und auch mutmachenden Schlüsselsätze und durch die Verheißung dessen wirkungsvoll unterstützt und getragen, der uns versprochen hat: »Seht, ich bin bei euch alle Tage bis ans Ende der Welt« (Mt 28,20).

Anmerkungen

1 A. Lazzarini, Johannes Paul I., Der Papst eines neuen Morgens, Freiburg 1978.

2 Religionspädagogisches Zentrum in Bayern (Hg.), RU-aktuell I/98, Grundschule: »Das Interesse am Religionsunterricht ist groß«, Lehrer/-innenbefragungen, Entwicklungen, Perspektiven, München 1998.

3 L. Sanhüter, Auf der Suche nach Sinn, in: Schweinfurter Tagblatt, Zeitung für die Region Main/Rhön, Schweinfurt, Mittwoch, 15. Januar 2003, und L. Sanhüter, Sicherheitsstreben und Leistung, in: Schweinfurter Tagblatt, Zeitung für die Region Main/Rhön, Schweinfurt, Mittwoch, 19. Februar 2003.

4 H. H. Muchow, Beiträge zur Psychologie und Pädagogik der »Vorpubertät«, Ravensburg 1963.

5 Lehrplan für die Grundschulen in Bayern, Bekanntmachung des Bayerischen Staatsministeriums für Unterricht und Kultus, München, 9. August 2000.

6 W. Habdank, »In manibus tuis«, © VG Bild-Kunst, Bonn 2003.

7 Bischof Paul-Werner Scheele, Predigt anlässlich der Fortbildung »Eucharistie«, in: RU-Kurier, Handreichungen für Religionslehrerinnen und Religionslehrer in der Diözese Würzburg, Würzburg April 2002.

8 J. Imbach, Glaube aus Erfahrung, Luzern/Stuttgart 1981.

9 Die deutschen Bischöfe 56, Die bildende Kraft des Religionsunterrichtes, Zur Konfessionalität des katholischen Religionsunterrichtes, Bonn 1996.

10 G. Hilger, M. Schambeck, »Wenn du mich nach Gott fragst...« – Konturen eines

zeitgemäßen erfahrungsbezogenen Religionsunterrichtes in der Grundschule, Katholisches Schulkommissariat in Bayern, München, April 2002.

[11] C. und S. Alsenz, Arbeitsbuch Biblische Erzählfiguren, Biblische Geschichten kreativ gestaltet, Wuppertal 1999.

[12] Aus: A. Faulhaber/J. Faulhaber/C. Vogt, Stundenbilder für die Grundschule. Religion kompakt, 1. Jahrgangsstufe, pb-Verlag Puchheim 2001, 77.

[13] E. Gruber, in: Beilage zur Pädagogischen Welt, Zeitschrift für Unterricht und Erziehung, Heft 3, Donauwörth 1991.

[14] G. Hilger / S. Leimgruber / H.-G. Ziebertz, Religionsdidaktik, Ein Leitfaden für Studium Ausbildung Beruf, München 2001.

[15] Lehrplan für die Grundschulen, a.a.O.

[16] Die deutschen Bischöfe, a.a.O., 50.

[17] R. Stecher, Religionsunterricht ist heute eine »einmalige Chance«, in: Würzburger katholisches Sonntagsblatt, Kirchenzeitung der Diözese Würzburg, Würzburg vom 2.Oktober 1988.

[18] Bayerisches Staatsministerium für Unterricht und Kultus, Leitsätze für den Unterricht und die Erziehung nach gemeinsamen Grundsätzen der christlichen Bekenntnisse an Grund-, Haupt- und Sondervolksschulen, 6. Dezember 1988 Nr. III/2–4/109, 264.

[19] J. Wanke, Wir glauben einander den Glauben, in: Lebendige Katechese, Beihefte zu »Lebendige Seelsorge«, Au bei Freiburg, Dezember 2000.

[20] R. Stecher, a.a.O.

[21] B. Schweßinger, Friede und Freude im Heiligen Geist, in: Würzburger katholisches Sonntagsblatt, Kirchenzeitung für die Diözese Würzburg, Würzburg vom 31. März 2002.

Guido Kunkel

... ein winziges Senfkorn

1. Im Archiv des Gedächtnisses

Bei der Rückbesinnung auf meine Schulzeit stelle ich fest: Vom Religionsunterricht ist bei mir erschreckend wenig im Gedächtnis haften geblieben. Behalten habe ich mir Einzelheiten, soweit von persönlichen Erfahrungen berichtet, Einschätzungen wiedergegeben oder Meinungen kundgetan wurden. Eine besondere Prägung auf meine eigene Persönlichkeits- und Glaubensentwicklung erfuhr ich dann, wenn Lehrer[1] von eigenen Lebens- und Glaubenserfahrungen, von eigenen Lebensfragen und gewonnenen Ansichten erzählten. Schaffte es ein Religionslehrer, mich in eine Staun- und Fragebewegung mit hinein zu nehmen, dann war der Unterricht für mich spannend und nachhaltig beeindruckend, hatte Nachklang. Eine meiner wenigen Erinnerungen an den Religionsunterricht betreffen die bildlichen Vergleiche eines Gymnasiallehrers, mit welchen er die Frage nach der Entstehung des Universums und die beim Urknall explosiv-wirkenden Kräfte beantwortete.[2]

> *»Stell dir einen Felsblock in der Größe eines Hauses vor, der mit großer Kraft von außen auf die Größe eines Senfkorns zusammengedrückt wird! Dann stell dir vor, dass die ganze Erdkugel mit noch größerer Kraft auf die Größe eines Senfkorns zusammengedrückt wird! Und jetzt stell dir das Unglaubliche vor, dass das ganze Universum mit all seinen Sternen und Planeten auf die Größe eines winzigen Senfkorns gepresst wird! Wenn ich an dieses winzige Senfkorn denke und an die Kraft, die für die zusammengepresste Energie nötig war, fällt mir nichts anderes als Gott ein!«*

Ich kann mich noch genau an den Antwortversuch meines damaligen Religionslehrers erinnern. Das von ihm zur Veranschaulichung verwendete »Senfkorn«, das er jedem von uns in die Hand legte, ist für mein eigenes religiöses Suchen zu einem »Anregungspunkt« und später zum »Wahr-Zeichen« geworden. Die Bilder über die Kraftverhältnisse beim Urknall versetzten mich ins Staunen und verdeutlichten mir, dass der schöpferische Geist Gottes in der Evolution wirkt.

Des weiteren stellte der Lehrer den Vergleich an, dass die Wahrscheinlichkeit, mit der sich seit dem Urknall Leben entwickele genauso gering sei wie die Wahrscheinlichkeit, mit welcher ein über einen Schrottplatz fegender Hurrikan willkürlich sämtliche Teile in die Luft wirbeln und am Ende schließlich eine Boing 707 herauskommen würde. Ferner erinnere ich mich noch genau daran, wie er versuchte, die unvorstellbare Größe des Weltalls verständlich und erfassbar zu machen. Wir berechneten anhand der Geschwindigkeit eines Lichtstrahls (300.000 km/sek) die Kilometer-Entfernung zu Sternen, die über ein Lichtjahr von der Erde entfernt liegen. Erst kürzlich wurde in einem Vortrag[3], in dem ein Vergleich zur Erläuterung der Begrenztheit menschlicher Vorstellungskraft angestellt wurde, eine andere Erinnerung an meinen Religionsunterricht wieder wach.

Ich erinnerte mich an den »Jahreskalender«, mit dessen Hilfe mein Lehrer versuchte, die zeitliche Dimension von 15 Milliarden Jahren seit dem Urknall strukturiert darzustellen. Einer Sekunde wurde dabei die Einheit von 500 Jahren zugeordnet. Am 1. Januar um 0.00 Uhr sollte der Urknall gewesen sein, bis Mitte August sich die Milchstraße und im September der Planet Erde gebildet, seit Mitte Oktober es Einzeller gegeben haben, seit dem 30.12. Wirbeltiere auf die Erde gekommen, sowie erst am Silvestertag um 23.10 Uhr der Mensch erstmals auf die Bühne des Lebens getreten sein. Nach diesem »Bild« wäre Jesus Christus vier Sekunden vor dem Jahreswechsel geboren worden.

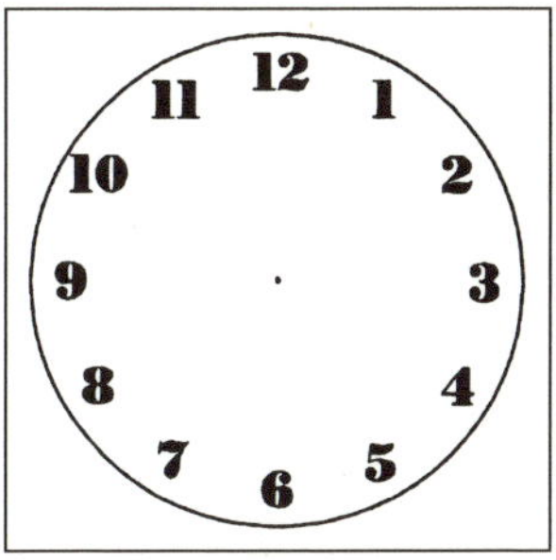

Uhrmodell zur weiteren Veranschaulichung der Erdgeschichte

Solche Vergleiche meines Religionslehrers aus der Gymnasialzeit in Aschaffenburg, mit welchen dieser durch seine Veranschaulichungen ins Staunen und Nachdenken über das »Woher« und das »Wohin« des Lebens geführt hat, habe ich bis zum heutigen Tag nicht vergessen. Ich bin ihm dankbar dafür, nicht einfach nur die biblische Glaubensbotschaft aus Genesis 1, sondern treffende bildliche Vergleiche, die mich zum eigenen Nachdenken über religiöse Fragestellungen motivierten, erfahren zu haben. Sie prägen mich bis

heute auch in der eigenen Vermittlung von Glaubensinhalten. So steht für mich ein Senfkorn bis zum heutigen Tag als Symbol für Wachsen und Gedeihen von Leben. Ich staune über das kleinste aller Körner, weil in einem solchen alle nötigen, schöpferischen Energien beinhaltet sind, um staunenswerte hohe Bäume hervorzubringen.
Im Staunen sehe ich einen wichtigen Schritt, sich mit biblischen Schöpfungserzählungen auseinanderzusetzen. Glaubenswahrheiten ergaben sich für mich nämlich nicht im Lernen von Glaubensbekenntnissen, sondern in einer sinnvoll motivierten religiösen Selbstreflexion und im Austausch mit anderen. Solche Inspirationen von Pädagogen brauchte ich zur eigenen aktiven Auseinandersetzung in Glaubensfragen.
Zu ähnlichen persönlichen Lernprozessen will ich meine eigenen Schüler heute anregen, sie angesichts einer wissenschaftsgläubigen Welt an den geheimnisvollen Gott heranführen, sie in einer technisierten Welt das Wunder der Schöpfung erahnen lassen. Es erscheint mir auch heute ein wichtiger Hilfsdienst zur Identitätsbildung von Heranwachsenden zu sein. Im folgenden Beitrag nutze ich die Gelegenheit, dem Staunen als Unterrichtsprinzip im Fach Religion eine Lobby zu geben und der Frage nachzugehen, wie ein Interesse an der Gottesfrage in schöpfungstheologischer Hinsicht überhaupt zu wecken ist. Bei der Thematisierung des Schöpfungsthemas nehme ich mein Hauptbetätigungsfeld als Grundschullehrer in den Blick.

2. *Die Hinwendung zu den Lebenden*

Das Staunen und Fragen über die Entstehung der Welt und über die Entwicklung des Lebens kommt gerade Grundschülern sehr entgegen. Von sich selbst aus wollen sie in dieser Entwicklungsphase viel über Lebenszusammenhänge erfahren. Daran anknüpfend kann man Sensibilisierungshilfe leisten für »Wunder des Lebens«. Ein Glaubensprozess kann über Nachfrage- und Suchprozesse im Religionsunterricht angeregt werden. Vier wesentliche Beobachtungen unterstützen diese These.

2.1 Beobachtung: Kinder sind neugierig

Lebensnah und spannend wird Unterricht nur sein, wenn das, was Kinder wirklich bewegt, in den Blick genommen wird. Kinder sollten Gelegenheiten haben, ihre vorhandene kindliche Neugier einzubringen und ihrem Bedürfnis nachzukommen, alles Lebendige erforschen zu können. Eine solche Neugierhaltung aufzubauen, ist Ziel eines konstruktivistischen Lernens. Eine unmittelbare biblische Deutung auf die Frage nach der Entstehung der Erde und des Menschen würde einem eigenständigen kindlichen Reflektieren auf ihre Anfragen und einem kindlichen Nachdenken entgegenstehen. Ein solches Neugierigsein im Kennenlernen von bislang unbekannten Tatbeständen, stellt die propädeutische Grundlage für Suchbewegungen nach Gott dar. Nur wer zu staunen gelernt hat – z.B. über die vorhandene Sprengkraft des Keimes im Senfkorn – hat Interesse, nach religiösen Dingen zu suchen. Auf die Wunder der Natur die Augen zu richten, ist deshalb eine der wichtigsten religionspädagogischen Aufgaben.

2.2 Beobachtung: Immer mehr Grundschüler sind gut über naturwissenschaftliche Tatbestände informiert

Darüber hinaus ist eine möglichst elementare Beschäftigung mit naturwissenschaftlich belegten Gegebenheiten selbst im Grundschulunterricht anzustreben. Nur so kann man den komplexen Fragestellungen und einem breiteren Wissenshorizont heutiger Schüler zum Thema Erdentstehung gerecht werden. Immer wieder höre ich bereits in der Grundschule (besonders in den Jahrgangsstufen 3 und 4) ein kritisches Reflektieren der Aussage »Die Welt ist wunderbar erschaffen«. Erst neulich verkündete mir ein Viertklässler: »Was in der Bibel steht, stimmt sowieso nicht! Papa hat gesagt, die Welt ist doch nicht in sieben Tagen gemacht worden!«
Entscheidendes Kriterium für eine gelungene unterrichtliche Umsetzung des Schöpfungsthemas ist es, die Schüler durch Beobachtungen im eigenen Lebensumfeld zum Philosophieren über die Hintergründe des Lebens zu führen und anschließend durchaus auch einfache naturwissenschaftliche Erklärungen der Entstehung unserer Erde anzubieten. Wenn Kinder erfahren, dass der Glaubensgehalt wissenschaftlichen Fakten keineswegs widerspricht, erlangt die religiöse Auseinandersetzung eine erweiterte Authentizität und Kompetenz. Wissenschaftliche Informationen in Kopplung mit der Fähigkeit zu bieten, trotzdem und gerade deshalb über die kleinen und großen Wunder des Lebens weiterhin zu staunen, erscheint als Voraussetzung für einen lebenslangen religiösen Reflexionsprozess notwendig.

2.3 Beobachtung: Älteren Grundschülern gelingt es bereits, verschiedene Wirklichkeiten nebeneinander zu erfassen

Während ich bisher religionspädagogisch für die Schöpfungsthematik *entweder* mit biblischen *oder* naturwissenschaftlichen Erklärungsversuchen konfrontiert wurde, ziehe ich aus meinen Erfahrungen der Unterrichtspraxis andere Schlussfolgerungen. Es stellt für mich religionspädagogisch einen Reiz dar, theologische *und* naturwissenschaftliche Betrachtungen miteinander in Beziehung zu bringen. Zwar müssen in der Grundschule die potentiellen Schwierigkeiten gesehen werden, die manche Grundschüler aus entwicklungspsychologischer Sicht mit der adäquaten Erfassung von verschiedenen Wirklichkeiten haben könnten[4] sowie dass für sie nur die eigenen sinnlichen Erfahrungen der Beurteilungsmaßstab sind. Doch erfahre ich in der Unterrichtspraxis immer wieder, dass man die geistigen Fähigkeiten von (manchen) Kindern in der Grundschule oft unterschätzt. Aufgrund der Intelligenzentwicklung, aber auch wegen den ausgeprägten Vorkenntnissen heutiger Grundschüler haben diese nämlich durchaus die Möglichkeit, Zusammenhänge zwischen verschiedenen Erklärungstheorien herzustellen. Interessant ist für mich, dass es einigen Grundschülern gelingt, aufgrund eigener Überlegungen religiöse Bezüge (selbstformulierte Dankgebete für die wundervolle Welt, eigene philosophische Überlegungen hinsichtlich Gott als »prima causa«) zu einer naturwissenschaftlichen Weltentstehungstheorie zu knüpfen.

Grundschüler bringen bereits vom Kindergarten Kenntnisse über den biblischen Schöpfungsbericht aus Genesis 1 mit und leben aus dem Vertrauen zu einem Gott, der die wunderbare Welt erschaffen hat. Es ist gut, jüngere Grundschüler in diesem heilen Weltbild zu belassen und dieses Staunen über die »perfekt erschaffene Welt« nicht zu zerstören.

2.4 Beobachtung: Grundschüler spekulieren gern

In der Zeitschrift »Eltern«[5] wurden kürzlich 1283 Kinder und Jugendliche über die Entstehung des Weltalls befragt. Auch Grundschüler geben Antworten auf diese Frage. Selbst mit dem Begriff »Urknall« konnten manche Grundschüler etwas anfangen. Von einem neunjährigen Grundschüler wurde folgende Erklärung gegeben: »Es war ganz, ganz früher, als ich noch nicht lebte. Da gab es auf einmal einen ganz schrecklichen Bums, und dann war alles da: Sonne, Erde, Mond und Sterne. Einfach super war das.« Häufig

sind bei Grundschülern Halbwahrheiten und natürlich auch völlig falsche Vorstellungen vorhanden. Vom Anfang des Lebens meinte ein anderer Neunjähriger: »Der Urknall wars. Das hat vielleicht geknallt! Da sind alle Leute in der ganzen Welt davon wach geworden. Sie fingen sofort an zu arbeiten. Einige haben Fernrohre gebastelt und nachgeschaut, warum es so geknallt hat.« Laut dieser Umfrage erklären heutige Grundschüler nur zu einem Bruchteil die Weltentstehung theologisch, zumeist aber rein physikalisch.
Interessant wird der Unterricht für Kinder dann, wenn sie ihre Fragen und selbst zurechtgelegten Antworten einbringen können. Religionsunterricht sollte also nicht mit Antworten zudecken, sondern frageorientiert sein. Gerade Schülerfragen bilden dann die Grundlage für eine vertiefte Auseinandersetzung mit objektiv-wissenschaftlichen Fakten bzw. religionspädagogischen Deutungen.

3. Die Auseinandersetzung mit dem Glauben

Der aktuelle Grundschullehrplan setzt genau bei der Staunensfähigkeit der Kinder an. Er versucht beim Lernen die »natürliche Neugier der Kinder zu erhalten«[6], ihnen nicht nur Kenntnisse, Fertigkeiten, Problemlösungen und Werthaltungen vorzugeben, sondern sie selbstständig ringen und suchen zu lassen. Durch »entdeckend-problemlösendes Lernen« sollen die Schüler »eigenaktiven« Fragestellungen nachgehen dürfen und versuchen, »Problemlösungsansätze« »selbstverantwortlich« zu finden, die für die eigene Person »sinnvoll und bedeutsam« erscheinen. Der Grundschüler wird im Fachprofil zur »Kath. Religionslehre« des aktuellen Lehrplanes (Kap II/B) mit seiner »Fähigkeit zu staunen ... und zu fragen« gesehen. Explizit bietet der Lehrplan vor allem in der ersten und zweiten Jahrgangsstufe an, »Schöpfungstheologie« zu betreiben (vgl. LP: TB 1.6 und 2.6). Darüber hinaus werden in zahlreichen Einzelinhalten Nachdenkprozesse von »Gott und ... Welt« thematisiert (vgl. im LP besonders: 1.1.2 und 3.1.1 sowie 4.2.1).
In der dritten und vierten Klasse erscheint es religionspädagogisch besonders interessant, z.B. schöpfungsthematisch neue Wege einzuschlagen. Der theologischen Reflexion beispielsweise Spekulationsprozesse genauso wie einen elementaren, evolutionstheoretischen Informationsbericht voranzustellen und diese beiden Ebenen miteinander korrelieren zu lassen, erachte ich als sinnvoll. Da auch heute Kinder im Grundschulalter an solchen theologischen Fragestellungen sehr interessiert sind, scheint es geboten, unterrichtsprak-

tisch Naturerfahrungen gewinnen zu lassen, das eigene Staunen zu sensibilisieren, Fragehaltungen aufzubauen. Danach könnten sie sich über Antworten von Forschern und Bibelautoren gleichermaßen zu diesen Fragestellungen informieren und hierbei Spekulationstheorien der Kinder richtig stellen. Dann kann erkannt werden, dass alle evolutionstheoretischen und theologischen Forschungen zum gleichen Ergebnis kommen: Die Erschaffung der Welt ist auf ein sinnhaftes, staunenswertes Ziel hin ausgerichtet, für das wir dankbar sein können. Dieser angedeutete Lernprozess soll im folgenden ansatzweise erläutert werden.

a. Der Lernschritt: Wir beobachten und staunen

Das Thema Schöpfung im aktuellen bayerischen Fachlehrplan »Kath. Religionslehre« soll die Schüler also an »Staunenswertes und Wunderbares« heranführen. Sinnenhaftes Entdecken der Lebensumgebung und unmittelbares Erleben sollen in einem ersten Schritt z.B. mittels eines Unterrichtsganges in die Natur ermöglicht werden. Ganzheitliche Erfahrungsmöglichkeiten (z.B. Frühlingsspaziergang, Erkunden eines »Erfahrungsweges der Sinne«, Ansäen von Kresse im Schulgarten mit gemeinsamem Verzehr der Ernte, bewusstes Trinken von Wasser) können durch genaues Beobachten und Wahrnehmen zum Staunen führen. Auf der Entdeckungsreise in den Wald lasse ich alle Sinne ansprechen:

- Augen: Tiere und Pflanzen, die sonst nur wenig auffallen (Bsp.: Käfer, Tausendfüßler, Ameisen, Pilze, Blätter, Federn ...) finden besondere Beachtung
- Ohren: Zuordnung von Geräuschen: (Bsp.: lautes Vogelkreischen, Rascheln von Laub, Plätschern eines Baches, leises Piepsen ...)
- Fühlen von Blättern, Erde, Rinde, Körnern ...
- Nase: Riechen des Duftes von Moosen ...

Jedes Kind sammelt auf dem Frühlingsspaziergang etwas Einmaliges, was es zum Staunen bringt (z.B. Steinchen, Blüte, Moos, Tannenzapfen, Grashalm) und stellt es im Unterricht als »Schatz des Waldes« vor. Bei der Fantasiereise »Waldspaziergang«[7] heben die Kinder »ihren« Gegenstand an der entsprechenden Stelle der Geschichte hoch. Danach wird aus den gesammelten »Waldschätzen« eine »schöne Welt« auf Collage gestaltet.

Mannigfaltige Naturerfahrungen eignen sich in der Grundschule gut als Staunanlass. Ob es die Entwicklung des Löwenzahns von der Knospe bis zum Samenball, ob es Holundertriebe sind, die so viel Kraft besitzen, um durch ein Gitter wachsen zu können, ob es

vgl. auf Foto: Gesammeltes aus der Natur

brütende Vögel sind, aus deren Eier Junge schlüpfen oder ob es die Betrachtung eines Nestbaus von Vögeln ist, alle Beispiele beeindrucken viele Grundschüler sehr. Gegenstandsmeditationen lassen dabei den Geheimnis- und Gleichnischarakter zu Tage treten.

Vielleicht hast du es gar nicht gespürt, dass dir etwas in die Hand hinein gelegt wurde, so wenig Gewicht hat es. Vielleicht hast du es schon wieder verloren, so klein ist es. Du hast sicher längst gespürt, dass du ein kleines Korn in der Hand hast. Wahrscheinlich musst du es mit deinem Finger drücken, um es überhaupt in deiner Hand zu spüren. Es ist klein und hart – das kleinste Korn! Es hat eine feste Schale; doch darin befindet sich ein lebendiger Kern. Schau es dir ruhig an – es ist ein Senfkorn!
Bewege das Senfkorn ganz behutsam in deiner Hand! Spürst du es noch, wenn du die Augen schließt? Es fällt kaum ins Gewicht. Doch was in ihm steckt an Kraft und Leben, ist wichtig – kann Gewicht bekommen.

Stell dir vor, wie das Senfkorn in deiner Hand in die Erde gelegt wird. Damit es seine Kraft entfalten kann, braucht es die Erde. Die Sonne scheint. Der Regen fällt. Die Erde wird warm und feucht. Das Senfkorn bricht auf. Es beginnt zu keimen. Wurzeln bohren sich in die Tiefe. Ein Trieb reckt sich nach oben, kommt ans Licht, streckt sich der Sonne entgegen. Er wächst hoch und höher. Er verzweigt sich, wird breiter und breiter. Immer mehr Blätter und Blüten sprießen an ihm. Sonne, Regen und Wind lassen ihn wachsen. Er wird zu einem schattenspendenden Baum. Vögel nisten in seinen Zweigen. Seine Wurzeln reichen tief in die Erde. Seine Äste weisen zum Himmel.

Über körperbezogene Eutonie- oder Einfühlungsübungen kann erspürt werden, was es im eigenen Körper an Staunenswertem zu entdecken gibt. Es lässt sich über Fantasiereisen durch den Körper (Leiberfahrungen wie Atem, Herzschlag, Puls) das Wertvolle des Lebens erahnen. Deutlich wird bei dieser Einfühlungsübung, dass der menschliche Körper ein wahres Kunstwerk ist – das Herz, die Lunge, der Darm – alles arbeitet in uns und wirkt bei Tag und Nacht so zusammen, dass wir gut leben können, auch wenn wir nicht immer darüber nachdenken.

b. Der Lernschritt: Wir fragen nach und suchen selbst nach Antworten

Der neue Fachlehrplan der Grundschule in Bayern thematisiert im Einzelinhalt 3.1.1 der dritten Jahrgangsstufe »Nach Gott fragen« einen Reflexionsprozess über »Gott und die Schöpfung«. Der Lehrplan empfiehlt von den Kindern Fragen einzuholen, welche sie beschäftigen und diese dann in Briefen an Gott zu richten, ein Bild dazu zu malen oder ein Fragebuch zu gestalten. Mit einem solchen kindgerechten Philosophieren über Gott können die Schüler der dritten Klasse auf ihre eigenen Gottesvorstellungen aufmerksam gemacht und in einen lebenslangen Suchprozess hineingenommen werden.

In einem Fragekatalog zum Thema »Erschaffung der Welt« spiegelt sich »die kindliche Suche nach den Ursprüngen der Welt und Natur, aber auch nach dem Anfang des Lebens der Menschheit. Der Fragehorizont übersteigt damit bei weitem das Fragepotential und das Frageniveau, das im täglichen Unterricht gewöhnlich zur Sprache kommen kann.«[8] Folgende Fragen aus meiner Grundschulklasse dokumentieren die ernsthafte thematische Auseinandersetzung und zeigen, dass hinter jeder einzelnen Frage das Staunen über spezifische Tatbestände der Wirklichkeit deutlich wird:

Warum gibt es Tannenzapfen und alles andere?
Warum gibt es auch so eklige Tiere wie Ameisen?
Woher kommt das alles?
Wie sind Tiere und Menschen entstanden?
Gab es zu Beginn der Welt den Wald auch schon?
Wird es später mal keinen Wald mehr geben? Was ist dann?
Lebte in diesem Wald auch ein Dinosaurier? Wieso gibt es den nicht mehr?
Gibt es Tiere und Pflanzen im Waldboden, die noch kein Forscher entdeckt hat?
Jedes Jahr verlieren Bäume Blätter! Wohin kommen diese Blätter?
Sind Pilze Pflanzen oder Tiere?
Stammt der Mensch von Tieren ab?
Warum gibt es den Wald und solche Wiesen?
Gibt es Eltern, die Gott geboren haben? Stirbt Gott auch?
Hat Gott das gemacht? Warum hat Gott das erschaffen?

Die Schüler dürfen versuchen, ihre Fragen gegenseitig zu beantworten und ihre Vorstellungen darüber auszutauschen. Ihnen wird schon im Vorfeld mitgeteilt, dass danach Forscher befragt werden sollen, die antworten werden, wie es wirklich am Anfang war. Wichtig ist in diesem Schritt, dass die Schüler den Mut aufbringen können, ihre subjektiven Erklärungen auch vorzustellen, unabhängig ob diese richtig sind oder nicht.

c. Der Lernschritt: Was sagen Forscher von der Entstehung und Entwicklung des Lebens?

Mit Hilfe von Kinderlexika und Fachbüchern wird nach Antworten gesucht. Über die unten abgedruckte Lehrererzählung wird naturwissenschaftlich aufgeklärt »Wie die Welt entstanden ist«. Schüler sind durch einen solchen Bericht stark zu beeindrucken und können ansatzweise erahnen, welches Wunder des Lebens hinter allen Dingen verborgen ist.
Einfache physikalische Erklärungen zu bieten, erscheint diesbezüglich schon in der grundschulgemäßen Auseinandersetzung notwendig, um die Kinder später nicht in einen »Dualismus zwischen Naturwissenschaft und Glaubensdeutung« [9] geraten zu lassen. Grundschüler sollen erfahren, dass Evolution und Schöpfung keine Ge-

gensätze sind, sondern zwei unterschiedliche Betrachtungsweisen der einen Wirklichkeit. Der schöpferische Geist Gottes, der ins Staunen führt, wirkt in der Evolution.

Wenn du von einem hohen Berg nach unten schaust, siehst du alles sehr klein. Autos sehen aus wie Spielzeugwagen. In Wirklichkeit sind sie nicht kleiner, sondern nur weiter entfernt. So ist es auch mit Sternen; sie sehen klein aus, sind aber riesig große, heiße Bälle – so groß, dass du sie in deinen Sommerferien nicht einmal mit dem Fahrrad umrunden könntest. Aber die Sterne und das Weltall waren nicht immer so riesig. Am Anfang war alles kleiner als ein Senfkorn! Kaum zu glauben, aber wahr! Da passierte aber am Anfang aller Zeit etwas Sonderbares. Niemand weiß, warum das geschah. Es passierte einfach so. Das winzigkleine Korn explodierte wie ein Silvesterkracher! Alles flog auseinander wie eine Papiertüte, die es zerfetzt. Das war der Urknall – der Anfang unseres Weltalls. Das Weltall war damals noch heißer, als es unsere Sonne jetzt ist. Das Weltall kühlte erst mit der Zeit langsam ab. Als die Temperatur noch kühler war, entstanden die Sterne und Planeten – auch unser Planet, die Erde mit festem Erdboden. Auf der Erde war aber lange Zeit kein Leben möglich. Die ersten Lebewesen waren so klein, dass du sie nur im Mikroskop hättest sehen können. Erst allmählich lernten sie zu atmen und so zu leben. Weil es aber auf der Erde jetzt nicht zu kalt und nicht zu warm war, konnten sich jetzt etwas größere Tiere im Wasser und später an Land entwickeln, die überlebensfähig waren. Es waren kleine Fische, Frösche und später Schlangen und Saurier. Immer wieder starben jedoch Tierarten aus, wie z.B. die Dinosaurier, andere Arten überlebten. Erst viel später gab es kleine Mäuse und noch später viele andere Säugetiere. Daraus entwickelte sich der Mensch. Seit es immer mehr Menschen gibt, wird immer mehr Natur zerstört.

d. Der Lernschritt: Auch früher wurde nachgefragt: Warum gibt es etwas? Woher kommt alles? Wer hat das gemacht?

Mit dem Schöpfungshymnus wollten biblische Autoren der Priesterschrift im babylonischen Exil keine endgültigen Antworten auf schöpfungstheologische Fragen geben, sondern einfach »Freude und Dankbarkeit«[10] über die Schöpfung ausdrücken. Die naturwissenschaftlichen Erklärungen des dritten Schrittes der Unterrichtsse-

quenz relativieren dabei die religiöse Offenheit der Kinder nicht, weil sich in der Evolutionsgeschichte viele Gründe für eine religiöse Weltdeutung erkennen lassen.
Bei einer kindgemäßen Vorstellung des biblischen Schöpfungsliedes aus Gen 1,1 –2,4a können Schüler erkennen, dass die biblische Aussageabsicht (nicht das biblische Weltbild) über die Weltentstehung auch in einer modernen Weltentstehungsdeutung absolute Gültigkeit hat: »Da ist jemand, der will, dass es die Welt gibt, weil er die Welt liebt. Da ist jemand, der will, dass ich da bin. Das ist schön« (Schülerzitat). Dabei soll bewusst werden, dass dieser Text, unabhängig von der objektiven Richtigkeit des Kenntnisstandes über die Evolution, als persönlich bedeutsame Glaubensaussage gedeutet werden kann. Zur Lebensbewältigung betrachte ich aus naturwissenschaftlicher Sicht mehr oder weniger wahrscheinliche Tatbestände über die Weltentstehung als weniger wichtig als die biblische Aussageabsicht über Sinn und Ziel der Schöpfung. Der im genannten Schülerzitat ersichtliche Glaubenshorizont lässt erahnen, dass der Schüler etwas Wesentliches für sein Leben aus der Unterrichtssequenz mitgenommen hat: Er freut sich am Wunder seines Lebens. Er ist unverlierbar geliebt.

Collage: Gott erschafft die Welt

Den Prozess des Werdens aller Dinge erspüren zu lassen, kann durch eine Collagengestaltung effektiv umgesetzt werden. Je ein schwarzes und hellblaues Tonpapier mit einem runden Kreis als Erde aus braunem Tonpapier bilden die Grundlage. In Abschnitten wird die Schöpfungserzählung (Textstruktur in sieben Schritten) vorgetragen und jeweils mitgestaltet. Dadurch wird den Schülern deutlich, dass die kreative Gestaltungskraft vom Schöpfer ausgeht.

Mit Hilfe einer Bildbetrachtung des Sieger-Köder-Werkes »Und Gott sah alles an, was er gemacht hatte und es war sehr gut«[11] arbeite ich mit Hilfe des Symbols »geöffnete, bergende Hände« die Schutzbedürftigkeit der Erde und das göttliche Getragensein heraus. Aus den geöffneten Händen Gottes entfaltet sich die gesamte Schöpfung wie eine Pflanze, so wie aus einem kleinen Senfkorn in fruchtbringender Erde eine hohe Staude gedeihen kann.

Sieger Köder: »Und Gott sah alles an, was er gemacht hatte ...«

e. Der fünfte Unterrichtsschritt: Wir sagen Gott »Danke«

»So ähnlich wie mit einer Pflanze ist es mit der Erschaffung der Welt! Zuerst sah man nichts, viel später blüht alles! Gut gemacht! (Florian, 9 Jahre)

»Manchmal ist eine Explosion auch zu was gut! Nur damals hätte niemand außer Gott gedacht, dass alles so schön wird!«(Barbara, 9 Jahre)

»Dass ich von den Algen im Meer abstamme, hätte ich nie gedacht! Ich bin eine komplizierte Alge! Toll!«
(Michael, 9 Jahre)

»Gott sei Dank, dass auf der Erde sich mit der Zeit alles abgekühlt hat, aber auch wieder meistens nichts zu kühl ist !«
(Melanie, 9 Jahre)

»Ich schätze schon, dass nur Gott einen genauen Plan hatte für alles! Hoffentlich machen wir das alles nicht kaputt!«
(Jana, 9 Jahre)

Grundschülern kann es also gelingen, Evolutionsgedanken mit ihrer religiösen Interpretation zu verbinden. Den Kindern wird durch die elementare naturwissenschaftliche Umschreibung der Weltentstehung bewusst, dass das babylonische Weltbild der Antike überholt ist und das Universum nicht als »Sechstagewerk« entstand, sondern dass sich der Mensch evolutionsgeschichtlich auf erstaunliche Weise entwickelt hat, jetzt aber auch bedroht ist. Bewusst wird aber auch, dass wir, wie die biblischen Autoren der Priesterschrift um 500 vor Christus, nicht die genaue Weltentstehung darstellen wollen, sondern einfach dem Schöpfer danken wollen und selbst in schweren Zeiten auf die Treue Gottes vertrauen dürfen.
Ein Staunen über die Unglaublichkeit menschlicher Existenz drängt die Schüler dazu, Leben in der Schöpfung nicht als selbstverständlich, sondern als kostbar zu betrachten und deshalb dafür dankbar zu sein. Dazu bitte ich die Schüler, sich vereinfachte Dankverse aus den Psalmen (vgl. Textauswahl) auszusuchen und eigene Danksätze zu schreiben.

Du hast der Sonne ein Zelt gebaut! Danke! (nach Ps 19,5)
Gott sitzt wie ein König über allen Fluten der Meere! Gott ist wie eine Quelle, aus der alles Wasser gekommen ist! Danke! (nach Ps 29,10)
Wenn ich den Himmel, den Mond und die Sterne sehe, erkenne ich, dass das die Arbeit deiner Hände ist! Danke! (nach Ps 8,4)
Die Menschen fühlen sich im Schatten deiner Flügel wohl! Danke! (nach Ps 36,8)

Gott ist wie ein Zelt, das mich bei Regen nicht nass werden lässt! Danke (nach Jes Sir 6)
Gott in deiner Güte stellst du uns alle auf einen schützenden Berg! Danke (nach Ps 30,8)

4. Die »eiserne Ration«

Im Religionsunterricht ist es wichtig, dem Geheimnis des Lebens auf der Spur zu bleiben. In unterschiedlichen Themenbereichen können Grundschüler zu einer Fragehaltung gebracht und ihnen auf bildlicher Ebene tiefere religiöse Vorstellungsperspektiven eröffnet werden. Biblische Sichtweisen brauchen dabei nicht den modernen Erklärungsversuchen über die Evolution widersprechen. Selbst der Physiker Albert Einstein macht deutlich, dass naturwissenschaftliche Forschung zu einer Vertiefung des Glaubens führen kann, wenn er sagt: »Mein Glaube besteht in der demütigen Anbetung Gottes, der sich selbst in den kleinsten Einzelheiten der Materie offenbart!«[12]

Wenn uns Menschen das Staunen über das Lebensgeschenk abhanden kommt, wären wir »wie Ameisen, die tagein und tagaus nichts anderes kennen als Arbeit und Mühsal bis zum bitteren Ende, obwohl sie es schaffen für ihr Futter zu sorgen« (Spr 30,25). Leben ist eben mehr als das, was wir uns mit unseren Wahrnehmungsmechanismen objektiv vorstellen können. Kindern über die »Rose von Jericho«, über Gehörleistungen von Fledermäusen, über Natur- und Körpererfahrungen, über die Fähigkeit zu lieben und zu verzeihen eine Ahnung zu geben vom liebenden Urgrund des Lebens, den wir Gott nennen, ist unsere Hauptaufgabe im unterrichtlichen Handeln des Religionsunterrichtes überhaupt. Eine solche Herzensbildung zu erfahren, verschafft eine gesteigerte Lebensqualität.

Diese These untermauert auch Prof. Dr. Ziebertz in einer Umfrage unter Studienanfängern aus allen Fakultäten der Universität Würzburg im Jahr 2000. Wer an die Existenz Gottes glaube, fühle sich im Leben glücklicher! Trotz Kritik an Kirche und Christentum erscheine Religiosität als eine positive Lebenskraft! Hoffnung auf ewiges Leben habe nach Prof. Ziebertz positive Auswirkungen auf das gelebte Leben!

Deshalb sollen unsere Schüler durch den Religionsunterricht in einen aktiven Suchprozess nach dem, der unsere Sehnsucht über-

steigt, nach dem Urgrund unseres Staunens oder nach dem Kraft und Stärke verleihenden Du mit hineingenommen werden.
Ähnlich wie im Kinderbuch von Leo Lionni »Fisch ist Fisch«[13], in welchem von einem Fisch berichtet wird, dem es nicht gelingt, außerhalb seiner Vorstellungskategorien zu denken und auf seine subjektive Weise Überlegungen anstellt, wie wohl Landlebewesen aussehen könnten, werden wir immer nur unzureichend den »Ganz Anderen« erfassen können. Wie ausschließlich das von einem Taschenlampenstrahl im dunklen Raum Angestrahlte intensiv wahrgenommen und alles andere außerhalb des Lichtkegels nur noch dunkler erscheinen lässt, gilt es Schüler für das Erahnen des außerhalb der menschlich begrenzten Wahrnehmungskapazität zu sensibilisieren. Aufgabe des Religionsunterrichtes ist es demnach, auf die Suche nach dem staunenswerten Urgrund des Lebens zu gehen und Versuche zu wagen, das »Unsagbare« zu sagen.

5. Das Ganze im Symbol

Laut Lexikon[14] steht der Name »Senfkorn« für den Samen des Schwarzen Senfs (Brassica nigra) mit etwa nur einem Millimeter Durchmesser. Dieses Korn gilt im Talmud sprichwörtlich als kleines Samenkorn. Die einjährige Staude kann bis zu drei Meter hoch werden und ist besonders wegen des öligen Samens bei Vögeln sehr begehrt. Sie wird als Futter- und Gründüngungspflanze sowie als Speisesenf- und Ölgewinnungspflanze verwendet. Von dieser Staude wird bereits in der alttestamentlich-prophetischen Literatur in Ez 17,23 und Ez 31, 6 genauso wie in Lk 13,19 berichtet als »ein Baum, in dessen Zweigen die Vögel des Himmels wohnten«.
Das Senfkorn steht altbekannt als Symbol für einen kleinen Anfang mit großen Auswirkungen. Der wirkliche Umgang des Menschen mit Gott an der Welt hat nicht nur seinen Ort, sondern auch seinen Gegenstand. Gott spricht zum Menschen durch die Dinge und Wesen, die er ihm in den Wundern der Schöpfung ins Leben schickt. In solchen »Wahr-Zeichen« Gottes steckt viel Geheimnis- und Gleichnischarakter einer Wirklichkeit, die unter der Oberfläche kratzt. Durch Schauen, Spüren, Fühlen, Staunen wurde mir das Senfkorn zu einem Symbol für das Reich Gottes. Das Senfkorn erscheint mir als Synonym für neuen Lebensmut, für gewonnenes Selbstvertrauen, für Sensibilität. Die zusammengepresste Energie des Universums, die im kleinen Korn steckt, ist für mich ein staunenswertes Zeichen für die Liebe Gottes zu seiner Schöpfung. Die ungeheuren, lebensnotwendigen, gut proportionierten Kräfte, die beim Urknall

alles in einen zielgerichteten, sinnvollen Beginn riefen, stecken für mich in einem solchen Senfkorn. Es gibt Geschmack und Würze in der Nahrung, es zeigt die Schönheit für die Natur und steht symbolisch für den »Frühling im Leben«.

Ich halte ein Senfkorn in meiner Hand.
Mein einziges Korn.
Sie sagen, ich soll das Korn in die Erde legen.
Ich muss mein Korn schützen,
mein einziges Korn.
Ich habe nie erlebt, dass es Frühling gibt.
Sie sagen, es wächst neues Leben aus dem Korn.
Ich verliere mein Korn,
mein einziges Korn.
Ich habe nie erlebt, dass es Frühling gibt.
Sie sagen, ich muss mein Korn riskieren,
mein einziges Korn.
Aber ich habe nie den Frühling erlebt.
Mein Geliebter sagt: Es gibt ***Frühling!***
Ich lege mein Korn in die Erde.[15]

Anmerkungen

1 Gemeint ist immer auch das weibliche Pendant.
2 Vgl. G. Kunkel, Biblische Schöpfungserzählungen in der Grundschule, in: Katechetische Blätter 1/2003, 128. Jg, München, 52– 58.
3 K. Roos, Referat »Nach dem Sinn des Lebens fragen ...« vor Lehramtsanwärtern der Diözese Würzburg, Gochsheim im Januar 2003.
4 Vgl. K. H. Reich, Kann Denken in Komplementarität die religiöse Entwicklung im Erwachsenenalter fördern?, in: M. Böhnke u.a. (Hrsg.), Erwachsen im Glauben. Beiträge zum Verhältnis von Entwicklungspsychologie und religiöser Erwachsenenbildung, Stuttgart, 140.
5 Eltern 2/ 2002, 97f.
6 Vgl. Lehrplan für Grundschulen in Bayern, Hrsg.: Bayer. Staatsministerium für Unterricht und Kultus, München.
7 E. Müller, Du spürst unter deinen Füßen das Gras, Frankfurt 1983, 49.
8 G. Ritz-Fröhlich, Lasst die Kinder fragen. Ergebnisse eines Forschungsprojektes. In: Grundschule 23. Jg., H. 4/ 1991, 69.
9 Vgl. G. Kunkel, Biblische Schöpfungserzählungen in der Grundschule, in: Katechetische Blätter 1/2003, 128. Jg, München, 52.
10 Vgl. Lehrplan für Grundschulen in Bayern, Hrsg.: Bayer. Staatsministerium für Unterricht und Kultus 3, München, Fachlehrplan Kath. Religionslehre Jgst.1, 1.6.2., 53.
11 © Sieger Köder, »Schöpfung«.

[12] Vgl. P. Neumann (Hrsg.), Moderne Naturwissenschaft und Schöpfung, Religion Studienstufe, Stuttgart 1974.
[13] L. Lionni, Fisch ist Fisch, München 1997.
[14] J. Höfer und K. Rahner (Hrsg.), Lexikon für Theologie und Kirche, Bd. 9, Freiburg, 1986, 666 und H. Düll/Kutzelnigg, Botanisch-ökologisches Exkursionstaschenbuch, Wiesbaden 1992.
[15] Autor und Quelle unbekannt.

Hermann Nickel

... Zwiebel schälen

1. Im Archiv des Gedächtnisses

Eine Erfahrung aus dem Religionsunterricht begleitet mich über viele Jahre. Wir hatten in der 3. Klasse Religionsunterricht bei unserem Heimatpfarrer. Pfarrer S. war für uns Grundschulkinder im Unterricht eine strenge Persönlichkeit. Allerdings hatte er auch Seiten, die ich mochte. Nach getaner Arbeit, ob das im Religionsunterricht oder in der Kommunionkatechese, die wir damals schon hatten, war, holte er immer ein Buch hervor und begann uns vorzulesen. Besonders eindrucksvoll war dies in der Kommunionkatechese. Wir saßen mit dem Pfarrer im Kreis, auf kleinen Kindergartenstühlen, ein Bullerofen verschleuderte unerträgliche Wärme und uns wurde vorgelesen, was ich so von zu Hause nicht kannte. Ich kann mich noch gut an das Hölzerne Bengele erinnern. Es war eine Atmosphäre zum Wohlfühlen, des Ausgleichs nach einer Anstrengung. Ich denke, manchmal braucht man nicht mehr, um sich wohlzufühlen und ein Gefühl der Glückseligkeit zu haben. Allerdings ist ein solches Glück auch leicht zu nehmen. Wurde einmal nicht vorgelesen, weil es zu laut im Unterricht oder Katechese war, dann konnte man auch schnell in ein emotionales Loch stürzen. Auch im Unterricht waren diese Geschichten und die Geschichten aus der Bibel, die der Pfarrer vorlas, ein Höhepunkt der Stunden.
In diese emotional schöne Situation brach ein Ereignis wie ein Paukenschlag ein. Es war in der Zeit nach der Erstkommunion. An die inhaltlichen Zusammenhänge kann ich mich nicht mehr erinnern. Pfarrer S. erzählte im Unterricht von den Machenschaften der Nationalsozialisten im Dritten Reich. Auch die Inhalte sind mir nicht mehr präsent, aber die Atmosphäre. Es war eine dieser Atmosphären, die anregte zuzuhören, die Spannung schaffte, Spannung, die anzeigt, jetzt wird etwas Wichtiges gesagt. Ich denke, die ganze Klasse war ruhig und hörte konzentriert auf das, was der Pfarrer erzählte.
Wie schon gesagt, den Zusammenhang kann ich nicht mehr herstel-

len. Ich weiß in der Erinnerung nur, dass es wahrscheinlich um die Verbrechen in den Konzentrationslagern Auschwitz und Dachau ging.
Ganz unbekannt waren mir die Geschichten nicht. Ich habe einen älteren Bruder, und der hatte ein Buch über den Nationalsozialismus. Das Buch, das in einer Schublade lag, holte ich mir manchmal heimlich hervor und blätterte darin. Neben vielen Kriegsszenen gab es auch Bilder, die ich damals nicht verstand. Noch gut kann ich mich an ein Bild erinnern. Es zeigt einen Jungen, der im Alter von vielleicht 11, 12 Jahren war; die Hände hielt er hoch erhoben, einen gelben Stern auf der Brust, von deutschen Soldaten, mit dem Gewehr im Anschlag, wurde er durch eine Straße getrieben. Er schien nicht wesentlich älter als ich gewesen zu sein.
Die Themen »Hitler« oder »Nationalsozialismus« waren kein Gesprächsstoff, über den man sich in der Schule oder zu Hause unterhielt. Die Judenfrage war überhaupt selten Thema, nur meine Mutter erwähnte, dass sie vor dem Krieg in einem Geschäft in Bad Kissingen gearbeitet hat, das einem Juden gehörte. Was allerdings mit ihm geschah, darüber wurde nie, oder in Andeutungen gesprochen.
Die Atmosphäre in der Klasse war gespannt. Der Pfarrer erzählte, dass die Menschen, die in Konzentrationslagern starben, so dünn waren, dass man sie wie einen Sack auf die Lastwagen hinauf werfen konnte. Plötzlich, ohne ersichtlichen Grund, erquoll aus den Kehlen der vielen Jungen ein Lachen, das sich immer mehr verstärkte. Warum Lachen? Ich weiß es heute nicht mehr und kann nur darüber spekulieren, warum sich die Spannung in der Situation in Lachen und nicht in Trauer ergoss.
Dieses Lachen ließ den Pfarrer erstarren. Kreidebleich schrie er in die Klasse hinein. Das Lachen legte sich sogleich und zurück blieb ein verschüchterter Haufen Kinder, die nicht wussten, was geschehen war.
Aber es kam für uns noch schlimmer. Am Sonntag entlud sich der Schrecken des Pfarrers in seiner Predigt. Er sagte, dass die Jugend jetzt schon wieder über die schrecklichen Ereignisse der Nationalsozialisten lachen würde. Ich verstand die Situation im Sonntagsgottesdienst nicht und fühlte mich beschämt.
An den weiteren Verlauf kann ich mich nur noch ungenau entsinnen. Ich erinnere mich dunkel, dass wir dann im Unterricht über die Situation gesprochen haben. Die Lage löste sich für mich aber nicht auf. Bis heute blieb mir die oben beschriebene Erinnerung.
In der Reflexion scheint mir diese Episode voll von Unverständnis. Und ich denke, das hat mit dem Unverständnis der mich damals umgebenden Menschen bezüglich des Holocaust zu tun. Die morali-

sche Entrüstetheit über die Gräueltaten der Nationalsozialisten konnte man spüren. Aber es gab keinen Verstehenshorizont. Die Sprachlosigkeit der Menschen über dieses Thema begleitet mich noch durch weitere Stationen im Leben. Erstmals in der 11. oder 12. Klasse wurde mir ein Verstehenshorizont angeboten, als wir im Deutschunterricht das Gedicht von Paul Celan, Schwarze Milch, bei einer engagierten Lehrerin besprachen. Die ganze Schulzeit hindurch war das der einzige Moment, durch den der Nationalsozialismus vernünftig (d. h. in seinen Zusammenhängen und Denkstrukturen) zur Darstellung gebracht werden konnte und eine konstruktive Auseinandersetzung einleitete.

2. *Die Hinwendung zu den Lebenden*

Der Glaubenshorizont der Schülerinnen und Schüler ist Gegenstand mannigfaltiger Untersuchungen und Darstellungen. Stellvertretend seien hier die Untersuchungen der Schellstudie genannt, aber auch z. B. die Untersuchungen von Bucher[1] und die Darstellungen in »Religionsdidaktik. Ein Leitfaden für Studium, Ausbildung und Beruf«[2]. Hubertus Halbfas hat für mich die Glaubenssituation Jugendlicher zutreffend zusammengefasst, indem er schreibt: »Der Schüler: Nicht kirchlich, aber religiös ansprechbar«[3]. So erlebe ich die Schüler. Wobei im subjektiven Erleben ich immer wieder erstaunt bin, wie im unterfränkischen Raum Schüler, die sich betont nichtkirchlich geben, dennoch kirchlich leben. Ein Phänomen, das manchmal genauerer Beachtung bedürfte.
Im Umgang mit Jugendlichen in der Schule erlebe ich immer wieder, dass man anfänglich auf Skepsis stößt, wenn man mit ihnen als Religionslehrer und damit als Vertreter der Kirche zusammenkommt. Religion ist ein Fach, dem Schüler erst einmal Ablehnung signalisieren müssen. Diese wird manchmal sehr drastisch in dem Sinn formuliert, dass doch Kirche und Glauben mehr als veraltet und verstaubt sei. Diese Ablehnung kann sich auf die Person des Lehrers beziehen und wird häufig, wie ich beobachte, von Religionslehrern so interpretiert. Aus dieser Ablehnung von Religion und Kirche ergibt sich schnell ein Junktim, das heißt: Ich als Religionslehrer muss mich gegen die Brandung des Unglaubens der heutigen Jugend stellen und Kirche und Glauben verteidigen. Die Folge davon sind (Macht-) Kämpfe, die ungenau beobachtet, entweder nur auf der Beziehungsebene bearbeitet werden, häufig in Form von Disziplinproblemen, oder nur auf der Inhaltsebene, und dort als Unglauben oder Mangelglauben behandelt werden.

Lässt man sich von den Angriffen der Schüler innerlich nicht betreffen, bezieht man also die Ablehnung nicht auf sich – was natürlich auch stimmig sein muss – dann ist es möglich, die Schülerinnen und Schüler gerade in der Ablehnung von Kirche, Glauben und Religion religiös anzusprechen.

Schüler beziehen sich bei der Ablehnung meist negativ auf Ereignisse oder Anschauungen der Kirche. In der negativen Beziehung wird eine Kritik deutlich, wie etwas anders, und in den Augen der Schüler besser sein könnte. Ein Reformgedanke für die Kirche, der es in der Regel wert ist, gewürdigt und beachtet zu werden. Durch die Würdigung kommt man ins Gespräch und in den Austausch mit den Jugendlichen.

Wird so ein Gedanke der Schüler aufgenommen, dann kann man sich mit den Schülern auf einen Weg begeben, der sie und den Lehrer herausfordert. Ich denke, Schüler sind dann religiös ansprechbar, wenn sie herausgefordert werden. Die religiöse Ansprechbarkeit von Schülern scheint darin zu bestehen, dass man nicht den Glauben weitergibt, sondern dass man sie herausfordert, sich mit einer religiösen Situation, mit einem religiösen Gedanken zu konfrontieren.

Dieser Gedanke soll erhärtet und aufgezeigt werden durch die Auseinandersetzung mit dem Nationalsozialismus im Religionsunterricht.

Wird im Unterricht die Zeit des NS-Regimes behandelt, dann stößt man anfänglich auf offene Ohren bei den Schülern. Es zeigt sich Interesse an den Themen und dem Unterrichtsgegenstand. Deutlich wird an den Äußerungen der Schüler manchmal, wie der Nationalsozialismus im Geschichtsunterricht behandelt wurde. D. h., man setzt sich als Religionslehrer auch mit Gedanken der eigenen Kollegen aus dem Fach Geschichte auseinander, die die Schüler übernommen haben.

Die Schüler stellen oft kritische Fragen an das Verhalten der Kirche im Dritten Reich, die im Religionsunterricht bearbeitet werden müssen. Schaut man diesbezüglich in verschiedene Unterrichtswerke, dann werde ich den Eindruck nicht los, dass die Kirche in ihrem Verhalten im Dritten Reich verteidigt und manchmal schön geredet wird, weil sie sonst im Meinungsbild der Schüler zu schlecht weg kommt. Die Fehler der Kirche, die ja doch ohne Zweifel vorhanden waren, werden kaum dargestellt. So z. B. in dem vom Kath. Schulkommissariat herausgegebenen Materialband: Vergangenheit als Mahnung – Kirche im Dritten Reich, Fachlehrplan 9.6 von Hans Wiedmeyer[4]. Die hilfreichen Materialien gehen kaum auf die Fehler der Kirche im Dritten Reich ein. Es gibt eine Einheit zum Schweigen der Kirche bezüglich der Vernichtungsstrategie der NS, bei der man aber den Eindruck nicht los wird, dass das Versagen der Kirche verharmlost wird. Aber genau dieses Versagen wurde und wird von den Schülern der 9. Klassen diskutiert, auch deshalb, weil die anderen Unterrichtsfächer wie Deutsch oder Geschichte diese Problematik schärfer diskutieren.

Im Anhang des Materialbandes findet sich dann aber die erschütternden Erfahrungsberichte von Feldgeistlichen und die problematische Stellung des Militärbischofs, die offen kritisiert wurde[5] und einen Eindruck geben, wie in der Kirche um die Stellung des Christentums im NS-Regime gerungen wurde.

Einen unschätzbaren Dienst hat Papst Johannes Paul II. erwiesen, als er sich bei dem jüdischen Volk im Jahr 2000 für die Pogrome der Christen an dem Volk der Juden entschuldigt hat und damit auch das partielle Versagen der Kirche und der kirchlichen Hierarchie im Dritten Reich anspricht und sich auch dafür entschuldigt.

Das eindeutige Aussprechen der Schuld der verschiedenen Pogrome der Christen an dem jüdischen Volk macht die Dimensionen deutlich, mit der Christen sich auseinandersetzen müssen. Für mich ist daran wichtig, dass das Versagen der Kirche im Nationalsozialismus kein Tabu mehr ist; wir können über die Schuld der Christen sprechen. Die Schuldgefühle, die mit Tabuthemen einhergehen sind meines Erachtens fatal für jeden Unterricht. Insofern kann heute mit den Schülern und Schülerinnen offener diskutiert werden und so der Anschluss an die Kritik der Geschichtsfächer gefunden werden.

In einem weiteren Punkt wird deutlich, dass auch in unserer Gesellschaft das Thema Nationalsozialismus behandelt werden muss – wie man unschwer am Aufkeimen mancher rechter Szenen in Deutschland erkennen kann. Meines Erachtens ist das Thema in Deutschland deshalb ein Problem, weil es in der deutschen Gesellschaft immer noch, ähnlich wie in der Kirche, heimliche Tabus im Umgang mit dem Nationalsozialismus gibt und deshalb über Schuld kaum gesprochen werden kann. Schuld aber anzuerkennen befreit, weil Schuld auch vergeben werden kann, wie die Kirche immer deutlich macht.

Die Auseinandersetzung über den Nationalsozialismus mit den Jugendlichen bleibt schwierig, weil manchmal das Interesse nachlässt und dann auch die heimlichen Parolen der Stammtische hervorkommen. Jugendliche sind insofern auch Spiegel dessen, was in der Gesellschaft gedacht und gelebt wird. – Das unter diesem Aspekt zu sehen ist wichtig, damit man das von den Schülern – Gesagte, nicht mit der Person des Schülers verwechselt, der es gesagt hat. Schüler sind Lernende, auch in diesem Punkt. Dies darf man nicht vergessen. Ich kann mich noch an die Diskussion unter Lehrern erinnern, ob man einen Schüler anzeigen soll, der ein Hakenkreuz an die Tafel gemalt hat. Es spricht vieles dafür, solche Taten nicht zu verharmlosen und deutlich spürbar Grenzen aufzuzeigen. Aber es spricht auch vieles dafür, diese Situation pädagogisch zu bearbeiten. Auf keinen Fall darf sie unbearbeitet bleiben, denn das hat unkalkulierbare Folgen für die Klasse. Die Mühen der pädagogischen Arbeit sind meines Erachtens in jedem Fall notwendig. Wird dies gemacht, dann bekommen Schüler Verstehenshorizonte, die es ihnen ermöglichen, mit dem Nationalsozialismus umzugehen und den heimlichen Parolen substantiell etwas entgegen zu halten. Nur so kann man lernen, mit der Schuld eines Volkes und einer Religionsgemeinschaft umzugehen, ohne sich ständig distanzieren zu müssen, damit man die eigene Würde als Deutscher behalten kann.

3. Die Auseinandersetzung mit dem Glauben

Religionslehrer stürzen sich häufig auf Vorlagen und Rezepte, um ein Thema in der Schule bearbeiten zu können. Natürlich braucht man Materialien, Fotos, Erzählungen usw., um ein Thema Schülern vermitteln zu können. In der konkreten Praxis habe ich allerdings erfahren, dass das beim Thema Nationalsozialismus zu wenig ist, wenn man nicht bloß moralisieren will. Mir wurde das bewusst, als ich in dem Materialband von Wiedmeyer ein Gebet an den »Führer« las. Dort heißt es:

»Vor dem Essen
Führer, mein Führer, von Gott mir gegeben, beschütz' und erhalte noch lange mein Leben!
Hast Deutschland gerettet aus tiefster Not, Dir danke ich heute mein täglich Brot.
Bleib noch lange bei mir, verlass mich nicht, Führer mein Führer, mein Glaube mein Licht! Heil, mein Führer!«[6]

Das Gebet hat mich aufhorchen lassen. Wenn Gebet Antwort auf die rettende Tat Gottes ist, dann wird in diesem Gebet deutlich, dass der Nationalsozialismus mehr als eine politische Theorie ist. Der Führer wird zum Glaube und Licht der Menschen, die ihn anbeten. Der Nationalsozialismus wird hier zum Glauben, als die alles bestimmende Wirklichkeit, auf die immer Verlass ist – und insofern wird das Gebet im Nationalsozialismus zum symbolischen Brot für die Menschen.

Dies ist eine Form von Theologie.[7] Theologie beschäftigt sich in der Frage nach Gott, wie das Ganze der Wirklichkeit zu verstehen ist.

Wird der Zusammenhang von Ganzem und Einzelnen in der Theologie besprochen, dann kann das einzelne Subjekt seinen Platz im Ganzen der Welt und des Kosmos finden und einnehmen.
Was ist nun aber der Kern der »Theologie des Nationalsozialismus«? Der Nationalsozialismus präsentiert sich als eine Form der unbedingten Selbstbestimmung einer Nation und einer Rasse. Unbedingt meint, dass er Rasse und Nation verabsolutiert und die Freiheit dieser Rasse und Nation unmittelbar durchsetzt im Gegensatz zu anderen »Rassen«. Dabei wird das jüdische Volk zum absoluten Gegenprinzip der Rasse erklärt. Das heißt, es kann den »einen oder anderen guten Juden geben«[8], aber aus prinzipiellen Gründen ist dieses Volk das auf den Kampf um Lebensraum basierenden Nationalsozialismus entgegengesetzt. Das Judentum hat als Volk keinen Lebensraum und versucht deshalb, so in der Ideologie des Nationalsozialismus, auf Internationalismus, Pazifismus und Demokratie zu setzen und bastardisiert insofern die Völker, die Lebensraum suchen, indem es sich mit diesen vermischt und durchrasst.
Für mich ist hier der Begriff der Selbstbestimmung, wie er im Nationalsozialismus gefasst wird, entscheidend. Durch diesen Begriff lässt sich die Verbindung ins Heute herstellen und gleichzeitig deutlich machen, wie das christliche Gottesverständnis Selbstbestimmung versteht und welche Bedeutung es für die Weltdeutung gewinnt.
Wird die Selbstbestimmung z. B. einer Nation oder Rasse, als unbedingt betrachtet, dann steht dieses Konstrukt nicht mehr in einer Relation, Beziehung zu anderen. Es versteht sich als lebensfähig nur dann, wenn es andere zu seiner Selbstbestimmung nicht braucht. Insofern verabsolutiert sich diese Selbstbestimmung und kann andere nur in der Unterwerfung unter sich verstehen.
In der Sprache des Nationalsozialismus heißt dies: »Der Stärkere hat zu herrschen und sich nicht mit dem Schwächeren zu verschmelzen ...«[9] Und: « ... Sieg des Stärkeren und die Vernichtung des Schwachen oder seine bedingungslose Unterwerfung.«[10] Der Starke, die starke Rasse gewinnt, wenn sie nicht verweichlicht sich dem Kampf stellt. Der Versuch, das Absolute im Nationalsozialismus zu denken beschränkt sich auf die unbedingte Durchsetzung des für Absolut erklärten. Der Nationalsozialismus versucht diese Form von absoluter Wahrheit nicht nur im Denken zu behaupten, sondern dies wird auch in die politische Praxis umgesetzt. Dabei ist die Theorie leitend und kann durch die Praxis nicht verändert werden. D. h., auch wenn man das Leid der Menschen sieht, das dieses Denken hervorruft, dann ist die Wirklichkeit an der Theorie zu messen und die Theorie kann keine Änderung dulden. Kommt die Wirk-

lichkeit der Theorie nicht nach, dann ist dies ›um so schlimmer für die Wirklichkeit‹. So wird im Nationalsozialismus ideologisch (theologisch) verbrämt die schlimmsten Gräuel und der Krieg gegen Millionen von Menschen gerechtfertigt.
Der Gedanke, dass der Sieg des Starken nur unter Vernichtung des Schwachen geschehen kann, hat seinen Hintergrund in der Form des Denkens, dass der »Herr« immer über dem »Knecht« steht[11]. Dabei wird vergessen, dass der Herr sein Herrsein nur aus der Negation des Knechts bezieht und damit nur in Abhängigkeit vom Knecht existieren kann. Insofern ist eine echte Selbstbestimmung des Herrn nicht möglich ohne den Knecht. In erkenntnistheoretischer Sicht ist der Gedanke der Selbstbestimmung nicht wahrheitsgemäß durchgeführt, wenn er unbedingt gedacht wird. Deshalb ist es notwendig, den Gedanken der Selbstbestimmung zu erweitern und von der unbedingten Selbstbestimmung zu befreien. Wird der Gedanke nur unbedingt gedacht und dann in Politik umgesetzt, so wirkt er immer wirklichkeitsverzerrend.
In der christlichen Theologie liegt ein anderes Verständnis von der Selbstbestimmung des Absoluten vor. Schon im AT wird der unbedingten Selbstbestimmung eines Volkes Einhalt geboten. Ägypten verstand sich, im Gegensatz zu anderen Völkern, als das Volk, das die eigentlichen Menschen darstellt (der Vergleich mit dem Nationalsozialismus liegt auf der Hand). Kritik an dieser Darstellung der bedingungslosen Selbstbestimmung wird durch die Schriften des Exodus geübt. In Exodus 3,7 heißt es, dass Gott das Klagen seines Volkes gehört hat und sich seiner erbarmt. Gott ist nicht im absoluten Gegenüber zu den Israeliten, sondern er fühlt sich in die Situation der Israeliten ein und nimmt Partei für das Schwache. Schon hier wird Kritik an einer Gottes- und Machtvorstellung geliefert, die auf die bedingungslose Selbstbestimmung, wie z. B. bei den Ägyptern zielt. Im Folgenden des Exodusbuches wird an der Vorstellung Gottes deutlich, dass auch Gott seine Allmächtigkeit nicht in dem Sinne benutzt, dass er sie bedingungslos durchsetzt. Der Gottesgedanke, wie er dort vorgetragen wird, ist immer in Beziehung, in Relation zu den Menschen. Die Allmächtigkeit Gottes wird nicht unbedingt durchgesetzt, sondern immer in Auseinandersetzung mit den Menschen, so z. B., wenn Gott sein Vorhaben, das Volk aus Ägypten zu befreien, nicht unmittelbar durchführt, sondern dazu Mose beauftragt. Es soll noch angefügt werden, dass die erschlagenen Ägypter nicht Werk eines allmächtigen Gottes waren, sondern Opfer ihrer eigenen Ideologie!
Noch deutlicher wird der christliche Gottesgedanke im Philipperbrief zur Darstellung gebracht. In Phil 2,6–7 heißt es: ... Gott gleich,

hielt aber nicht daran fest, wie Gott zu sein, sondern entäußerte sich«. Gott setzt seine alles bestimmende Wirklichkeit nicht unmittelbar unbedingt durch. Dies würde nämlich bedeuten, dass die Menschen vor diesem Gott alle nichtig und unwürdig wären, denn wer könnte vor ihm bestehen? Dadurch, dass Gott sich in Jesus Christus entäußerte, wird der Gottesgedanke der unmittelbaren unbedingten Selbstbestimmung Gottes kritisiert, und ein neues Denken angeboten, das die Relation von Gott und Mensch bedenkt und in dieser Relation für Gott und Mensch, in seiner jeweiligen Andersheit, Platz und Raum hat, so dass jeder für sich mit dem anderen bestehen kann und (Selbst-) Wert gewinnt.

Und in einem dritten Beispiel soll deutlich gemacht werden, wie der Gedanke der Selbstbestimmung (auch der absoluten Selbstbestimmung Gottes) anders gedacht werden kann. In der Zeit als Hitler »Mein Kampf« schrieb und die Politik dazu in Gang setzte, um die Selbstbestimmung des Nationalsozialismus unmittelbar, d. h. gewaltsam durchzusetzen, entwickelte die jüdisch christliche Philosophin Edith Stein ein Denken, das darauf abzielt, den Wert der eigenen und der anderen Person in Beziehung zueinander zu entwickeln und zu denken. Sie sagt, die menschlich rationale Erkenntnis richtet sich nur auf ein Objekt, aber die einfühlende Erkenntnis bedenkt die Erkenntnis und das erkennende Subjekt mit. Die Konstitution des Ichs – die Selbstbestimmung – geschieht deshalb nicht durch das Ich allein, unter Absehung des Anderen, also unbedingt, sondern durch die Relation von Ich und Objekt. In der Relation nimmt das Ich sich als gegeben wahr und kann darüber auch den Wert des Anderen (Objekts) und des Selbstwerts gewahr werden.[12] Selbstbestimmung konstituiert sich nicht unbedingt, sondern erst in einfühlender Beziehung zu anderen, also relational.

Die Auseinandersetzung mit der Erkenntnis als einfühlende Erkenntnis und der Suche Edith Steins nach Wahrheit führt sie später als Christin zur Auseinandersetzung mit dem Gottesgedanken in ihrem Werk Kreuzeswissenschaft. Gottes Abwesenheit oder seine Gegenwart wird im Herzen gespürt und dort erkannt. Die einfühlende Erkenntnis ist notwendig, um die alles bestimmende Wirklichkeit, Gott, in Erfahrung zu bringen. Insofern lässt Gott sich erkennen. Er setzt seine Wirklichkeit nicht unmittelbar und unbedingt durch, sondern wird präsent in der gedachten und leib-körperlich gefühlten Erkenntnis der immer schon vorhandenen Relation von Gott und Mensch, die in sich die Unterschiedenheit mit denkt.

Edith Stein musste das depravierte theologische Denken des Nationalsozialismus in der ganzen Härte am eigenen Leib erfahren. Sie

wurde in der Konsequenz dieses Denkens in Auschwitz ermordet und mit ihr viele Millionen anderer Menschen.
Der Nationalsozialismus ist eine Form von »Theologie«, der seine Gedanken und Vorstellungen verabsolutiert und politisch bis zum Scheitern durchsetzte. Dies herauszustellen und denkerisch im Religionsunterricht zeigen zu können, das mit dieser Art des Denkens der Gedanke der Selbstbestimmung und der, der Absolutheit Gottes (oder eines für absolut gehaltenen Gedankens), noch nicht durchdacht ist, ist meines Erachtens notwendig, damit der Nationalsozialismus in seiner vollen Brutalität dargestellt werden kann. Es geht im Religionsunterricht nämlich nicht nur um geschichtliches Wissen, um Taten, Fakten und Zusammenhänge, es geht vielmehr im Religionsunterricht immer auch um das Ganze der Wirklichkeit, um den Gottesgedanken. Deshalb ist es notwendig, den Nationalsozialismus theologisch zu denken.

4. Die »eiserne Ration«

Das kindliche Erleben, wie unter Kapitel eins skizziert, machte auf Zusammenhänge aufmerksam, die als Kind nur gespürt, aber noch nicht gedacht werden können und konnten. Im Religionsunterricht damals wurde deutlich, wenn auch nicht reflektiert, dass Religion mit dem Ganzen des Lebens zusammenhängt. Auch wenn in der Situation vielleicht das pädagogische Geschick des Pfarrers gefehlt hat, so wurde dennoch ein Bereich der Seele aktiviert, der nach dem Verstehen des Ganzen suchte.
Es mag an der Zeit und dem Unvermögen der Generation gelegen haben, dass der Nationalsozialismus ein Thema mit vielen Fragezeichen und Tabus für uns Nachgeborene gewesen ist und noch manchmal ist. Die Kindheitserinnerung ist für mich Herausforderung, die Zusammenhänge als Theologe zu begreifen zu versuchen. Für mich sind drei Dinge wichtig weiterzugeben:

- Wird im Religionsunterricht ein geschichtliches Thema angegangen, dann steht immer das Ganze der Theologie und des Glaubens mit auf dem Themenplan. Geschichtliche Fakten und Zusammenhänge sind unverzichtbar zu wissen, sie brauchen im Religionsunterricht aber immer die Beziehung zum Gottesgedanken, als dem Ganzen des Glaubens, das ist meines Erachtens das Unterscheidende zum Geschichtsunterricht.
  Der Gottesgedanke ermöglicht es auch, dass die Vergangenheit in der Gegenwart wieder erscheint. Die Gedanken, Ideen und Prinzipien, die eine Epoche der Geschichte leiteten, sind immer in der

Gegenwart in anderen Konstellationen und Zusammenhängen wieder aufzufinden. Denn jede Zeit sucht das Ganze der Wirklichkeit zu verstehen und in ihren Gedanken zur Darstellung zu bringen. Die ganze Wirklichkeit kann aber nur adäquat gedacht werden, wenn der Gottesgedanke, als die alles bestimmende Wirklichkeit, mit gedacht wird.

- Es genügt meines Erachtens nicht, Gott nur in bestimmten Kategorien zu denken, z. B. als Vater oder guten Hirten. Diese analoge Betrachtungsweise Gottes stellt zwar emotionale und einfühlende Gehalte dar, zeigt aber noch nicht die alles bestimmende Wirklichkeit Gottes auf und kann sehr schnell banal wirken. Wird Gott nur emotional dargestellt, dann bleibt die Frage nach der Relevanz Gottes für das Ganze der Wirklichkeit übrig. Was hat Gott mit z. B. Geld oder mit Gewalt zu tun?

Beim Thema Nationalsozialismus in der Schule muss deshalb die Frage nach der Vergangenheit als Mahnung durch die Frage nach Gottes Wirken in der Welt ergänzt und erweitert werden. Dabei ist es notwendig den Gottesgedanken zu explizieren. Der Gedanke einer alles bestimmenden Wirklichkeit wird aber nicht nur von Kirchen und religiösen Gruppen gedacht, sondern wurde auch von den Nationalsozialisten verwendet. Rasse, Volk, Lebensraum, Führer wurden Kategorien, mit deren Hilfe der Nationalsozialismus als alles bestimmende Wirklichkeit dargestellt werden sollte. Der Nationalsozialismus stellte seinen »Glauben« so vor, dass er sich unbedingt selbst behaupten musste. Dies geschah praktisch durch unmittelbare Gewalt an den Juden und unter anderem an den Bürgern, die diese Ideologie nicht teilten. Sich die alles bestimmende Wirklichkeit vorzustellen, als würde sie unbedingt und unmittelbar in diese Welt eingreifen, ist von der christlichen Gottesvorstellung her zu kritisieren und als eine gewalttätig scheiternde Form des Gottesgedankens zurückzuweisen. Solches Denken von Gott ist allerdings nicht nur in der Zeit des Nationalsozialismus zu finden. In den Vorstellungen verschiedener Parteien im Bürgerkrieg Jugoslawiens konnte, kann man diesen Gottesgedanken mit der gleichen Grausamkeit entdecken wie in den Vorstellungen verschiedener Sekten. Aber auch im neofaschistischen Gedankengut werden Begriffe inhaltlich so aufgeladen, dass als Konsequenz unbedingten Selbstbehauptung die Gewalt gegen Andersdenkende oder Andersseiende zum Ausbruch kommt und ideologisch legitimiert wird.

Insofern ist der Gottesgedanke im Hintergrund der Geschichte ein die Vergangenheit mit der Gegenwart verbindender Gedanke und sollte im Religionsunterricht in solchen Zusammenhängen zur Darstellung kommen. So wird es möglich aufzuzeigen, dass das Denken dieser Gruppen keinen Bestand vor der Wahrheit hat. Zeigt man dies als Christ auf, dann lebt man, wie Edith Stein und andere es bezeugen, als Christ gefährlich.

- In einem weiteren Schritt ist zu bedenken, dass natürlich im sozialen Zusammenleben einer Klasse die Thematik der Selbstbehauptung immer virulent ist. Wird der Gottesgedanke wie oben rudimentär skizziert vorgestellt, dann ist damit auch eine Kritik an Verhaltensformen und Umgangsweisen in der Klasse vorhanden. Der christliche Gottesgedanke, der nicht darauf abzielt, sich unbedingt und unmittelbar durchzusetzen, sondern allen Raum und Platz bietet, ja erst das eigene Ich in Auseinandersetzung mit Andern konstituiert (vgl. die Gedanken zu Edith Stein), begründet eine grundsätzlich andere Haltung im Umgang miteinander. Ähnlich wie im Buch Exodus geschildert, als das israelitische Volk am Horeb stand und durch den neuen Gottesgedanken eine neue Sozialität aufbauen konnte, die sich nicht mehr auf die unmittelbare Durchsetzung des eigenen Denkens und Standpunktes fixierte, sondern jedem sein Recht und seinen Lebensraum zusicherte, kann sich in der Auseinandersetzung mit dem Gottesgedanken diese Situation heute wiederholen. Insofern führt Gott sein Volk auch heute, wie immer wieder im Alten Testament geschildert, in die Wüste an den Gottesberg.
Das bedeutet für die Spiritualität des Religionslehrers eine deutliche Herausforderung. Selbstbehauptung des Religionslehrers kann dann meines Erachtens nicht in unmittelbarer und unbedingter Form geschehen. Sie hat sich am Gottesgedanken auszurichten. Und das bedeutet, dass er sich mit den Ohnmachterfahrungen[13] seines Berufes in der heutigen Zeit auseinandersetzen muss. Diese Erfahrungen der Ohnmacht auszuhalten und zu verarbeiten, z. B. Gott nicht greifbar und schnell plausibel darstellen zu können wie eine mathematische Formel, sondern immer im Geheimnis, sind notwendig, um Gott plausibel zu bezeugen. Das heißt nun nicht, dass jeder seinen Lebensweg zerknirscht und gedemütigt gehen muss, sondern es heißt der Versuchung zu widerstehen, Gottes Wirken handbar und unmittelbar bedingungslos in der Welt durchzusetzen.
In einem weiteren Schritt kann man die Überlegungen dahingehend weiterführen, dass in der Klasse das Zusammenleben erst dann sinnvoll geschehen kann, wenn jedem das gleiche Recht und die gleiche Würde im Zusammenleben zukommt. Dieser Gedanke, der von allen wahrscheinlich schnell zustimmend geteilt wird, ist aber immer in Gefahr, unterlaufen zu werden. Es ist und bleibt

verführerisch, die eigene Macht und Interessen so durchzusetzen, wie man sie gerne selbst hätte. Man meint nur so einen Selbststand finden zu können. Es ist deshalb notwendig immer wieder zu zeigen, dass erst in der Auseinandersetzung mit Anderen der wahre Selbststand gefunden werden kann. Der Mensch lebt nicht aus sich selbst heraus, sondern aus jedem Wort, das er mit anderen und mit Gott teilt. Soziale Trainings, wie zum Beispiel Streitschlichterprogramme können diese Haltung befördern. Aber es ist im Hintergrund unerlässlich, sich der spirituellen und religiösen Bedeutung dieser Trainings bewusst zu werden, sonst werden sie modisches Gespiele, welches man absolviert, um up to date zu sein. Werden solche Programme im Religionsunterricht aus dieser oben beschriebenen Haltung durchgeführt, dann bezeugen sie die alles bestimmende Wirklichkeit Gottes in dieser Welt.

5. Das Ganze im Symbol

An der Zwiebel faszinieren mich zwei Dinge: Zum einen, dass sie keinen Kern enthält, und zum anderen, dass sie, wenn man sie gebraucht und deshalb schält und zerschneidet, zum Weinen anregt.
Diese zwei Eigenschaften der Zwiebel werden für mich zum Symbol für den Religionsunterricht.
Die Zwiebel besteht aus vielen Schalen und Blättern. Das Wesentliche der Zwiebel findet man nicht in ihrem Kern, sondern in den Schalen und Blättern, die eine Knolle ergeben. Schält man eine Zwiebel, dann kann man die einzelnen Hüllen der Reihe nach entfernen. Das ist so wie im Unterricht. Man fängt bei einem Thema an und erklärt Fakten und Daten. Geht man dann eine Schicht tiefer, erkennt man die Zusammenhänge zwischen diesen Daten und Fakten. So zum Beispiel bei dem Thema des Nationalsozialismus. Personen und Ideologien werden vorgestellt und der geschichtliche Rahmen der damaligen Zeit. Dann wird die nächste Haut gelüftet. Wie sich die Kirchen zum Nationalsozialismus verhalten haben, welche Bedeutung dabei das Reichskonkordat hatte usw. Danach werden vielleicht einzelne Bereiche besprochen, die besonderer Beachtung bedürfen, und als nächste Schale dargestellt. Die Tötung »lebensunwerten« Lebens und die Judenverfolgung. Sicherlich wird man den Widerstand gegen den Nationalsozialismus thematisieren. Für mich bleibt dann die Frage, was ist der religiöse Kern dieser Arbeit? Natürlich ist im geschichtlichen Wissen ein Gewinn zu finden. An dieser Stelle wird nun die volle Bedeutung des Symbols der Zwiebel sichtbar. Es geht nicht darum, den Kern, die Quintessenz

zu begreifen, es geht vielmehr darum zu begreifen, wie zum einen der ideologische Gedanke des Nationalsozialismus alle Lebensbereiche durchzieht und wie zum anderen der christliche Gottesgedanke diese Form des Denkens kritisiert. Gott ist nicht am Ende oder am Anfang zu finden, sondern er findet sich in allen Themen und Auseinandersetzungen wieder. Und es bedarf deshalb nicht eines moralischen Appells an die Schüler, sondern in der Darstellung des Gedankens wird eine andere Sozialität durch den christlichen Gottesgedanken begründet, den es nur noch zu entfalten gilt.
Schneidet man eine Zwiebel klein, dann entfalten sich Reizstoffe, die zum Weinen führen. Für mich ein weiteres Symbol des Gottesgedankens. Gott ist nicht vorzeigbar und planbar in diese Welt einzubringen. Wir haben keine Macht über ihn und sind deshalb, wenn wir spirituell denken, machtlos. Das Weinen über diesen Verlust ist ein heilsames Weinen, denn es reinigt uns von den Vorstellungen einer triumphalen Gottesbeziehung, die auf Macht und Prestige ausgelegt ist. Die nicht Planbarkeit des Wirkens Gottes in der Welt hält aber die Überraschung bereit, ihn selbst dort zu finden, wo wir ihn nicht unbedingt vermutet haben.
Dies führt zum letzten Bereich der Ausdeutung des Symbols. Die Zwiebel entfaltet ihre Wirksamkeit dann, wenn sie gut dosiert ins Essen eingebracht oder als Heilmittel verwendet wird. Sie gibt dem Essen die Würze und fördert die Genesung. Genauso stelle ich mir die Wirkung einer Glaubensgemeinschaft vor, die versucht, dem Leben zu dienen und nicht die Macht zu suchen, die versucht, den Gedanken an Gott durch alle Schalen ihrer Existenz scheinen zu lassen und so ihr Leben zu leben und nicht aus dem angeblichen Kern einer Allmacht.

Anmerkungen

1 A. Bucher, Religionsunterricht zwischen Lernfach und Lebenshilfe. Eine empirische Untersuchung zum katholischen Religionsunterricht in der Bundesrepublik Deutschland, Stuttgart 2000.

2 G. Hilger, S. Leimgruber, H.-G. Ziebertz (Hgg.), Religionsdidaktik. Ein Leitfaden für Studium, Ausbildung und Beruf, München 2001.

3 H. Halbfas, Religionsunterricht in Sekundarschulen. Lehrerhandbuch 8, Düsseldorf 1995, 25–55.

4 H. Wiedmeyer, Vergangenheit als Mahnung – Kirche im Dritten Reich, Fachlehrplan 9.6. Materialien für den Religionsunterricht an Gymnasien. Hg. vom Kath. Schulkommissariat in Bayern, München 1992.

5 J. Schlösser, Im Grunde konnte man das nicht verkraften. Wie katholische Feldgeistliche den Zweiten Weltkrieg erlebten, in: H. Wiedmeyer, Vergangenheit als Mahnung, 73–76.

[6] Wiedmeyer, a.a.O., 27.

[7] Grundlage der folgenden Gedanken ist der Artikel von F. Wagner: Politische Theorie des Nationalsozialismus als politische Theologie, in: ders., Was ist Theologie, Gütersloh 1989, 73–86.

[8] So Goebbels in einer Ansprache.

[9] A. Hitler, Mein Kampf, München 1940, 312.

[10] Ebd., 372.

[11] Vgl.: G. W. F. Hegel, Phänomenologie des Geistes, Bd. 3, Frankfurt/M. 1976, 145–155.

[12] M. Hackermeier, Einblick in Edith Steins Dissertation und Ausblick auf ihre christliche Dimension. Typoskript zu einem Wettbewerb, 1986. Vgl. E. Stein, Zum Problem der Einfühlung. Reprint der Originalausgabe von 1917, München 1980. Hier z. B. »Es wäre denkbar, dass ein nur in theoretischen Akten lebendes Subjekt eine Objektwelt sich gegenüber hätte, ohne jemals sein Selbst und seines Bewusstseins inne zu werden, ohne für sich ›da zu sein‹. Sobald dieses Subjekt aber nicht nur wahrnimmt, denkt u. dgl., sondern auch fühlt, ist das nicht mehr möglich. Denn im Fühlen erlebt es nicht nur Objekte, sondern sich selbst, es erlebt Gefühle als aus der ›Tiefe seines Ich‹ kommend.« 109 f.

[13] Vgl. hierzu: H.-J. Sander, nicht ausweichen. Die prekäre Lage der Kirche, Würzburg 2002. Sander analysiert das Verhältnis von Religionsgemeinschaft und Pastoralgemeinschaft auf dem Hintergrund von Macht- und Ohnmachtverhältnissen.

Wolfgang Riess

... zwischen Sturm und Säuseln

1. Im Archiv des Gedächtnisses

ABC-Schützen 1945 in Hamburg-Hamm (Foto: Erich Andres)

Das Bild ist kein persönliches Foto, aber so hat er ausgesehen, mein Weg zur Schule in der Innenstadt von Hamburg, ab 1946, in der Nähe der Großen Michaeliskirche, wenige Schritte vom Hafen entfernt. Der Hintergrund des Bildes ist keine Filmkulisse. Zerstörte Häuser wohin man blickt, kaum vorstellbar, wo da überhaupt noch Menschen wohnen konnten. Meine Mutter, mein Bruder und ich hatten irgendwo ein Zimmer gefunden. Ein Waschbecken, ein Herd und eine Toilette wurden von anderen Familien mit genutzt, Wohngemeinschaft sagt man heute.

Leben nach der Katastrophe, nach der Verdunkelung, den Alarmsirenen, den Luftschutzkellern, dem Gebrumm der Bombengeschwader, den Detonationen, den Feuerstürmen, wie geht das? Wie lebt man angesichts der zerstörten eigenen Wohnung und mit der Nachricht vom gefallenen Vater?

Das Bild gibt – was die Kinder betrifft – dazu eine überraschende Antwort: Die Kinder gehen äußerlich unbeschwert, ja fröhlich und mit Energie ihren Weg. Die Straße ist leer geräumt, die Trümmer scheinen nur darauf zu warten, dass man mit ihnen etwas anfängt. Und so war es auch. Mit Trümmersteinen haben wir Fußballplätze und Tore markiert. In den zerstörten Häusern haben wir nach Eisen, Kupfer, Messing und Blei gesucht und sie beim Altwarenhändler verkauft. Gehungert haben wir nicht, weil meine Mutter in einer Krankenhausküche Arbeit gefunden hatte. Die erste Apfelsine, das erste Eis, die erste Banane, das erste Brathähnchen – irgendwann im Alter zwischen 7 und 15 Jahren –, das waren bleibende Erinnerungen.

Im sozialistischen und protestantischen Hamburg gab es damals erstaunlicherweise eine Reihe von katholischen Volksschulen unter der Leitung von Schulbrüdern oder Armen Schulschwestern. Schulen waren damals für die Schüler lebenswichtige Orte, man bekam etwas zu essen, »Schulspeisung« und Care-Pakete aus England. Was die pädagogischen Konzepte betrifft, so blieben allerdings in den ersten Jahren nach 1945 bestimmte Prinzipien, die »in der Zeit davor« eingeübt worden waren, weiter auf der Tagesordnung. Körperliche Strafen waren normal. Jüngere Schüler hatten Angst vor den älteren Mitschülern, die von einer Erziehung geprägt waren, in der der Krieg zum Alltag gehörte.

Die Ordensschwester, die ich sechs Jahre als Klassenlehrerin erlebt habe, war streng, aber konsequent und gerecht. Der Religionsunterricht war zweigeteilt: biblische Geschichte bei der Schwester, Katechismusunterricht beim Pfarrer. Der Unterricht des Pfarrers hob sich durch seine freundliche Persönlichkeit vorteilhaft vom Unterricht der Klassenlehrerin ab. Trotzdem blieb er abstrakt, lehrhaft und mechanisch. Auf die Idee, die Unterrichtsstoffe zu tauschen, was den Lehrerpersönlichkeiten mehr entsprochen hätte, kam leider niemand. Lebendig war die Sache mit Gott an ganz anderer Stelle. Handlungsorientierten, ganzheitlichen Religionsunterricht – den bot der Ministrantendienst in der Pfarrgemeinde. In der – für die Erwachsenen – elenden und tristen Nachkriegszeit war die Pfarrgemeinde ein, wenn nicht der »Leben stiftende« Ort. Hier kamen die »unvollständigen Familien« und Schlüsselkinder – in damaliger Zeit eher die normale Schülersituation – zusammen. Nach den Gottesdiensten in einem Keller blieb man lange zusammen und tauschte lebens-

wichtige Nachrichten aus: Wo gibt es gerade Kartoffeln? Wer tauscht für Zigaretten-Lebensmittelmarken gegen Zuckermarken? Eingehüllt war dieser Überlebenskampf – in einem durchaus wörtlichen Sinn – von der tridentinischen Liturgie. Gottesdienste in unverständlicher, mystisch klingender Sprache, aber mit Weihrauch und ausgesetztem »Allerheiligsten« – das waren die Höhepunkte, die dem Leben Tiefe und Sinn vermittelten. Unverständliche Rituale punktgenau ausführen, lateinische Gebete einigermaßen stimmig auswendig aufsagen können, das waren für mich neben Latein, Griechisch und Mathematik wirkliche Herausforderungen der Schulzeit.
Wichtig, weil langsam auch kognitiv interessant, wurde der Religionsunterricht im Gymnasium. Das von Jesuiten geleitete Gymnasium leistete damals auf schulischer Ebene das, was eigentlich angesagt war: die Aufarbeitung der »Zeit davor«. Der Aufbau des nationalsozialistischen Herrschaftsapparats, Hitlers Verbrechen (»Nacht und Nebel«) und die von ihm unterdrückte Kultur (Expressionismus, Jazz, jüdische Autoren usw.), das waren wirklich Themen in der Schule. Den Lehrern dieser Zeit (1953 – 1960) der St. Ansgar-Schule in Hamburg sei gedankt.
Langsam wurde mir klar, dass Religionsunterricht auch etwas mit Fragen, Nachdenken, Argumentieren, Philosophieren, ja sogar mit Zweifeln zu tun hat und nicht nur mit biblischen Geschichten und auswendig gelernten Katechismussätzen.
Und auch dieser Religionsunterricht hatte sozusagen ein zweites Bein: eine Jugendgruppe mit wöchentlichen Diskussionsrunden, regelmäßigen Fahrradtouren und Zeltlagern in den großen Ferien am Gardasee. Wir wählten einen Leiter aus unserer Mitte und entwickelten unser Programm selbständig, erste Schülerschritte zur Erprobung der Demokratie.
Was bleibt von dieser Zeit mehr als persönliche Erinnerungen? Im Augenblick wird mir besonders bewusst, wie »spannungsreich« ich den Religionsunterricht selbst, aber auch das Umfeld, in das er eingebettet war, erlebt habe. »Spannungsreich« verstehe ich dabei sowohl im Sinn von Lebendigkeit, Dynamik und Energie, als auch im Sinn von Kontrast, Dialektik, Konflikt bis hin zu Widerspruch und Streit. Von Spannungen, die Religionslehrer und des Religionsunterricht aushalten müssen, sind auch die folgenden Abschnitte geprägt.

2. *Die Hinwendung zu den Lebenden*

Den Glaubenshorizont der Schülerinnen und Schüler wahrzunehmen – welchem Religionslehrer wäre das nicht ein wichtiges Anliegen? Das Bewusstsein für die Individualität jedes Schülers, wem

wäre das theoretisch ein Problem? Die Lernlandschaften der Schüler sind in aller Munde.
Deshalb gilt es hier behutsam und vorsichtig zu sein. Auch der curriculare Ansatz im Religionsunterricht in der Zeit nach 1970 hatte die Absicht, von der Analyse der Schülersituation als Ausgangslage des Religionsunterrichts auszugehen. Heraus kamen ausufernde Lernzielkataloge. Der Blick auf die konkreten Schülerinnen und Schüler einer Schulklasse ging dabei praktisch verloren.
Als ernst gemeinte Forderung, die Schüler mit ihrem Glaubenshorizont wahrzunehmen, ist dieser Anspruch anthropologisch und theologisch natürlich uneinlösbar. Kein Lehrer kann allen Schülern einer Klasse im tiefsten Sinne wirklich gerecht werden. Darin liegt ein Stück Tragik des Lehrerberufs. Im theologischen Sinn dürfen sich Lehrer im Hinblick auf die Glaubensdimension ihrer Schüler aber eher entlastet fühlen. Wie Menschen in ihrer Tiefe Gott begegnen und wie sie diese Erfahrung erleben und verarbeiten, das bleibt ihr Geheimnis.
Es gibt aber offensichtlich sehr unterschiedliche Grundeinstellungen bei der Wahrnehmung heutiger Schülerinnen und Schüler. Da ist einmal eine »Defizit-orientierte« Sicht, die vor allem wahrnimmt, was Schüler heute alles nicht wissen. Und dann gibt es eine Sicht, die die offene Fragehaltung und das kaum begrenzbare Interesse der Schülerinnen und Schüler wahrnimmt, diese Fragen hervorlockt und zum Thema des Unterrichts macht. Die Frageliste einer 4. Klasse (»Was ich schon immer mal fragen wollte«) und die Karikatur sollen diese beiden Grundhaltungen spannungsreich verdeutlichen.

Lauter Fragen

Ist Gott in die Schule gegangen?
Wie lange lebt Gott?
Ist Gott nur bei kranken und armen Menschen?
Wer ist der klügste Mensch der Welt?
Warum sterben Menschen?
Warum wird man krank?
Warum gibt es Krieg?
Warum gibt es die Schule?
Wer hat Kokain (Drogen) erfunden?
Wer hat Doping erfunden?
Warum erzählen die Nachrichtensprecher immer nur, wie schrecklich etwas ist?
Wie entstanden die Länder und Städte?
Wenn man stirbt, ist man dann im Himmel?
Wieso können wir nicht fliegen?
Wie alt kann man höchstens werden?
Gibt es den Teufel wirklich?
Was ist eine Milchstraße?
Wie bekommt man Kinder?
Ist der Weihnachtsmann echt?
Wie stirbt man?
Warum bin ich manchmal blöde?
Warum heiße ich Maria?
Wie sind die Menschen auf die Welt gekommen?
Wer waren meine Vorfahren?
Gibt es den Jeti wirklich?
Gibt es das Monster von Loch Ness?
Wie entsteht ein Traum?
Gibt es Geister?
Kommt Jesus wieder zurück?

Gibt es noch Kannibalen?
War Gott mal ein Kind?
Wie sah ich aus als ich ein Baby war?
Wie viele Sterne gibt es?
Gibt es den Himmel?
Kann man sich »Mose« nennen?
Warum kann nur Gott schweben?
Kann Gott auch mal sterben?
Wird man ein Tier, wenn man tot ist?
Gibt es noch unentdeckte Tiere?
Gibt es wirklich Aliens?
Wann kommt endlich die neue Folge von Pokémon?
Was bekomme ich zu Weihnachten?
Wie groß war ich, als ich 2 Jahre alt war?
Wie entstand der erste Mensch?
Wie entstand die Erde?
Wie lange lebten die Dinosaurier?
Wie wird das Licht hergestellt?
Wer waren meine Vorfahren?
Wie groß ist der Himmel?
Gibt es mehr als 7 Planeten?
Wie alt ist die »Alte Bibel«?
Gibt es einen Menschen, der alles weiß?
Wie alt kann ein Mensch werden?
Wie groß ist der größte Wolkenkratzer?
Gibt es noch unentdeckte Inseln?
Hat Gott wirklich die Welt erschaffen?
Warum besteht die Erde aus Atomen?
Wie entwickelten sich die ersten Menschen?
Wie war es früher?
Wie entwickelten sich die Pflanzen?
Warum gibt es zwei Geschlechter?
Wie sind die ganzen Planeten entstanden?
Wie entstehen Krankheiten?
Warum gibt es die Menschen?
Wieso sind die Dinosaurier ausgestorben?
Wieso spricht man in jedem Land eine andere Sprache?
Wieso gibt es Jungen und Mädchen?
Warum gibt es die Schule?
Wie ist Gott entstanden?
Gibt es Eltern von Gott?
Wie sind die Menschen entstanden?
Warum hatte ich eine verschobene Hüfte?
Wie viele Sterne gibt es?
Warum lag ich verkehrt herum im Bauch?
Was will ich einmal werden?
Wie viele Menschen gibt es?
Gibt es Menschen, die Engel sehen?
Wird die Erde einmal explodieren?
Warum bin ich geboren?
Werde ich die 4. Klasse schaffen?
Wie entsteht eine Bazille?
Wie tief ist das tiefste Meer?
Wie klein ist die kleinste Frau oder der kleinste Mann?
Wie alt wurde Cäsar?
Wie dick ist der dickste Mann oder die dickste Frau?
Wie hoch ist der höchste Baum?
Wie hoch ist das höchste Haus?
Wie lang ist die Entfernung der Erde bis zum Himmel?
Wer ist der schnellste Mensch der Welt?
Wie dünn ist der dünnste Mensch der Welt?
Was habe ich mit zwei Jahren gemacht?

Wie aber geht das, die Hinwendung zu den Lebenden? Als erste Hinweise, wie die Aufmerksamkeit eines Lehrers sich lenken lassen kann, seien einige Fragen zur Wahrnehmung und einige Entwicklungsbedürfnisse von Kindern (und Jugendlichen) aufgeführt, die mir wichtig erscheinen:

Fragen zur Wahrnehmung eines Kindes:

Wo steht das Kind?
Was beschäftigt es?
Wo ist seine Energie?
Seine Phantasie?
Wohin möchte es?
Wo liegen seine Konflikte, Spannungen, womit kommt es nicht klar?
Wie kann ich ihm helfen, dass es weiterkommt und sich selber helfen kann?

Entwicklungsbedürfnisse von Kindern (und Jugendlichen)

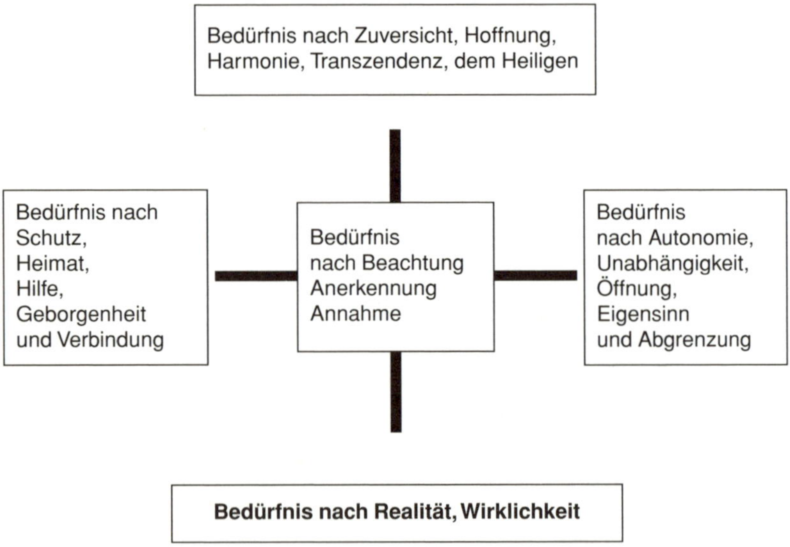

3. Die Auseinandersetzung mit dem Glauben

Unterrichtsvorbereitung ist ein hochkomplexer Vorgang von unterschiedlicher Länge. Praktikanten berichten von Mentoren, die auf dem Weg zwischen Lehrerzimmer und Klassenraum fragen: »Na, was machen wir denn heute?« Andererseits kennen alle Religionslehrer eigene Unterrichtsstunden, über denen sie Tage und Nächte gesessen sind. Wie anspruchsvoll Unterrichtsplanung ist, soll an zwei Spannungsfeldern verdeutlich werden.

- *Lehrplanbezug und persönliche Schwerpunktsetzung*

Einerseits ist Unterrichtsvorbereitung fachgerecht, wenn der Unterrichtende den Lehrplan nicht nur als »Themen- und Lernziellieferant« verwendet, sondern auch den grundlegenden Ansatz, die Leitlinien und vielfältigen Hinweise des Lehrplans für die Planung des eigenen Unterrichts heranzieht. Jede Lernplanebene kann daraufhin befragt werden, welche Hinweise und Hilfe sie zur Unterrichtsplanung beiträgt.

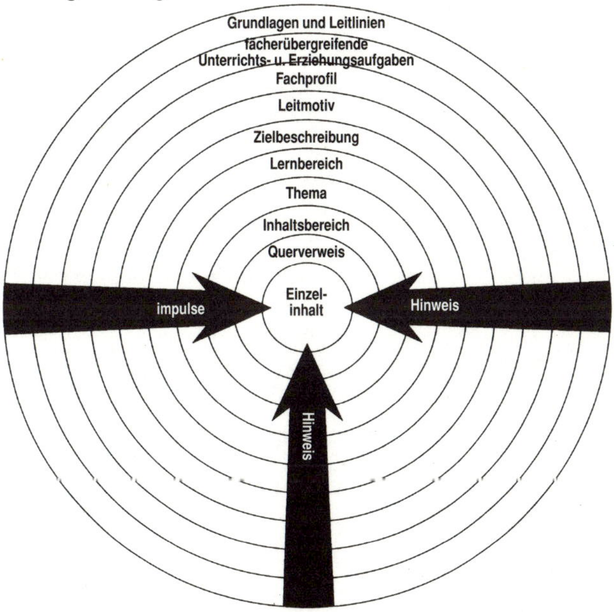

Andererseits sollte der Unterrichtende für jede Unterrichtsstunde einen Punkt benennen können, der ihm persönlich besonders wichtig ist. Dieser Gedanke, diese Erinnerung, diese Erfahrung, diese Einstellung usw. muss dabei nicht direkt zum Thema werden, sondern kann auch nur indirekt und im Hintergrund wirksam sein.

• *Die Bibel als Zentraltext des Religionsunterrichts und der Einsatz anderer Texte*

Einerseits ist und bleibt die Bibel der Zentraltext des Religionsunterrichts. Andererseits sollen neben die biblischen Texte andere Texte treten, die es in sprachlicher Qualität und inhaltlicher Tiefe mit dem Bibeltext aufnehmen können. Hier seien einige Kriterien guter Geschichten genannt.

Was macht eine gute Geschichte zu einer guten Geschichte?

FREIHEIT	Gute Geschichten geben dem Menschen Freiheit, sich selbst zu positionieren und sich selbst zu definieren.
ANNAHME DER REALITÄT ORIENTIERUNG	Gute Geschichten verurteilen das Reale nicht – sie gehen aus von dem, was ist. Gute Geschichten geben Orientierung: in Beziehungen, zeitlich, räumlich, sachlich.
MODELLE	Gute Geschichten geben Figuren, Situationen, Modelle, wie die Welt und die Menschen und wie ich selber und wie die anderen sein können.
WERT – ANGEBOTE	Gute Geschichten vertreten Werte, mit denen man sich auseinandersetzen kann.
SPRACHE, ENTSCHEIDUNGSSTRUKTUR DER WIRKLICHKEIT	Gute Geschichten machen Probleme bewusst und machen den Menschen so ausdrucksfähig und sprachfähig.
SPIELRAUM	Gute Geschichten schaffen Spielraum – zum Abstand gewinnen, Lachen, Phantasieren, Kreativität entwickeln, Spielen, Experimentieren.
LÖSUNGSMODELLE, ZUKUNFTS-PERSPEKTIVEN	Gute Geschichten enden mit einer Perspektive; bieten Lösungsmöglichkeiten an; ermutigen dazu, Lösungen zu suchen.

Eine heilende Geschichte ...

- *stärkt Menschen*
  - stimuliert die Lebenskraft
  - wird zum Verbündeten
  - schafft Brücken
  - eröffnet Handlungsspielraum
  - zeigt Perspektiven
  - lockert Zwänge

- befreit zum Lachen
- lässt das Gesicht wahren
- schafft Distanz

■ *klärt Sachen*
- benennt die Realität
- deutet befreiend
- bietet Visionen an.

An der unter Abschnitt 4 folgenden Geschichte könnten die Kriterien verifiziert werden.

4. Die »eiserne Ration«

Eine »eiserne Ration«, die mich schon viele Jahre begleitet und bei der ich oft zögere, sie anderen so einfach als Kopie auszuhändigen, ist die folgende Geschichte. Sie ist für mich ein exemplarisches Beispiel für eine »naive« und zugleich sehr tiefe Geschichte. Sie enthält für mich eine Theologie des Religionsunterrichts, vielleicht auch für die Leser.

Größenverhältnisse[1]

Eines Tages hielt mich Annas Religionslehrerin auf der Straße an. Sie bat mich, nein, sie befahl mir, Anna dahin zu bringen, dass sie sich in der Klasse besser benehme. Was hatte sie angestellt? Sie hatte den Unterricht gestört, mit Fragen unterbrochen, sie hatte Widerworte gegeben und drittens und schlimmstens hatte sie »schmutzige Wörter«gebraucht. Ich muss zugeben, dass Anna über ein erstaunliches Vokabular in dieser Richtung verfügte und es gelegentlich rüde benützte. Ich versuchte, der armen Lehrerin zu erklären, dass Anna böse Worte zwar in den Mund nahm, aber niemals selber böse sein wollte. Das sei doch ein großer Unterschied. Dieser Pfeil verfehlte sein Ziel vollkommen.
Ich konnte mir Annas Stören im Unterricht lebhaft vorstellen. Aber die Dame war nicht bereit, mir weitere Details zu erzählen. So wandte ich mich abends an die Täterin selbst.
»Ich hab deine Religionslehrerin getroffen. Du musst dich besser benehmen bei ihr. «
»Ich geh nicht mehr in ihren Unterricht. Überhaupt nie mehr.«
»Warum nicht?«
»Sie ist Lehrerin, aber über Mister Gott lernste bei ihr gar nix.«
»Vielleicht hörst du nicht zu?«
»Ich hör ganz doll zu, und sie redet gar nix.« »Du meinst, du lernst nichts bei ihr?« »Bloß ganz selten. «
»Na immerhin. Also was lernst du dann?« »Dass sie schreckliche Angst hat.«

»Wie kommst du darauf? Wovor hat sie Angst?« »Wenn sie uns Sachen beibringt, dann lässt sie Mister Gott niemals größer werden. Davor hat sie mächtig Angst.«
»Das ist doch Unsinn.« »Ist Mister Gott groß?«
»Ja, ja, ja, gut und sehr groß.« »Und sind wir klein?« »Klar, wir sind klein.«
»Und das ist dann ein ganz großer Unterschied?« »Sicher gibt's einen Unterschied zwischen groß und klein.«
»Und wenn's gar keinen Unterschied gäb, wär das Ganze doch überhaupt nichts wert ...oder?«
Das verwirrte mich. Ich denke, ich hab ein besonders blödes Gesicht gemacht, denn Anna erklärte sofort weiter: »Wenn Mister Gott und ich ganz genau gleich groß wären, dann würd dir doch gar nichts auffallen ... oder?«
»Ja«, sagte ich, »ungefähr verstehe ich, was du meinst. Wenn der Unterschied riesengroß ist, dann sieht man am besten, wie groß Mister Gott ist.«
»Manchmal«, sagte sie vorsichtig.
Ganz so einfach schien die Sache nicht zu sein.
Aber sie brachte endlich die Erkenntnis: In dem Moment, da der Unterschied zwischen Gott und Mensch unendlich war, in dem Moment wäre Gott absolut.
»Na, und was hat das alles mit deiner Religionslehrerin zu tun? Die weiß doch Bescheid über solche Unterschiede?«
»Oh, ja, sicher.« Anna nickte eifrig.
»Na also, wo liegt dann das Problem?«
»Wenn ich mir so einen Unterschied ausdenke zwischen Mister Gott und mir, dann wird Mister Gott bei mir immer größer und größer.«
»So?«
» Ja, aber die Lehrerin denkt sich auch solche Sachen aus, aber bei ihr wird Mister Gott nie größer. Er bleibt immer genau gleich. Da ist gar nichts zu lernen.«
»Woran liegt das?«
»Sie hat Angst, das ist es eben.«
Beinahe hätte ich Annas weitere Erklärung gar nicht mehr gehört. Es war einer dieser Nebenbeisätze, die so häufig verloren gehen. Sie sagte: »Die Lehrerin macht nur die Menschen kleiner und sonst nichts.« Dann fragte sie: »Warum gehen wir zur Kirche, Fynn?«
»Damit wir Mister Gott besser verstehen.« »Weniger.«
»Weniger was?«
»Damit wir Mister Gott weniger verstehen.« »Heute bist du doch verrückt, Fratz. Hör auf jetzt.« » Kein bisschen verrückt.« »Doch.«
»Nein. Du gehst zur Kirche und machst Mister Gott dort ganz ganz

groß. Wenn du ihn aber ganz ganz *ganz* groß hast, dann verstehst du ihn ganz *ganz* nicht ... und dann erst weißt du alles.«
Sie war erstaunt und enttäuscht, dass mir das zu hoch war und ich überhaupt nichts begriffen hatte. Trotzdem gab sie die Hoffnung nicht auf und erklärte weiter:
»Wenn du ein Kind bist, dann verstehst du alles. Mister Gott sitzt auf einem goldenen Thron; er hat einen langen weißen Bart und einen Schnurrbart, und eine Krone hat er auf dem Kopf. Und alle um ihn rum singen die ganze Zeit wie die Verrückten. Immerzu Hymnen und so Zeug. Kein Mensch kann das aushalten.
Und Mister Gott macht einfach alles, wenn man bloß nett genug darum bittet. Er kann Willy nebenan eine Warze auf die Nase machen zur Strafe, weil er Millie verhaut, wenn sie nicht genug Geld abliefert. All so was macht er ganz fabelhaft, und darum ist er so wichtig, und man benützt ihn die ganze Zeit. Und 'n bisschen später, dann denkt man ganz was anderes, und Mister Gott ist immer schwieriger zu verstehen. Aber es geht noch gerade. Dann kommt einem plötzlich vor, als wenn er uns nicht mehr verstehen will. Jetzt hört er einfach nicht mehr zu. Er sieht es plötzlich nicht ein, dass man unbedingt ein neues Fahrrad braucht. Und dann kriegt man auch keins. Und dann versteht man ihn schon viel weniger. Und wenn man noch älter wird, so wie ich oder so wie du, Fynn, dann ist es schon wieder schwieriger. Und dabei wird er irgendwie kleiner. Und man versteht ihn nur noch so viel wie viele andere Sachen, die auch schwierig sind. Die ganze Zeit in deinem Leben bröckeln da Stücke von ihm ab. Und dann kommt der Punkt, da sagst du, du verstehst ihn überhaupt nicht mehr. Siehst du, und dann ist er wieder ganz ganz *ganz* groß. So groß wie er in Wirklichkeit ist. Und wumm, da lacht er dich aus, weil du so blöd warst.«

5. Das Ganze im Symbol

Von »spannungsreichem« Religionsunterricht war man Anfang die Rede. Wie Religionslehrer von dieser Spannung geprägt werden können, davon sei am Ende »symbolisch« die Rede durch die beiden Bilder von Ugo Rondinone und Jonathan Borofsky und durch den Propheten Elia. Der Mann auf dem Bretterfußboden macht einen müden und niedergeschlagenen Eindruck. Der Mann, der auf einem Stahlrohr dem Himmel entgegen geht, ist offen für alles, was ihm entgegen kommt. Der Prophet Elia kennt beide Erfahrungen. Er durchlebt den Weg von Flucht in eine Höhle bis hin zum aufrechten Stehen am Eingang der Höhle, offen für die Botschaften, die er verkünden soll.

Elia wanderte vierzig Tage und vierzig Nächte bis zum Gottesberg Horeb. Dort ging er in eine Höhle, um darin zu übernachten. Doch das Wort des Herrn erging an ihn: Was willst du hier, Elija? Er sagte: Mit leidenschaftlichem Eifer bin ich für den Herrn, den Gott der Heere, eingetreten, weil die Israeliten deinen Bund verlassen, deine Altäre zerstört und deine Propheten mit dem Schwert getötet haben. Ich allein bin übrig geblieben, und nun trachten sie auch mir nach dem Leben. Der Herr antwortete: Komm heraus und stell dich auf den Berg vor den Herrn! Da zog der Herr vorüber: Ein starker, heftiger Sturm, der die Berge zerriss und die Felsen zerbrach, ging dem Herrn voraus. Doch der Herr war nicht im Sturm. Nach dem Sturm kam ein Erdbeben. Doch der Herr war nicht im Erdbeben. Nach dem Beben kam ein Feuer. Doch der Herr war nicht im Feuer. Nach dem Feuer kam ein sanftes, leises Säuseln. Als Elija es hörte, hüllte er sein Gesicht in den Mantel, trat hinaus und stellte sich an den Eingang der Höhle (1 Kön 19,8b – 13a).

Anmerkungen

[1] Aus: Fynn, Hallo Mister Gott, hier spricht Anna.

Foto auf S. 159: Erich Andres
Die Karikatur auf S. 163 von Thomas Plaßmann aus: Frankfurter Rundschau vom 15.2.2002.
S. 170 oben: Ugo Rondinone, Am Boden, 1995.
S. 170 unten: Jonathan Borofsky, Man walking to the sky, 1992.
Der Bibeltext auf S. 170 ist entnommen der Einheitsübersetzung der Heiligen Schrift

Burkhard Rosenzweig

... ein weiter Ozean

1. Im Archiv des Gedächtnisses

Den Religionsunterricht als einen weiten Ozean zu bezeichnen mag für den einen oder anderen Leser dieser Zeilen etwas außergewöhnlich empfunden werden. Der Blick auf den weiten Ozean kann Größe, Unendlichkeit, Bewegung, Sehnsucht, Beruhigung, Transzendenz, Göttlichkeit bewirken, aber auch das Gegenteil, nämlich Angst, Beunruhigung, Beklemmung und Depression hervorrufen. Dieses Bild für den selber erlebten Religionsunterricht zu gebrauchen wird sicher nicht jedem gelingen, zumal jeder eine andere Erfahrung mit seinem Religionsunterricht gemacht hat, teils positive, teils negative, aber sicher auch alltägliche, neutrale Erlebnisse damit verbindet.

Der Blick auf das weite Meer hilft, den Gedanken freien Lauf zu lassen und eine Reise in die Vergangenheit anzutreten.

Ohne jegliche Verklärung, die Ausflüge in die Vergangenheit oft bewirken, habe ich fast nur positive und angenehme Erinnerungen. Die Religionsstunden waren für mich Oasen im zuweilen hektischen und grauen Alltag der Schule.

Fundierte Kenntnisse über die biblische Geschichte wurden spannend und bunt vermittelt und mit praktischen Beispielen aus dem Leben aktualisiert, so dass sie nicht abstrakt in mein Leben hineinwirkten. Das narrative Element des Religionsunterrichtes bewirkte eine Fundamentalisierung im Gedächtnis bis zum heutigen Tag. Eine weitere Glaubensbotschaft, die ich nicht vergessen habe, war die Begeisterung für das Faszinosum Gott, als den Vater und der Person Jesu Christi sein Sohn, der für uns immer da ist. Gerne denke ich an das intensive Jahr der Kommunionvorbereitung zurück, in dem ich einen noch persönlicheren Zugang zu Jesus Christus als einem persönlichen Freund gefunden habe. Dieses Verhältnis habe ich mir bis heute bewahrt oder, anders gesagt, es ist mir als Geschenk geblieben.

Solche Glaubensbotschaften werden nicht abstrakt vermittelt. Bei meinem Blick auf das weite Meer tauchen am Horizont Gesichter auf; Frauen und Männer, die diese Botschaften glaubhaft vermittelt und vorgelebt haben. Manche Gesichter sind nur schemenhaft sichtbar, andere sind ganz deutlich und präsent vor mir. Es sind einige Priester, Pfarrer und Kapläne meiner Pfarrei, die mich sehr geprägt und geführt haben. Sie vermochten es, durch ihre Person und ihre Ausstrahlung ein ganzheitliches Gottes- und Menschenbild zu vermitteln. Sie waren sicher maßgebend für meinen späteren Entschluss, Priester zu werden.

Der Blick geht zurück auf das Meer. Kein Meer ist nur ruhig und besinnlich und ohne große Bewegung. Wellen können hochgehen und ein Durcheinander, ein Chaos hervorrufen. Mein Religionsunterricht als Jugendlicher und junger Erwachsener war geprägt von einem anderen Religionsunterricht: von der religionskundlichen Konzeption, Religionsunterricht als Information.

Die Kulturrevolution der 1960er Jahre machte auch vor Kirche und Religionsunterricht nicht halt. Der kirchliche Einfluss ging auf allen Ebenen zurück, das gesamtkirchliche Klima wurde zunehmend säkularer, Autoritäten und Institutionen insgesamt wurden hinterfragt. In diesen Strudel geriet auch der Religionsunterricht. Bindung des Religionsunterrichtes an die Kirche wurde als unvereinbar mit den demokratischen Prinzipien empfunden. Religionsunterricht wird zur Religionskunde, zur Information über Religion(en). Diese Gestalt sollte es ihm erlauben, einen den übrigen Unterrichtsfächern vergleichbaren Status einzunehmen.[1] Manchmal war dieser Religionsunterricht im Gegensatz zum Unterricht meiner Kindheit wie ein aufgewühlter Ozean, in den ich mich aber durchaus mit Begeisterung hineinstürzte. Das Neue, das Andere begeisterte. Es war ein Lösen von der Religion der Kindertage, ohne sie aber ganz aufzugeben. Nicht mehr das Gefühl, sondern die Erkenntnis, vor allem meine Erkenntnis wird zu einem Maßstab des Glaubens und der Religion, verbunden mit dem Abschiednehmen von religiösem Brauchtum der Vergangenheit. In einem Gebet zur Kommunion, aus dem Jahre 1969, wird diese Haltung einer stark kognitiv geprägten Frömmigkeit besonders zum Ausdruck gebracht, das ich in dieser Zeit gerne gebetet habe, weil es meine damalige Situation gut erklärt.

»Jesus Christus, unser Herr, ist gegenwärtig in Brot und Wein. Darum wollen wir nicht in uns hineinhorchen, ob sich fromme Gefühle einstellen. Verlasst euch darauf, dass er kommt, ganz gleich, was wir fühlen. Wir brauchen auch nicht darüber nachzugrübeln, wie dieses Kommen möglich ist ... Wir können auch nicht mehr ängstlich fragen, ob wir würdig genug seien. ...«[2]

2. Die Hinwendung zu den Lebenden

Diese stürmischen Zeiten haben Spuren hinterlassen. Ich habe gelernt, mich mit Religion, Glauben und Kirche auseinanderzusetzen. Mir wurde das klare Denken beigebracht und ich wurde zu selbstständigem Handeln erzogen. Diese Meeresstimmung möchte ich nicht missen, aber Stürme lassen meistens auch Schäden zurück. Daher stimme ich G. Hilger und U. Kropac zu, wenn sie zu dieser Phase des Religionsunterrichtes schreiben: »Typisch für einen Religionsunterricht als Information war eine Überbetonung des kognitiven Moments und eine gewisse rationalistische Kühle. Es kam nicht auf die existentielle Erfahrbarkeit von Religion an, sondern auf die Sammlung und Beurteilung religiöser Phänomene. Dieser Unterricht tendierte weiter zu einem problematischen, weil zu vagen Religionsbegriff. Religion ohne Bindung an eine bestimmte Konfession ist in Gefahr, sich in Zivilreligion aufzulösen. Sie ist diffus, unverbindlich, arm an Riten und Bräuchen und passt sich gesellschaftlichen Trends an. Ihr fehlt die provozierende, prophetische und kritische Kraft des Evangeliums, die sich gegen gesellschaftliche Instrumentalisierung stemmt.«[3]
Wenn die Ruhe nach dem Sturm einkehrt und das aufgewühlte Meer sich beruhigt hat und die Weite des Ozeans wieder zu sehen ist, zieht man Bilanz und stellt fest, dass jede Zeit versucht, Gott neu zu begegnen mit Gedanken ihrer Zeit, mit Worten, die sie versteht, mit Werken, die ihrer Welt nützt, auch wenn sie dabei über das Ziel hinausschießt, wie das weite Meer, das sich gegen seine Begrenztheit aufbäumt.

3. Die Auseinandersetzung mit dem Glauben

Nach den Erfahrungen meines eigenen Religionsunterrichtes, nach dem Studium der Philosophie und der Theologie, nach meiner Priesterweihe wurde ich selber Religionslehrer.
Wie nehme ich heute den Glaubenshorizont der Schülerinnen und Schüler wahr? Auch hier kann der weite Ozean ein Bild sein für ihre Zweifel und Sehnsüchte, für ihre Ängste und Verunsicherungen, aber auch für ihren Durchhaltewillen und ihr Selbstbewusstsein. Für die meisten ist es nicht das »Traumschiff«, auf dem sie durch die Weiten des Ozeans fahren, sondern ein kleines, zerbrechliches Boot, in dem sie sitzen und versuchen, ihren Kurs zu halten. Im Wahrnehmen und beim Zuhören kann man oft in leisen Tönen die Sehnsucht nach Orientierung, nach einem Hafen, der Geborgenheit und Halt bietet, hören.

Was ist mit unseren Schülerinnen und Schülern geschehen? Was ist gesellschaftlich passiert? Wagen wir eine Fahrt auf den Weiten dieses Meeres. Der Modernisierungsprozess der Industriegesellschaft, wie bereits bei der Beschreibung der Kulturrevolution der 1960er Jahre erwähnt, drängte das Verhältnis von Jugend und Kirche ins Unverbindliche. Die Kirche verlor ihre Stellung als jugendliche Kontrollmacht. Die Freisetzung aus den sozialen Bindungen und Sinnbezügen der konfessionellen Milieus stellte eine wichtige Dimension im Individualisierungsprozess von Jugend dar.

Das Ergebnis jenes Umbruchs der Moderne zeigte sich folgendermaßen: Es entstand ein Graben zwischen der Alltagswelt der kirchlichen Lebenspraxis und der Lebenswelt der Mehrheit der Jugendlichen. Diese Mehrheit entschied sich für ein lebensweltlichorientiertes, eher unbestimmtes Modell religiöser Orientierung und synkretistischer Glaubenspraxis. Die Jugendlichen sahen sich nachhaltiger noch als die Erwachsenen gezwungen, eigene Deutungskompetenzen zu entwickeln, um mit ihren Erfahrungen umgehen zu lernen.[4]

Bei meiner Hinwendung zum Glaubenshorizont der Schülerinnen und Schüler und bei meiner Auseinandersetzung mit ihrem Glauben sollten folgende Prämissen bei der Unterrichtsvorbereitung Beachtung finden.

Die Schülerinnen und Schüler bilden mit ihren Fragen und Problemen die Mitte des Unterrichts. Konkreter Glaube und auch Glaubenswissen können oft nicht oder nur bedingt vorausgesetzt werden, aber es sollte die Bereitschaft geschaffen werden, christliche Deutungsversuche für Situationen und Probleme zu prüfen.

Religionsunterricht gelingt dann, wenn die Schüler die ihnen zugedachte Rolle als Subjekte des Unterrichts ergreifen und sich mit dem, was sie persönlich bewegt, in den Unterricht einbringen. Damit dies gelingt, ist ein hohes Maß an Vertrauen der Schülerinnen und Schüler untereinander wie auch gegenüber der Religionslehrerin und dem Religionslehrer erforderlich.[5]

Bei allen Bemühungen um einen zeitgemäßen und schülerorientierten Religionsunterricht und bei aller Berücksichtigung der veränderten Lebenswelt der Schülerinnen und Schüler muss der dreifaltige Gott der Offenbarung der Mittelpunkt des Geschehens bleiben. Die Frage nach Gott darf nicht durch menschliches Tun und Wirken ersetzt werden. Die Welt der Moderne hat die Religion nicht verschwinden lassen. Dies meint auch M. Klöcker, wenn er schreibt:

»Das Bedürfnis nach Sinnorientierung des Lebens (also nach Religion) ist in den hochmodernisierten Ländern keineswegs geschwunden, angesichts der Gewissheit zunehmender Ungewissheit üben die rasanten Veränderungen von Welt und Leben im Gegenteil mächtig. Die Fortentwicklung der Moderne hat zum Ausgang des 20. Jahrhunderts hin ein derart sich überschlagendes Tempo angenommen, dass der einzelne unmöglich Schritt halten kann mit dem Zuwachs an Wissen. Die vertrauten Lebens- und Arbeitsbedingungen veralten immer schneller. Ohnmacht darüber paart sich mit bestürzenden, jetzt auch in das allgemeine Bewusstsein gedrungenen Einsichten in Mängel und Risiken ungehemmt fortschreitender ›Beherrschung‹ des Menschen, über seine natürliche und soziale Umwelt.«[6]

Die Frage nach Gott darf nicht durch menschliches Tun und Wirken ersetzt werden. Methoden und neue, richtige Erkenntnisse über den Menschen darf die Auseinandersetzung mit Gott und die Auseinandersetzung mit dem Glauben nicht ablösen oder ersetzen. Ich habe es erlebt, dass die hohen Wellen der Gottesferne im Religionsunterricht über mich hereinzubrechen drohten. Ich kam mir unfähig und verlassen vor. Wie soll ich eine solche Bewegung aufhalten, wenn Wellen und Sturm mich schier umwerfen wollten? Das kleine Boot, in dem ich sitze und in dem ich mich auf den weiten Ozean hinauswage und dabei hin und hergeworfen werde. Das sind die Grenzsituationen, die nur der kennt, der in diesem Boot Tag für Tag hinaus fährt.

Es gibt für mich keine tröstlichere Stelle im Neuen Testament als der »Sturm auf dem See«.

»Er stieg in das Boot, und seine Jünger folgten ihm. Plötzlich brach auf dem See ein gewaltiger Sturm los, so dass das Boot von den Wellen überflutet wurde. Jesus aber schlief. Da traten die Jünger zu ihm und weckten ihn; sie riefen: Herr, rette uns, wir gehen zugrunde! Er sagte zu ihnen: Warum habt ihr solche Angst, ihr Kleingläubigen? Dann stand er auf, drohte den Winden und dem See, und es trat völlige Stille ein. Die Leute aber staunten und sagten: was ist das für ein Mensch, dass sogar die Winde und der See gehorchen (Mt 8, 23–27).«

Ich will es selber versuchen. Mir braucht keiner zu helfen. Der Sturm soll ruhig kommen. Ich nehme die Herausforderung an. Ich habe die besseren Argumente. Ich weiß, wie ich euch kleinkriege. Nach menschlichem Ermessen gelingt es. Doch die Wand bleibt. Die Wellen lassen nicht nach. Das Boot hört nicht auf zu schaukeln. Meine Argumente sind gut, aber keiner hört sie. Meine Logik ist unbestechlich, aber keiner versteht sie. Ist denn da keiner, der mich versteht, begreifen will, doch einer, zwei und die anderen? Was mache ich falsch? Ich war nicht gut genug. Ich muss noch besser werden.

Geht es um mich oder ihn? Habe ich ihn überhaupt mit in unser Boot genommen? Bringe ich über meine Lippen: Herr hilf!

Warum habe ich Angst um mich? Es geht doch um ihn.

Bei allem Können, Verstehen und Wissen, das wir benötigen, ist es wichtig, dass es dabei nicht nur auf mich ankommt, sondern dass er im Boot dabei ist. Wenden wir uns noch einmal dem biblischen Text zu. Bei Mt 2,24 hören wir von einem gewaltigen Sturm. Die wörtliche Übersetzung lautet im griechischen Urtext »seismos«: Beben, Erdbeben. Das ist ein Unterschied. Ein Erdbeben, eine Naturkatastrophe bedeutet Schrecken, Zerstörung, vielleicht sogar den sicheren Tod, ja mehr noch: Stürme und Meer symbolisieren die Chaosmächte, die das Boot zu vernichten drohen. Das Boot ist hier auch als Symbol für die Kirche zu sehen, als dem Schifflein Petri. Wenn Jesus schläft, ist er nicht müde vom Wandern und Predigen. Vielmehr ist dies Ausdruck seiner Souveränität und Sicherheit. Als Mensch kennt er die Angst (Mt 26,37ff). Als Herr der Kirche gewährt er Schutz.[7]

4. Die »eiserne Ration«

Unser Tun als Religionslehrerinnen und Religionslehrer ist nicht abgehoben und herausgelöst von Christus und seiner Kirche, sondern wir stehen in seiner Nachfolge, wir sitzen in diesem Boot, das durch die Stürme und Erdbeben unserer heutigen Zeit fährt und ihr ausgeliefert scheint. Jesus kennt die Angst, er kennt auch unsere Ängste, aber als der Herr gewährt er uns seinen souveränen Schutz. Die Kirche, auch wenn sie in Turbulenzen gerät, geht nicht unter. Diese Zusage Jesu ist bei uns, wenn wir in diese Turbulenzen geraten. Schauen wir noch einmal in unseren Text (Mt 8,25–26) hinein. Als die Jünger ihn endlich wecken, nachdem das Boot schon soweit vollgelaufen ist, dass es droht unterzugehen, da tadelt er sie und wirft ihnen vor, Kleingläubige zu sein. Sie, die Jünger, die glauben, die ihren Glauben nicht verloren haben, besitzen einen gebrochenen, halbherzigen, unzureichenden Glauben. Die Jünger werden nicht getadelt, weil sie Angst haben. Das ist menschlich. Der Tadel trifft sie, weil sie sich ängstigen, obwohl Jesus mit ihnen im Boot ist. Der Glaube ist eine Kraft, welche die Angst überwindet.[8]

Wenn ich das Meer sehe oder erlebe, dann denke ich sehr oft an das besondere Erlebnis Jesu mit seinen Jüngern auf dem See. Ich denke dabei an mein Umfeld, den Religionsunterricht, an stürmische und ruhigere Zeiten. Insofern ist das weite Meer ein Symbol für die Auseinandersetzung mit meinem Glauben, mit meiner Kirche und ganz persönlich mit ihm. Dann schwinden auch Ängste, weil ich weiß, dass ich Angst haben darf, aber mit meinen Ängsten bei ihm gut aufgehoben bin; denn die Angst kann der Glaube, mein ganz persönli-

cher Glaube, den ich in meinen Kindertagen so beeindruckend, auch in meinem Religionsunterricht erfahren habe, überwinden.
Dies ist für mich auch meine eigene »eiserne Ration«, dass es mit ihm immer weitergeht. Diese Glaubenserfahrung ist es, die ich im Religionsunterricht an meine Schülerinnen und Schüler als Lehrer und Priester vermitteln und vorleben wollte und will. Ich weiß heute, dass zum Leben zuweilen »eiserne Rationen« mehr weiterhelfen als gefüllte Vorratskammern, vor allem wenn sie so viel Energie besitzen: Der Glaube, der die Kraft hat, die Angst zu überwinden und die Zusage Jesu mich in diesem Boot nicht allein zu lassen.

5. Das Ganze im Symbol

Immer wenn ich das Meer in seiner Weite und Größe vor meinen Augen habe, komme ich ins Staunen. Herz und Sinne werden weit. Lästige Alltäglichkeiten treten zurück und mein Geist wird frei. Staunen ist Begegnung mit Gott.
Meine Gedanken drängen zu den Anfängen hin. »Am Anfang schuf Gott Himmel und Erde; die Erde aber war wüst und wirr, Finsternis lag über der Urflut, und Gottes Geist schwebte über den Wassern.« (Gen 1, 1–2) »Beraschit« heißt es im hebräischen Urtext. »Be« bedeutet im und »rasch« bedeutet Kopf. Im Kopf, im Geiste schuf Gott die Welt, ehe sie sichtbare Schöpfung wurde. Nicht der Zufall, sondern die willentliche Zusage Gottes an die Schöpfung steht hinter diesem Geschehen. Alles ist gewollt. Auch wir sind gewollt. Ich bin gewollt mit all meinen Stärken und Schwächen. Wir sind hineingenommen in die Schöpfung, ein Teil von ihr.
»Im Anfang war das Wort,
und das Wort war bei Gott,
und das Wort war Gott.
Im Anfang war es bei Gott.
Alles ist durch das Wort geworden,
und ohne das Wort wurde nichts, was geworden ist.« (Joh 1,1 3)
Mit diesen geheimnisvollen Worten verkündet das Johannesevangelium den Schöpfungsmorgen und will das Geheimnis noch steigern, indem es ausdrücken will, dass das Sprechen Gottes am Schöpfungsmorgen von diesem Wort, dem »logos«, noch übersteigert wird. Hier wird nicht nur der Beginn der sichtbaren Schöpfung, sondern die ewige in Jesus Christus Mensch und Person gewordene Existenz Gottes, schon vor aller Schöpfung, verdeutlicht.[9]
Dieses Geheimnis des Glaubens wird vor der endlosen Weite des Meeres für mich erfahrbarer. Die Göttlichkeit rückt näher.

Daher ist mein »Wahrzeichen« für den Religionsunterricht der weite Ozean, der mich zum Staunen bringt und mir eine Begegnung mit Gott schenkt. Wenn es uns gelingt, unsere Schülerinnen und Schüler wieder mehr zum Staunen zu bringen, dann öffnen wir ihnen Wege zu einer lebendigen Begegnung mit einem Gott, der uns liebt und überrascht, der uns aus der Enge der Verzagtheit und der Griesgrämigkeit hinausdrängt in das Wunder eines lebendigen Gottes in uns und um uns.

Anmerkungen

1 Vgl. G. Hilger, U. Kropac, Konzeptionelle Entwicklungslinien, in: G. Hilger, S. Leimgruber, H.G. Ziebertz, Religionsdidaktik, München 2001, 53.

2 »Senfkorn«, Texte und Gebete zum Gottesdienst, Hrsg.: Katholische Jugend und Heliand Mädchenkreis, Köln 1969, 56.

3 G. Hilger, U.Kropac, Konzeptionelle Entwicklungslinien in: a.a.O., 53.

4 Vgl. K. Gabriel, Jugend, Religion und Kirche im gesellschaftlichen Modernisierungsprozess, in: K. Gabriel, H. Hobelsberger (Hg.), Jugend, Religion und Modernisierung, Opladen 1994, 53–73.

5 Vgl. G. Hilger, Ansätze und Typen der Korrelation von Lebenssituationen und Glaubensinhalten, in: KatBl 102, 250–257.

6 M. Klöcker, Katholisch von der Wiege bis zur Bahre, München 1991, 16.

7 Vgl. J. Gnilka, Das Matthäusevangelium 1,1–13–58, in: Herders Theologischer Kommentar zum Neuen Testament, Freiburg, Basel, Wien 2000, 316–317.

8 Vgl. ebd., 318.

9 Vgl. R. Schnackenburg, Das Johannesevangelium 1–4, in: Herders Theologischer Kommentar zum Neuen Testament, Freiburg, Basel, Wien 2000, 209.

Winfried Schrödl

... Coaching fürs Leben

1. Im Archiv des Gedächtnisses

Da steht er wieder vor mir, der große, stattliche Herr mit seinen silbergrauen Haaren, in seinem schwarzen Anzug und den leicht ausgebeulten Hosenbeinen – und er erzählt die Geschichte vom Dornbusch, der brennt und doch nicht verbrennt, mitten in der Wüste. Und wir, seine Schüler, sitzen da, still, gespannt. Wir lauschen seinen Worten mit weit geöffneten Ohren. Er erzählt von Mose, der versucht zu begreifen, bis eine Stimme ihn aus dem Feuer auffordert: »Ziehe deine Schuhe aus, denn der Boden, auf dem du stehst, ist heiliger Boden!« – »Wer bist du?«, fragt Mose. Und die Stimme antwortet: »Ich bin der ›Ich-bin-da‹, JAHWE, dein Gott.« Da wirft Mose sich in den Staub, denn er fürchtete sich sehr.

jahwe

du: mit diesem bekannten namen
der nicht bekanntes bedeutet
du: mit diesem namen
der den namen verweigert
JAHWE von je zu je:
›ich bin der ich bin‹
JAHWE von jetzt zu jetzt:
›ich werde sein wie ich da sein werde‹
du: der da kommt

jesus

und gekommen
geburtlich
sterblich
wie alle wie ich:
bruder du
in entbrüdeter Welt

jetzt

und geist jetzt: denn lieber
als einsam herr oder herrin zu sein
fliessest du über
in menschen hinein
geist jetzt: und agent
der heilig auf erden
nur danach brennt
sozial und sinnlich zu werden

Kurt Marti[1]

Ein Gott »mit uns«, der von mir mit allen Sinnen erfahren und »erschmeckt« werden will, der bei mir sein will, wo ich auch bin, in guten wie in schlechten Tagen – immer! Eine starke Aussage! Eine hoffnungsvolle Botschaft! Theologie als »Theogustie« (H. Bienek). Das war in der Grundschule oder, wie sie früher hieß, in der Volksschule.

Eine zweite Erinnerung: Oberstufe Gymnasium – Gottesbeweise. Die Glaubensbotschaft: Gott, Wesen und Ursprung alles Seienden, lässt sich mit den natürlichen Mitteln der Vernunft erkennen.

Unser Lehrer, ein quirliger, asketischer Ordensmann, genannt »Mephisto«, versucht, uns Wege des Denkens zu eröffnen, auf denen deutlich wird, dass der Glaube an Gott nicht unvernünftig ist. Das Heilige ist der Welt »eingestiftet«. Der Mensch kann es wahrnehmen. Es ist nicht an eine bestimmte Religionsform oder gar Konfession gebunden. Manchmal spürt der Mensch das geheimnisvoll Göttliche. Es fasziniert und ergreift ihn. Es kann ihn erschüttern. Es verlangt seine – meine – Aufmerksamkeit. Es will mein Bewusstsein öffnen, vertiefen, stärken. Wir diskutieren, setzen uns mit dem Dafür und Wider auseinander, dass alles in der Welt einen Anfang hat, dass die Welt nach dem Gesetz von Ursache und Wirkung einen Urheber erfordert, dass ... .

Dieser Unterricht macht Spaß. Mephisto hat uns ernst genommen, hat uns gefordert und auf der »Spurensuche« unseres Lebens begleitet. Er hat versucht, uns diesen Gott näher zu bringen, ihn zu entdecken – wieder zu entdecken, dessen Wahrheit und »Gutheit« in seiner Schöpfung liegt. »Und er sah, dass es gut war«. – »Und er sah, dass es schön war«. Die Aussage der biblischen Erzählung wird zur grundlegenden Aufforderung einer lebens-ästhetischen Praxis.

Heute unterrichte ich selbst im Fach Religion in einer 10. Klasse. Vieles hat sich verändert. Konnte sich die Religionspädagogik bislang eher damit begnügen, Erfahrungen, die sie voraussetzte, zu interpretieren, kommt es gegenwärtig darauf an, Erfahrungen mit diesem JAHWE-Gott, mit Religion, Glauben und Kirche primär und überhaupt erst einmal zu machen. Die jungen Menschen gehen pragmatisch und nüchtern an die Frage heran nach dem Motto: Was bringt mir das? Weltjugendtage, Ministrantenwallfahrten, aber auch Kirchentage mit ihrer perfekten Inszenierung sind für nicht wenige die einzigen »Events« einer jungen, weltumspannenden Kirche, wobei die Nachhaltigkeit solcher Treffen fraglich bleibt. Und gelegentliche Gottesdienstbesuche oder Kirchgänge zu emotional aufgeheizten Zeiten überzeugen nur wenig. Die Rituale der Kirche sind nicht mehr die Rituale der Jugendlichen!

Wer in der neuesten Shell-Jugendstudie etwas über die Religiosität von Jugendlichen und jungen Erwachsenen erfahren will, muss schon mit der Lupe suchen. Der Glaube, genauer gesagt: der Nicht-Glaube junger Leute ist im Gegensatz zu vorangegangenen Untersuchungen kein Thema. Wo aber die renommierte soziologische Studie, die seit den fünfziger Jahren das Lebensgefühl und die Werteordnung von jungen Menschen ertastet, abfragt und deutet und in dürren Sätzen auf den Stellenwert des Glaubens oder gar auf Gott zu sprechen kommt, ist das Ergebnis – gelinde gesagt – niederschmetternd.

»Von keinem geliebt, von keinem gehasst, starb heute nach langem, mit himmlischer Geduld ertragenem Leiden: Gott.«

In der Erzählung »Das Begräbnis« von Wolfdietrich Schnurre ist dieser Todesfall den Zeitungen »keine Zeile« wert, »nicht mal unter Kurznachrichten«. Lediglich im Anzeigenblatt, »letzte Seite«, »unter Sonstiges, klitzeklein«, zwischen der Suchanzeige nach »m eleganten Kellner mit eigener Wäsche« und dem Tauschangebot »Bettlaken gegen n Bratpfanne«, findet sich eine diesbezügliche Notiz.

Die Menschen, denen der Tod Gottes mitgeteilt wird, reagieren achselzuckend, gereizt, gleichgültig: »Siehste, hat's ihn auch geschnappt, den Alten; nu ja.« – »Na und? Vielleicht noch n Kranz kaufen, hm?« – »Nanu; heut erst?« – »Armer Deubel. Kein Wunder.« – »Hat er davon.«

3. Die Auseinandersetzung mit dem Glauben

Drei Fragen stellen sich für mich am Anfang dieser Überlegungen:
- Worum geht es im Religionsunterricht?
- Welche Problemfelder ergeben sich daraus für mich?
- In welche Verantwortung werde ich genommen, wenn ich mit Religionsunterricht zu tun habe?

Worum geht es im Religionsunterricht?
Religionsunterricht fragt nach dem Woher und Wohin, nach dem Wozu und Warum des Lebens, danach, wer ich bin. Er bringt Grunderfahrungen des Menschen zur Sprache und versucht, sie mit religiösen Inhalten zu füllen.
»Wer bin ich?« Auf diese Frage formulierte die 15-jährige Karla:
»In letzter Zeit musste ich mir öfters diese Frage anhören, da manche die Karola, meine Zwillingsschwester, und mich noch immer nicht auseinander halten können. Ich antwortete dann: ›Das ist Karola und ich bin Karla‹. Wer es noch genauer wissen wollte, dem legte ich meinen Ausweis vor. Dann wusste er, wann ich geboren wurde, was ich für eine Augenfarbe habe, wie groß ich bin ... usw.
Jetzt kennt mich diese Person und weiß, wer ich bin... – Oder?
Ich meine, zu einem Menschen gehört mehr als nur sein Äußeres. Die wichtigsten Dinge eines Menschen sind doch seine inneren Werte! – Na ja, habe ich überlegt und mich gefragt, warum gibt es dann nicht einen Ausweis für diese Werte!?! Für das Äußere gibt es ja einen. Ein solcher Werte-Ausweis könnte etwa so aussehen:

Montag:	*unruhig, sehnsüchtig, krank, wie ein Vogel im Käfig,*
Dienstag:	*ringend nach Lebensatem, als würgte mir einer die Kehle,*
Mittwoch:	*hungernd nach Farben, nach Blumen, noch Vogelstimmen,*
Donnerstag:	*dürstend nach guten Worten, nach menschlicher Nähe,*
Freitag:	*zitternd vor Zorn über Willkür und kleinlichste Kränkung,*
Samstag:	*umgetrieben vom Warten auf große Dinge,*
Sonntag:	*ohnmächtig bangend um Freunde in endloser Ferne.*
Morgens:	*müde und leer zum Beten, zum Denken, zum Schaffen,*
Mittags:	*gleichmütig, lächelnd und klar,*
Abends:	*matt und bereit, von allem Abschied zu nehmen?*

Aber man kann die Gefühle ja nicht einfach mit Tatsachen wie z.B. meinem Geburtstag vergleichen! Mein Geburtstag ist sicher am 27. Dezember. Doch ob ich am Montag auch unruhig und sehnsüchtig bin, ich weiß es nicht. Ich bin doch nicht jeden Tag gleich!

Ich habe mal eine Freundin gefragt, wer sie ist, da sie schon viel durchgemacht und deshalb sehr viel über das Leben und sich nachgedacht hat. Sie schrieb mir:
Ich denke, dass es die meisten Menschen nicht interessiert, wer du bist, sondern viel mehr, was du hast, was du machst und wie viel du verdienst. Aber natürlich gibt es etwas in dir, das sich mit dieser Frage beschäftigt: Wer bin ***ich****? Was macht* ***mich*** *so außergewöhnlich? Ich weiß es (noch) nicht. Vielleicht werde ich irgendwann die Antwort finden. Es muss, glaube ich, etwas zu tun haben mit Freude, Lieben und Leben, mit immer etwas Neues erleben und die kleinen Dinge schätzen, die man so oft vergisst.*
Welche Problemfelder ergeben sich daraus für mich?
Das Leitmotiv der 10. Jahrgangsstufe der Hauptschule lautet: *Selbständigkeit – zur Freiheit berufen.* Die Klärung eigener Lebensperspektiven und Orientierungshilfen für den weiteren Wertegang sind für diese Schüler von großer Bedeutung, werden sie doch in Bälde mit einer neuen Lebenswelt konfrontiert, die sich von ihrem geschützten Umfeld Schule grundlegend unterscheiden wird. Darauf wird sich mein Unterricht konzentrieren müssen. Und das bedeutet: Es wird um eine Auseinandersetzung mit den eigenen Vorstellungen und Erfahrungen von Leben, Freizeit, Sexualität gehen. Es wird um die sensible Einübung in Toleranz, Gewaltlosigkeit und Solidarität gehen und darum, wie ich Verständnis für andere Religionen und Kulturen gewinnen kann. Es wird um eine Auseinandersetzung gehen, wie Menschen sich für Frieden, Gerechtigkeit und Bewahrung der Schöpfung einsetzen, um ihre Verantwortung für diese Welt zu dokumentieren. Und es wird wieder mehr um eine Neuentdeckung Jesu und des Christentums gehen, um ein Vertrautmachen mit christlichen Lebenseinstellungen, mit Werten und Weisungen.
In welche Verantwortung werde ich genommen, wenn ich mit diesen Inhalten, mit einem solchen Religionsunterricht zu tun habe?
Religion versucht, dem Leben und dem Tod einen Sinn zu geben. Als Religionslehrer möchte ich zu einem »Sinndeuter« für das Leben und den Tod werden. Ich möchte junge Menschen auf ihrer Suche nach einem sinnvollen und selbstbestimmten Leben unterstützen und begleiten – »coaching fürs Leben«. Das heißt, Jugendliche bei der Hand zu nehmen, sie ein Stück weit zu begleiten, sensibel und unaufdringlich – wenn sie es wollen. Ein solcher Unterricht kann nicht anders, als die Lernziele und -inhalte des Lehrplans mit dem Leben, mit ihrem Leben zu verknüpfen, zu fragen, was hat das alles mit mir zu tun? Was bringt mir das? Wird mein Leben »reicher« dadurch, dass ich glaube? Die Botschaft vom Reich Gottes

kann helfen, Vertrauen in das Leben zu gewinnen und das Leben bewusster zu gestalten. Sie kann helfen, mit Schwierigkeiten, Misserfolgen und Enttäuschungen zurechtzukommen und mit Grenzen zu leben. Sie bietet Lebens- und Handlungsgrundsätze für das Zusammenleben mit anderen Menschen an. Religionsunterricht wird zu einem persönlich bedeutsamen Lernen, erfahrungsbezogen, erlebnisorientiert, ganzheitlich, spirituell.

Jugendliche brauchen Helfer in konkreten Notlagen. Viele Anbieter jugendkultureller Erlebnisse nutzen diese Gelegenheiten und bieten Events mit prickelnden Kontrasten und lebensdeutenden (Marken) Symboliken. Jugend selbst wird zum Mythos, nicht selten kommerzialisiert und ausverkauft. Keiner dieser »Sinndeuter« fühlt sich jedoch für die Notlagen zuständig. Die meisten brechen in sich zusammen, wenn es an die schmerzlichen Seiten des Lebens geht. »Qualitätssicherung« gegenüber den oft allzu billigen Heilsangeboten des Marktes kann ein letzter Anker sein, mit dem die Kirche der Zukunft Jugendliche erreichen wird. – Kein Jenseits unter Niveau!

Heute fehlt weitgehend eine kirchlich-religiöse Sozialisation. Dieses Erfahrungsdefizit ernst zu nehmen und das je eigene Lebensgefühl junger Menschen und ihre Lebenswelten in den Unterricht mit hineinzuholen muss Aufgabe des Religionsunterrichts bleiben. Vielleicht sollte wieder mehr der Versuch gewagt werden, die »therapeutische Dimension des Christentums«[2] zu entdecken. Vielleicht gelingt es dann, »vom Autoritäts- und Gehorsamsglauben zum Verstehensglauben, vom Satz- und Bekenntnisglauben zum Erfahrungsglauben und vom Leistungs- zum Verantwortungsglauben«[3] zu kommen. Und vielleicht vermag das »lebendig gesprochene Wort«, das »nicht nur zu belehren, sondern auch zu bestätigen, zu trösten, ja sogar zu heilen vermag«[4], die »aufgescheuchten Seelen« zu beruhigen.

4. Die »eiserne Ration«

Die existentielle Verdichtung meiner Glaubensbotschaft lautet: Christ sein ist nicht in erster Linie Lehre, sondern Leben, nicht primär Institution, sondern gelebte und erfahrene Beziehung – mit IHM. Ich begriff: Wenn Gott ein Gott des Lebens ist, dann muss ein Leben mit ihm spannend sein. »...Du führst mich hinaus in die Weite«, in das unbeschwerte und frohe Zusammensein, das unkomplizierte und oft herzliche Miteinander, in die jugendliche Frische und Freude an DIR, den Duft des Lebens, den ich atme, den Glanz des Himmels, in das Verrückte, das ich ausprobieren will. Das alles hat

zu tun mit »Leben in Fülle«. Dieser Botschaft habe ich erst langsam zustimmen können. Zuerst war es mehr eine Vermutung im Herzen als ein Wissen. Jetzt, im Rückblick, erfüllt sich diese Ahnung. Sie ist verbunden mit dieser »Sehnsucht nach mehr« – und davon nicht genug kriegen können.
»Ich lebe, um glücklich zu sein ... Und wozu leben Sie?« Das ist die immer wieder provozierende Frage, die ich stelle und die zu beantworten ich mich anschicke. Deswegen bin ich Religionslehrer, Seelsorger, Coach, einer, der diesem »Hunger nach Leben« Sinn geben und Glauben als Lebenshilfe anbieten will. Der seine Schüler zum Glücklich-Sein anstiften möchte.
Zu diesem Glücklichsein gehören viele Aspekte: sich fallen lassen. Aufschauen zu dem, was wichtig ist. Innehalten, statt hetzen. Dinge reifen lassen und seinen eigenen Rhythmus finden. Den Augenblick auskosten. Die Geborgenheit im Glauben verspüren. Es gibt nichts Spannenderes als die jungen Menschen. Es gibt nichts Wichtigeres, als sie ins Leben zu rufen, sie im Leben zu begleiten. Und es gibt nichts Besseres, als dies mit Gottes Hilfe und Jesu froher Botschaft zu tun. Möge uns doch wieder einmal der Blick über den Horizont hinaus geschenkt werden.
So ein Blick setzt ein unerschütterliches Vertrauen voraus, dass Gott da ist, dass er bei mir ist, dass er mit meinem und deinem Leben etwas zu tun haben will. Vielleicht gelingt es dann, mich zurückzunehmen, mich von der Vorstellung zu befreien, alles hinge von mir ab. Wenn ich glaube, ist das Wunder möglich, können Wunder geschehen. Glauben hat seine eigene Sichtweise auf Wirklichkeit. Gottes guter Geist kann wirken – wenn ich nur will, wenn ich es geschehen lasse, zu-lasse.
Viele sind skeptisch ob einer solchen Einstellung. Das hätte etwas mit Leichtsinn, mit Naivität zu tun, sagen sie. Ich meine, es ist das unerschütterliche Vertrauen, das Gottes Geist Wirk-Raum gibt, meine ich. Eine solche Grundhaltung erlaubt eine »Leichtigkeit des Seins«, weil sie »geerdet« ist von einem Glauben, der »Berge versetzt«. Dieser Glaube ist es auch, der einen heiligen Franziskus getragen hat und ihn zum »Spielmann Gottes« werden ließ.

5. Das Ganze im Symbol

Um Gottes Segensspur in meinem Leben zu entdecken, dazu braucht es immer wieder Phasen der Ruhe, des »Aussteigens«, um »innen« zu sein. Schweigen unterstützt die Wende der Aufmerksamkeit und intensiviert die Reise nach innen. In der Stille richtet

sich das Leben von selbst, sonst gibt es »burn out«! In der Stille zeigt sich ungefiltert das je eigene Leben. Viele sind heute »außer sich«, am Rande des *Kreisels.*
Sie machen die Erfahrung, dass sie »rotieren«: noch schneller, noch besser, noch mehr, lauter, angestrengter, hektischer – und dass doch die Mitte fehlt. Noch ein Termin, noch eine Idee, noch ein Plan, noch eine Veranstaltung, noch eine Aktivität. Doch Gott wohnt in mir. Er ist das Leiseste, was es auf der Welt gibt, ein »Säuseln des Windes«.
Zur Mitte finden, das kann ich mir nicht einfach nehmen. Dafür braucht es Zeit. »Entschleunigung« ist angesagt. Die Frage ist nur, wie viel »Erlaubnis« gebe ich mir, um zu entschleunigen, um zur Mitte zu finden? Wo erlaube ich mir zu leben, wo nicht? Und wie viel »Erlaubnis« gebe ich mir, um meine Lebensqualität zu steigern? Überhaupt – welche Art »Leben« vermittle ich (nicht nur) als Lehrer im Religionsunterricht? Pflege ich eine Sichtweise »im Lichte des Evangeliums«, die den Anderen als Geschöpf Gottes begreift, der einzigartig, wichtig, schön ist, der auf verschiedenen Gebieten seine je eigenen Fähigkeiten, Ideen und Visionen hat?
Eine solche Sichtweise verlangt ein anderes Miteinander-umgehenlernen, ein anderes Kommunizieren, eine andere Achtsamkeit für den Anderen, den Schüler, den Lehrer, den Kollegen, den Partner, den Freund. Lassen »meine Brille«, »mein Hörrohr«, »meine Gefühle«, lassen »meine Filter« eine solche Haltung zu? Oder dreht sich alles nur um mich? Oft sind es weniger die äußeren Umstände, die mir das Leben schwer machen, als vielmehr meine eigenen Überzeugungen und »Glaubenssätze«, die ich mir als Hürden aufbaue. Und genau dort könnte ich ansetzen und mein Leben auf diese Weise ändern. Nur eine positive Einstellung in das Potential des anderen, das Vertrauen, das ich in ihn setze, diese Haltung bildet die Grundlage für beglückende Beziehung. Denn: »Life can be so easy!«
Oft erlebe ich intensive Gemeinschaft und dann ganz dicht etwas von der »Fülle des Lebens«. Gerade im Miteinander-Unterwegssein, wie immer es der Alltag, die Schule, so manche Pilgerfahrten oder Wegbegleitungen sind, bestätigt sich: Wenn ich mich öffne, wenn ich offen und unvoreingenommen mir und dem anderen gegenüber bin, dann ereignet sich Leben, dann bin ich auf der richtigen Fährte, dann nehme ich die Segensspur auf, die vor mir liegt und die ich nur zu gehen brauche.
»Machen Sie Ihr Kind neugierig, dann lernt es gerne«, lautet ein Werbeslogan. Neugierig für Gott. – Genau das ist es, was auch ich machen möchte – nicht nur im Religionsunterricht.

Gott
du Melodie meines Lebens
du Klang und Musik
sanft und zart
kraftvoll und stark
geheimnisvoll
mich liebkosend
berührend
umfassend
oft so fern
und dann wieder
in mir
Gott

Öffne meine Ohren
damit ich deinen Klang höre
streichle meine Haut
damit ich deine Berührung spüre
nimm mich in den Arm
damit mein Herz Ruhe findet in dir
damit mein Körper Antwort ist
meine Lippen Worte formen
stammelnde Töne aus meiner Kehle
kommen

geborgen in dir
du mein Gott
kann ich zur Antwort werden

und zögernd erklingt
mein Lied
in der Welt
für dich
und die Menschen

Unsicher noch
bewegen sich meine Füße
doch Rhythmus wird zum Tanz
Töne werden zum Lied
Du birgst mich
Gott
und ich lasse mich bergen
ich höre
und bin Antwort
du spielst
und ich bin Klang

und singe das Lied
des Lebens

Andrea Schwarz[5]

Anmerkungen

1 Der Traum, geboren zu sein. Ausgewählte Gedichte © 2003 Nagel & Kimche im Carl Hanser Verlag, München-Wien.
2 Vgl. E. Biser, Einweisung ins Christentum, Düsseldorf 1997, 109.
3 Ders., a.a.O., 86
4 Ders., a.a.O., 149.
5 Aus: A. Grün, A. Schwarz, Und alles lassen, weil Er mich nicht läßt. © Verlag Herder Freiburg, 7. Auflage 2001.

Wolfgang Simon

... ein Leuchtturm in der Brandung

1. Im Archiv des Gedächtnisses

1000 Stunden Religionsunterricht – hoffentlich selten erlitten, manchmal vielleicht absolviert, oft auch in sehr guter Erinnerung. Ein stattlicher Rucksack an Zeit und Inhaltsfülle, die ein Gymnasiast nach 13 Jahren Schule sein Eigen nennt.[1] Wenn ich meine Gedanken zurückschweifen lasse, kommen mir nicht nur die Geruchserinnerungen an die blaue Matrixfarbe unserer Arbeitsblätter wieder in Erinnerung. Es ist vielmehr ein geistiges Fotoalbum, das nur so von »Reli-Lehrern«, markanten Arbeitsblattgestaltungen, interessanten, aber auch nervtötenden Stunden wimmelt. Zwei Dinge sind mir an dieser Stelle wichtig: Erstens, dass ich die noch vorhandenen Erinnerungen in gewandelter Farbe meines momentanen Biografie-Standpunktes aus erlebe. Zweitens, manche Situationen von damals, die ich heute »auf der anderen Seite« als Lehrer mit einem weinenden und einem lachenden Auge sehe, fanden so oder ähnlich auch schon im Religionsunterricht meiner Kindheit statt.
Meine erlebnisreichen Erinnerungen kristallisieren sich bei den verschiedenen Typen von Religionslehrern heraus, die nicht nur unterschiedlich in ihrem Auftreten als authentische Persönlichkeit, sondern die auch immens abwechslungsreich in der Art und Weise ihrer Glaubensweitergabe waren. So zum einen der Klassenlehrer (1. Klasse) als Religionslehrer, dessen Religionsunterricht mit einer großen Portion Fröhlichkeit fließend in das restliche Unterrichtsgeschehen des Fächerkanons mit einfloss. Meine zeichnerischen Höhepunkte von Heiligen und Bibelerzählungen in Form von Comicgeschichten, Darstellungen zu Festtagen wie Weihnachten, Dreikönig, Ostern etc. bildeten das Grundgerüst meiner Religionsmappe.
Zum anderen war da noch die Pfarrhelferin (2. – 4. Klasse), die zahlreiche Arbeitsblätter in Lückentextform bei mir im Gedächtnis hinterließ, z.B. über die Abfolge liturgischer Handlungen in einem Sonntagsgottesdienst oder auch über das korrekt christliche Verhal-

ten beim Finden von fremdem verlorengegangenem Eigentum. Ihr malte ich auch mein erstes Gottesbild: alter Mann mit langem weißen Bart und Sandalen. Die Pfarrhelferin erwies sich als straff durchorganisiert und auf uns Kinder gut vorbereitet. Lieder, Tänze und Geschichten hatten zwar ihren berechtigten Platz, dennoch vermisse ich aus heutiger Perspektive mehr Tiefgang, mystische und transzendente Momente und Raum für Sehnsüchte, für Staunen und für Momente des Erahnens eines Gottesgeheimnisses.
Meine Erfahrungen mit »Religions-Pfarrern« in der Grundschulzeit sind hauptsächlich vom Erstkommunionunterricht und der Vorbereitung auf das Bußsakrament geprägt. Zahlreiche Gebete und Lieder aus dem Gotteslob – auch grundlegende Bibeltexte – flossen damals durch jede einzelne Schülerfeder unserer Klasse auf das Papier, aber irgendwie ohne eine für mich relevante Lebensbedeutung zu erhalten. Sie bildeten eher einen noch auszubauenden »Wissens-Grundstock«. Diesen Unterricht habe ich unter der Gedächtnis-Rubrik »an-streng-end«, »viel schreiben« und »lebensfern«abgelegt.
Gerne erinnere ich mich an die Fachlehrer der Gymnasialzeit zurück. Hier eroberte Religion dann sogar meine Begeisterung als Prüfungsfach beim Abitur. Themen der Kirche in ihrem Engagement in sozialen Fragen, Beteiligung an aktuellen Sinnfragen unserer Zeit, vereinzelte Stellungnahmen der Kirche zu aktuellen Themen, Religionsphilosophen und lebendige Zeugen des Christentums konnten mir jede Aufmerksamkeit und Diskussionsfreude abringen. An dieser Stelle zolle ich im Nachhinein allen Religionslehrern Tribut, die uns Kritikern standgehalten haben und in jeder Stunde mit neuer Energie und Überzeugung Zeugnis von ihrem Glauben gegeben haben.
Zusammengefasst bleibt zu sagen, dass es nicht in erster Linie die Glaubensinhalte waren, die bleibende Eindrücke hinterlassen haben. Sie sind mittlerweile größtenteils verblasst, was ich im übrigen auch meinen jetzigen Schülern zugestehen muss, wenn sie sich über 20 Jahre später an mich erinnern werden. Aber eines bleibt: Die Religionslehrer als Botschafter dessen, was sie im Leben trägt, was sie begeistert, von was sie überzeugt sind und somit Zeugnis geben. Sie als Glaubensboten, die auch in alltäglichen Begegnungen außerhalb von Unterricht und Schule für uns Schüler greifbar waren und ein offenes Ohr hatten. »Von besonderer Bedeutung für die religiöse Sozialisation sind [...] die (Religions-) Lehrkräfte, die auch selbst als gelebtes Beispiel von Religion wahrgenommen werden. Es geht dabei vor allem darum, sich im Kontext des Glaubens als authentisch zu erweisen. Gelehrte und gelebte Religion müssen in einem reflexiven Zusammenhang gesehen werden können.«[2] Es sind die Lehrer in ihrer

Glaubwürdigkeit, in ihrem Faible für ihr Hobby – nein, Entschuldigung, ihr Fach. Es ist die Flexibilität des Nicht-blind-eingefahren-Seins, es ist das Know-how, offen eingestellte Menschen zu begeistern, ihrem »Sehn-suchen« Wege aufzuzeigen und kritisch Eingestellte nicht verletzend zu hinterfragen. Sie alle sind positiv, negativ oder irgendwo dazwischen in meiner Erinnerung geblieben. Persönlichkeiten haben meinen Glauben mitgeprägt, wie auch ich heute Glaubenswege mir anvertrauter Menschen entscheidend mitpräge.
Und zweitens: Alles hat eine Wiederholung – fast alles. Ich bin überzeugt, dass es nicht epochenweise – erzeugt durch neue religionspädagogische und didaktische Erkenntnisse – immer wieder einen gänzlich neu gestalteten Religionsunterricht gibt und geben wird. Lehrertypen haben eine Wiederholung, wie sich auch Methoden, Inhalte, Intentionen, didaktische Konzepte, Ziele des Religionsunterrichts und auch Schülertypen in ihren unterschiedlichen Stufen religiöser Sozialisation und Entwicklung wiederholen. Nur die Glaubens-Materie in ihrem Kern bleibt – Gott sei Dank – die gleiche, sie blickt auf Ursprung und Geschichte zurück. Spannend immer wieder von Neuem: Wie unterschiedlich gewichten wir unsere Glaubensbotschaften in ihrer zeitlichen Aktualität und ihrem Lebensumfeld, in welchem sie sich als glaubwürdig zu beweisen haben?

2. Die Hinwendung zu den Lebenden

Die Zeiten sind vorbei, in denen 30 brave Glaubensempfänger die Schulbank drückten und unkritisch oder eingeschüchtert eine Ladung Nachschub an Glaubensinhalten von ihrem Religionslehrer in Empfang nahmen (Transmissives Konzept des Religionsunterrichtes). Die Welt des Subjekts scheint heute mehr denn je im Zentrum des Geschehens zu stehen. Jeder einzelne Schüler steht mit seinen Erfahrungen und seiner Lebenswelt in Korrelation zu den Glaubensinhalten, die sich am aktuellen Zeitgeschehen und eben im Leben der betroffenen Person immer wieder neu zu bewahrheiten haben (Dialogisches/hermeneutisches//korrelatives Konzept des Religionsunterrichtes). Felix Kucher[3] beschreibt die Entwicklung dahin noch weitergehend. Der Konstruktivismus habe in die Pädagogik und die Didaktik allgemein Einzug gehalten und bilde auch für den Religionsunterricht eine Herausforderung. Das Subjekt als aktiver Konstrukteur konstruiert Glaubensinhalte (Radikal-konstruktivistisches Modell). »Da alle Erkenntnis aktive Konstruktion des Subjekts ist, bastelt sich jeder Erkennende seine eigene Weltsicht zusammen. Wissensaneignung erfolgt nicht durch

Transmission, sondern durch Aufbau eigener Strukturen zur Deutung der Wirklichkeit. Nicht Rezeptivität, sondern Aktivität steht im Vordergrund.«[4] Diese Tendenz scheint auf meine Schüler genauso passend, wie auch gefährlich zu sein. Denn wie gerne würden sie allein festlegen, was für sie stimmig ist, welches Maß einer selbst zusammengezimmerten Religiosität ausreichend ist. Die Spannweite ist groß, wie meine Umfrage in einer vierten und fünften (HS) Klasse zeigte: »Ich glaube an den lieben Gott und denke, dass es ihn wirklich gibt und dass er alle Kinder und Erwachsene beschützt.« Aber auch: »Ich glaube fast im Moment an gar nix, weil es eigentlich auch nichts gibt.« Wäre es nicht fatal, das individuelle religiöse Bauwerk jedes Einzelnen als absolut zu betrachten und es dabei zu belassen? Um den positiven Strang der aktiven Verantwortungsübernahme im Glauben dennoch weiterzuführen, kurz noch den Blick auf eine, wie ich finde, gesunde Entwicklung hin zum »Gemäßigten Konstruktivismus«, wie ihn folgende Modellzeichnung verdeutlicht:[5]

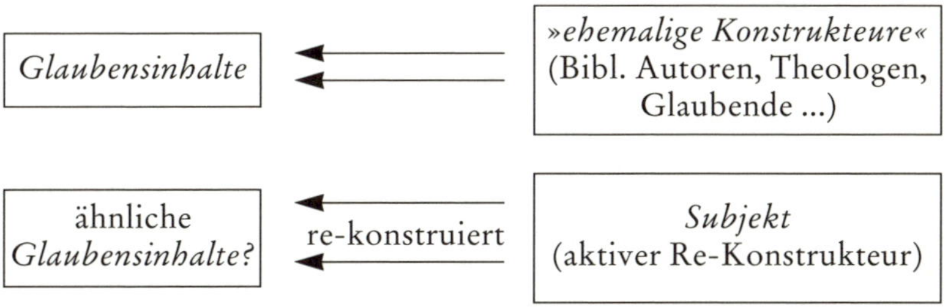

»Im Kontext des Religionsunterrichtes könnte das bedeuten, dass der Lehrer mit einem gewissen Vorsprung an Konstruktionsleistungen den Schülern hilft, um für sich selber Sinn und Glauben konstruieren zu können. Im Sinne einer >Rekonstruktion< greifen beide auf tradierte Bedeutungen zurück, die nicht neu erfunden zu werden brauchen, aber rekonstruiert werden müssen, wenn man ihre Relevanz für die eigene Weltsicht befragen will.«[6]

Dieses Konzept kommt am ehesten dem ursprünglichen Sinn des griechischen Wortes für Schule und somit auch der »Religions-Schule« zugute: »Scholé« als »zweckfreie Betätigung«. Nicht das Überstülpen von Glaubenswahrheiten auf den homogenen Universalschüler zum Zwecke des Wissens an sich ist erstes Bedürfnis heutiger Schüler. Sie suchen vielmehr die Relevanz für ihr Leben und eine sinnhafte Begründung, ihren Glauben an die Institution Kirche, eine Gemeinschaft von gläubigen Christen oder an eine bestimmte Religion binden zu sollen. Hierbei stehen bei Schülern anthropologische Grundfragen hoch im Kurs, die zunächst aber erst mal unabhängig von Religion im Raum stehen. Bei diesen Fragen sind Schüler hellwach und unvoreingenommen, betroffen und berührt. Erst in einem zweiten Schritt kann Glaubenstradition versuchen, Antworten zu geben – sensibel allerdings, weil Religionslehrer es heute mit einer sehr kritischen Klientel zu tun haben und das meine ich äußerst positiv. Folgende Zusammenstellung[7] mag das »Hand in Hand« von anthropologischen Fragestellungen und Glaubenstraditionen verdeutlichen:

> Glück – Sinn – Heil, Hoffnung – Utopie – Reich Gottes, Gemeinschaft – Kirche, Gerechtigkeit – Frieden, Leistung – Gnade – Rechtfertigung, Evolution – Schöpfung, Leiden – Theodizee, Scheitern – Schuld – Vergebung, Liebe – Nächstenliebe – Gottesliebe, Tod – Auferstehung, Religion – Religionskritik, Gott – Gottesbilder, Jesus – Christus.

Grundfragen und passend dazu christliche Antwortversuche, welche Kinder und Jugendliche keineswegs achtlos in den Wind streichen. Ich beobachte bei allen Kindern die Lust am Fragen und ihren Drang nach Antworten. Christliche Antwortversuche werden von ihnen keineswegs links liegen gelassen. Es ist das Suchen nach einem Sinn, der hinter allem steht, die Spannung an bröckelnden Überzeugungen, genauso aber auch das Sehnen nach mystischen und transzendenten Elementen unserer Religion und vor allem das Staunen über die Größe der Schöpfung und ihren Schöpfer, der hinter allem wissenschaftlich Definierten noch als letzte bergende und menschenfreundliche Sicherheit steht.
Entgegen mancher vorschneller Überzeugung, dass die junge Generation an einem »religiösen Verdunstungsprozess« leide, stoße ich immer wieder auf elementares Sehnen nach Antworten bezüglich des »Woher« und »Wohin«, das sich in allen Schattierungen auch des noch jungen Lebens widerspiegelt. Und gerade dieses ist doch zutiefst religiös geprägt.
»Wer Kindern durch Ermutigung und Würdigung Raum zum Fragen gibt, der entdeckt in ihren Fragen die großen Themen der Menschheit. Wer Kinderfragen mit religionspädagogischem Interesse auswertet, erhält Einblicke in das, was Kinder heute wirklich beschäftigt: was sie fasziniert oder abschreckt, freut oder ängstigt.«[8]
Rainer Oberthür findet bei einer Umfrage unter seinen Schülern folgende Schwerpunkte. Ich nenne nur die Oberthemen:[9]
- Fragen nach der (eigenen) Identität
- Geheimnis des Unendlichen/Unvorstellbaren (Welt, Natur, Universum, Raum, Zeit)

- Probleme des Zusammenlebens (Geschwister, MitschülerInnen, Jungen und Mädchen, Eltern, Lehrkraft)
- Zukunftsängste, Kriege, Umweltkatastrophen
- Trauer, Krankheit, Leiden, Sterben, Tod
- Leben nach dem Tod
- Die Entstehung von Sprache
- Die Existenz und Wirklichkeit Gottes

Mir ist bewusst, dass junge Menschen, ob Kinder oder Jugendliche, aufgrund ihrer Einmaligkeit und Persönlichkeit nie genau das als lebens- und glaubensrelevant annehmen werden, was ich wohl überlegt für jede Religionsstunde ausgewählt habe und was ich an Antwortversuchen – geprägt durch meine Geschichte – aus dem Glauben anzubieten habe. Ihre Lebensbiografie macht sie nicht zu einem von mir beschriebenen Blatt. Sie sind es jede und jeder für sich, die selbstständig ihre Lebens- und Glaubensgeschichte schreiben. Und dennoch prägt jede Lehrkraft durch ihr authentisches Auftreten gepaart mit Fachwissen und pädagogischem Fingerspitzengefühl religiöse Einstellungen entscheidend mit. Mein positives Bild von jungen Menschen mit ihrem zu Recht »religiös« genannten Suchen nach Sinn, Geheimnis und letztendlich überdauernden Antworten – all das darf mich nicht in falscher Sicherheit wiegen. Ihr Staunen bei letzten Geheimnissen des Menschseins und einer perfekt ausgedachten Schöpfung unseres blauen Planeten; ihr Erahnen, dass es im Leben eine Größe gibt, die nicht fassbar, 100 % definierbar und doch vorhanden zu sein scheint, und nicht zuletzt ihr Sehnen nach Harmonie, Geltung, Würde, Sinn und Erfüllung auf der einen Seite. Zu dünn und zerbrechlich sind manchmal elementare Grundlagen auf der anderen Seite: fehlende Rituale und Traditionen, Stückwerke an Glaubenswissen, trockengelegte Mystik, ungezwungene oder überdeckte Orte gelebter Religiosität, Sprachlosigkeit als Folge fehlender religiöser Sprachkompetenz, Oberflächlichkeit als Überlebenskonzept, weil Elementarisierung zu tief geht. Walt Disneys Bibelverschnitte auf Kosten der Auseinandersetzung mit ursprünglichen Frohbotschaftszeugen tun ihr übriges.

3. Die Auseinandersetzung mit dem Glauben

Neben dem Lehrplan mit seiner Orientierungs- und Entlastungsfunktion spricht Winden auch von seiner Funktion als einem »hidden curriculum«. Dieser heimliche Lehrplan nutzt seine Freiheit, den Schülern mit ihren Bedürfnissen, Sehnsüchten und ihren Lebensbiografien und dem dazugehörigen sozialen Umfeld gerecht zu werden. »Unbewusst und ungeplant verlaufende soziale Prozesse prägen den Unterricht in stärkerem Maße als amtliche Richtlinien und Lehrpläne, deren Wirkung nur unzureichend erforscht ist. Die Gesamtheit unterschwelliger Einflüsse bildet einen Heimlichen Lehrplan (hidden curriculum). Er stellt für Lernende wie Lehrende eine zweite Lern- /Lehrebene dar, der sie zur Wahrung ihrer Rollen nicht ausweichen können. Im Religionsunterricht kommt dem verborgenen Lehrplan wegen der Besonderheiten religiösen Lernens und seiner engen Verbindung mit dem sozialen und ethischen Lernen erhöhte Bedeutung zu.«[10] Wo der Religionsunterricht dieser verborgenen Dimension Platz einräumt, spreche ich ihm eine große Lebens- und Glaubensrelevanz zu. Wenn ich durch den Lehrplan der Grund- und Hauptschule streife, entdecke ich zahlreiche solcher Chancen. Exemplarisch greife ich einen Themenbereich pro Jahrgangsstufe heraus. Hier können meine Schüler sehnen – staunen – erahnen:

Grundschule

Klasse 1 / Themenbereich 6: Gottes Welt mit den Sinnen entdecken
Sehnen: Ich möchte mein Leben und die Welt als kostbares Geschenk wahrnehmen.
Staunen: Ich spüre mein eigenes Leben im Atem, im Herzschlag. Ich lebe ohne eigenes Dazutun.
Erahnen: Ich bin dankbar, dass ich und die Schöpfung nicht wahlloser Zufall sind.

Klasse 2 / Themenbereich 2: Miteinander leben
Sehnen: Ich brauche Vertrauen und Gemeinschaft um mich zu entfalten.
Staunen: Ich bin beeindruckt von biblischen Personen / Menschen heute, die sich für andere stark machen.
Erahnen: Ich spüre, dass Versöhnung echtes Leben schenkt – Anbruch des Reiches Gottes auch in meinem Leben.

Klasse 3 / Themenbereich 1: Von Gott sprechen
Sehnen: Ich suche Antworten im unbegreifbaren Gott.
Staunen: Ich komme an meine Grenzen und erfahre Gott als wohltuendes Geheimnis.
Erahnen: Ich vertraue auf Gottes Nähe in meinem Leben.

Klasse 4 / Themenbereich 2: Dem Leben vertrauen können
Sehnen: Ich möchte dem Sinn meines Daseins auf die Spur kommen. Woher komme ich, wohin gehe ich und wieso bin ich?

Staunen: Meine Einmaligkeit macht mich unverwechselbar und wertvoll.
Erahnen: Ich bin von Gott gewollt und habe eine wichtige Aufgabe in der mir anvertrauten Welt.

Hauptschule

Klasse 5 / Themenbereich 2: Glauben und Vertrauen – Gottes Weg mit Abraham
Sehnen: Gibt es jemand, dem ich ohne Einschränkung blind vertrauen kann, in Höhen und Tiefen meines Lebens?
Staunen: Biblische Personen vertrauen Gott auf ihrem Lebensweg – wider alle menschliche Vernunft.
Erahnen: Gott hat auch eine Verheißung für mich, die mir Kraft gibt, neue Wege im Vertrauen an seine Existenz zu riskieren.

Klasse 6 / Themenbereich 1: Christengemeinden entstehen – von Jerusalem in die Welt
Sehnen: Ich möchte als Christ die Welt verändern und Sinnvolles bewirken.
Staunen: Ich bewundere Christen damals wie heute: verfolgt, standhaft, selbstbewusst und überzeugt – mittlerweile über den ganzen Erdball verteilt.
Erahnen: Ich kann mir die erstaunliche Kraft, die Glaube auch heute noch freisetzt, nur durch Gottes Geist erklären.

Klasse 7 / Themenbereich 5: Wer bin ich, wie will ich werden? – Auf der Suche nach sich selbst
Sehnen: Ich habe Ideale, die meinem Leben Sinn, Glück und Harmonie geben.
Staunen: Mit Schwächen und Stärken, mit Niederlagen und Erfolgen, mit Hoffnungen und Ernüchterung kann Leben gelingen.
Erahnen: Ich bin als freier Mensch geboren und erahne die Möglichkeiten, die mein Leben für mich bereit hält. Gott gibt mir auf der Lebensexkursion Halt.

Klasse 8 / Themenbereich 5: Die Schöpfung ist uns anvertraut – unsere Welt erhalten und gestalten
Sehnen: Ich sehne mich nach einer heilen Schöpfung, in der das Wunder des Lebens nicht durch Zerstörung verdeckt wird.
Staunen: Ich werde ehrfürchtig, wenn selbst die Wissenschaft mir eine Erklärung schuldig bleibt, dort wo die Großartigkeit der Welt ein letztes Geheimnis hat.

Erahnen: Ich spüre, dass gerade durch die wissenschaftlich erklärbare Schöpfungsordnung ein Schöpfer hinter dem Wunder des Lebens stehen muss.

Klasse 9 / Themenbereich 5: »Es ist nicht gut, dass der Mensch allein bleibt« – Partnerschaft, Ehe und Familie

Sehnen: Ich sehne mich nach einem verlässlichen Menschen fürs Leben, der mir mehr als ein Freund ist. Ich sehne mich nach Liebe, die länger als ein Strohfeuer brennt.

Staunen: Ich staune, welche Pflege Beziehung braucht und wie vielfältig die Formen liebender Zuwendung zwischen Mann und Frau sein können.

Erahnen: Ich stelle mir vor, wie wertvoll ein gemeinsamer Lebensweg und eine verantwortete Elternschaft sein können.

Klasse 10 / Themenbereich 4: Fremden Kulturen und Menschen begegnen – Hinduismus und Buddhismus

Sehnen: Ich träume davon, dass sich Menschen aller Kulturen und Religionen nicht nur tolerieren, sondern sich auch gegenseitig bereichern.

Staunen: Mich beeindruckt, wie verschiedene Welt- und Religionsanschauungen die Probleme und Rätsel der Welt und des menschlichen Daseins zu erklären versuchen.

Erahnen: Mit Unterschieden und mit Gemeinsamkeiten deuten wir verschieden unsere Welt, Gott und den Sinn des Lebens. Steht hinter allem nicht der eine Gott?

Als Beispiel stelle ich hier noch einen kleinen Baustein vor, der im Themenbereich 1: »Miteinander leben – füreinander da sein« der fünften Jahrgangsstufe seinen Platz hat. Mit der Betrachtung von Sieger Köders Bild »Schöpfung«[11] machten wir uns Gedanken über Fragen wie: Was macht unsere Welt kostbar? Was an unserer Schöpfung braucht Achtsamkeit und Zuwendung? Wer oder was steht hinter dieser Ordnung? Was ist die Aufgabe des Menschen in der Schöpfung, was ist seine Rolle? Wie selbstverständlich ist jedem von uns das Wunder des Lebens geworden? Widersprechen sich die Naturwissenschaft und unser Glaube an einen Schöpfergott, der hinter allen Dingen steht? Was bedeutet es, den Menschen als die Krone der Schöpfung zu benennen? Etc.
Nun bekamen die Kinder das Bild von Sieger Köder in Graustufen auf ein Blatt kopiert, bei dem der Teil im Bild fehlte, der Adam und Eva im Paradies darstellt. Jeder Schüler hatte nun Zeit, seine eigene persönliche Welt dort hineinzumalen, seinen Ort im Leben, der ihm wichtig und wertvoll ist. Einen Platz, an dem er sich entweder in

In diesem Bild wird die Darstellung des Paradieses mit Adam und Eva entfernt und dann in Graustufen auf Arbeitsblätter gezogen.

Eine Schülerin hat ihrem persönlichen Sehnsuchtsort einen Platz in der behüteten Schöpfungsordnung Gottes gegeben.

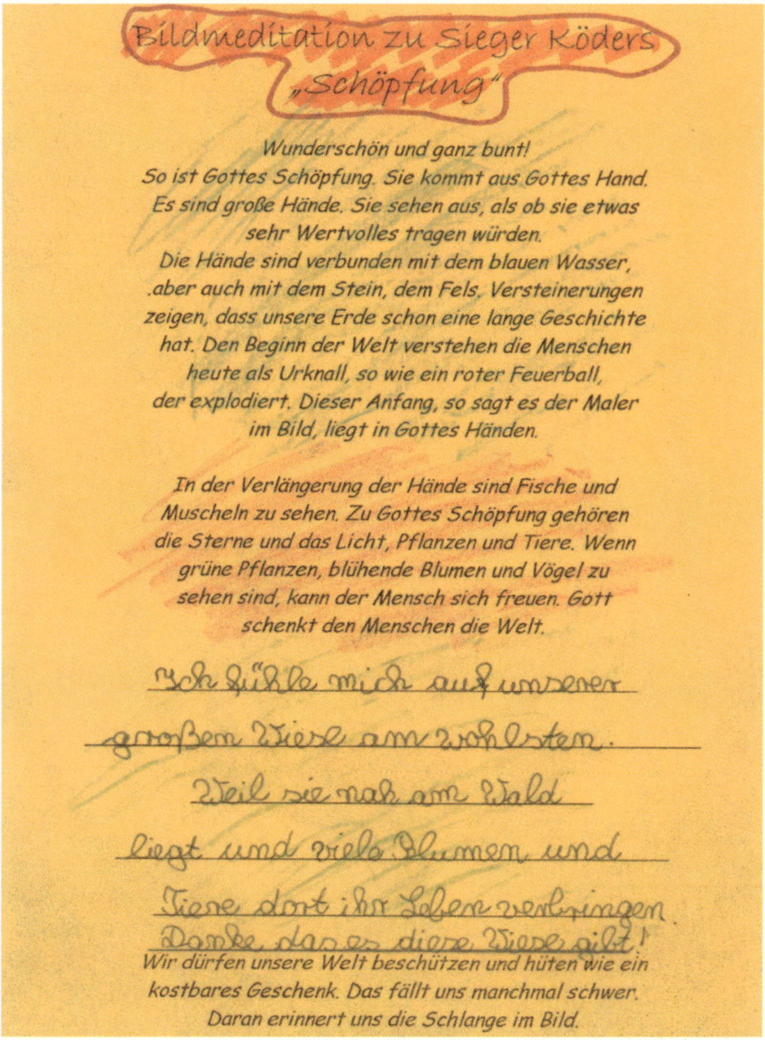

Bildmeditation zu Sieger Köders „Schöpfung“

Wunderschön und ganz bunt!
So ist Gottes Schöpfung. Sie kommt aus Gottes Hand.
Es sind große Hände. Sie sehen aus, als ob sie etwas
sehr Wertvolles tragen würden.
Die Hände sind verbunden mit dem blauen Wasser,
.aber auch mit dem Stein, dem Fels. Versteinerungen
zeigen, dass unsere Erde schon eine lange Geschichte
hat. Den Beginn der Welt verstehen die Menschen
heute als Urknall, so wie ein roter Feuerball,
der explodiert. Dieser Anfang, so sagt es der Maler
im Bild, liegt in Gottes Händen.

In der Verlängerung der Hände sind Fische und
Muscheln zu sehen. Zu Gottes Schöpfung gehören
die Sterne und das Licht, Pflanzen und Tiere. Wenn
grüne Pflanzen, blühende Blumen und Vögel zu
sehen sind, kann der Mensch sich freuen. Gott
schenkt den Menschen die Welt.

Ich fühle mich auf unserer
großen Wiese am wohlsten.
Weil sie nah am Wald
liegt und viele Blumen und
Tiere dort ihr Leben verbringen.
Danke das es diese Wiese gibt!

Wir dürfen unsere Welt beschützen und hüten wie ein
kostbares Geschenk. Das fällt uns manchmal schwer.
Daran erinnert uns die Schlange im Bild.

Gott »danke« sagen und ein Gebet schreiben: Meine Welt in Gottes Hand geborgen.

Wirklichkeit wohlfühlt oder an den er sich hin sehnt. Allein die Zeit, die sich alle nahmen, und die Sorgfalt, mit der dieser Sehnsuchtsort zu Papier gebracht wurde, eingebettet in das Bild der von Gott geborgenen Schöpfung, bedurfte keiner erklärenden Worte mehr. Die Dankbarkeit für so manche beinahe selbstverständlich gewordene Alltäglichkeit brachten Kinder in einem Gebet[12] zum Ausdruck. Es macht die Brücke sichtbar, die Leben und Glauben verbindet, die dem Alltag mit seinen Träumen und Sehnsüchten ein tragendes Fundament im Glauben gibt. Auch meine kleine Welt – in Gottes Hand geborgen.

4. Die »eiserne Ration«

Die Grundverfassung des vom Wesen her staunenden und sehnenden Individuums gibt Zeugnis davon, was den Menschen glücklich und zufrieden macht, was dem Leben Sinn gibt und den Weg zu einem erfüllenden Dasein hoffnungsvoll macht. Gottesglaube, so Grom[13], kann hierzu eine motivierende Mit-Erfahrung sein und damit eine Kraft, die Heil erleben lässt. Grom nennt Entwicklungsaufgaben im Leben eines Menschen, die nicht an ein bestimmtes Alter gebunden sind. Diese Entwicklungsaufgaben können durch den Gottesglauben positiv motiviert als transsoziale Unterstützung zur Entfaltung gebracht werden:

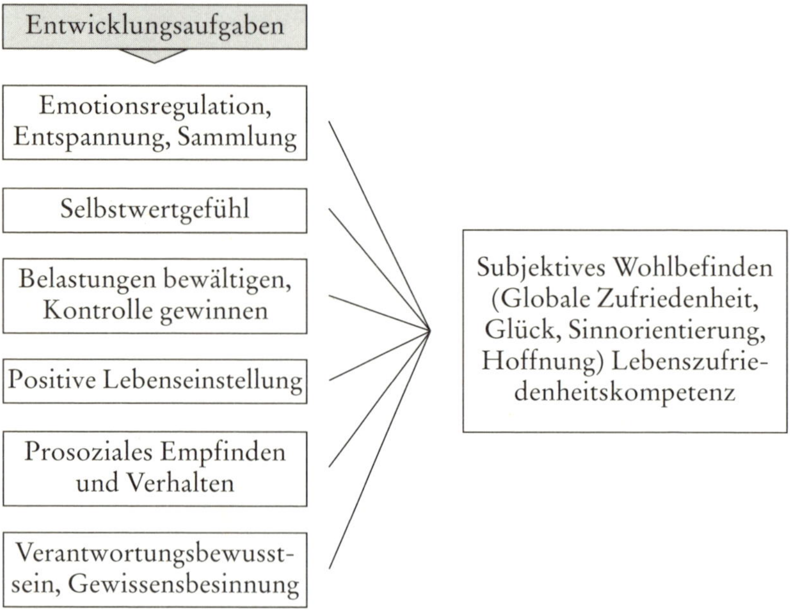

Ich sehe sowohl in meinem persönlichen Glauben als auch in meiner Rolle als authentischer Glaubensvermittler – sprich Religionslehrer – dort Sinn, wo ich bei den genannten Entwicklungsaufgaben Menschen hilfreich werden kann.
In meinem Sehnen nach Sinn und Erfüllung im Leben und in meiner Fähigkeit des Staunens über meine Begrenztheit, Winzigkeit und Endlichkeit auf der einen Seite, aber auch in meiner unauslöschlichen Einzigartigkeit und Größe in einer Welt voller Wunder auf der anderen Seite, nehme ich Gott in dieser Schöpfung wahr. Ich kann mein Leben nicht als zufällige Selbstverständlichkeit hinnehmen und spüre so meine Anknüpfung an ein höheres Wesen – ich erahne Gott in meinem Alltag.
Ein Text von Huub Oosterhuis[14] mit seiner Verortung in der Taufe eines Kindes ist mir persönlich im Laufe der Zeit sehr wichtig geworden. Ich kann ihn immer wieder neu lesen, ohne dass sein Inhalt sich abnutzen könnte oder bedeutungslos werden würde.

Die sieben Flammen

Wie ein jeder weiß,
wohnen sieben Flammen im Weltall,
und sie bilden zusammen
die Luft, die wir atmen,
und den Boden unter unseren Füßen,
kurzum, alles und jedes.

Aber nun wohnen da auch
sieben Flammen in jedem Menschen,
denn jeder Mensch ist ein kleines Weltall –
und deshalb stehen hier
sieben brennende Kerzen
auf diesem Leuchter.

Die erste Flamme ist die Flamme der Sonne,
die die Quelle ist und der Wächter
aller Dinge.
So wird auch jedes Kind
ein wenig aus der Sonne geboren
und von der Sonne beschützt.

Die zweite Flamme ist die Flamme der Sprache.
Mit feurigen Worten suchen Menschen einander,

und eine feurige Zunge, die stammelt,
ist besser als ein kluger Kopf,
der schweigt.

Die dritte Flamme ist die Flamme der
Leidenschaft.
Sie lehrt einem die Liebe,
sie erfasst einem den ganzen Leib,
so dass ein Mensch
eine brennende Seele wird,
ein lodernder Baum, der heil bleibt.

Die vierte Flamme ist die von Hunger und Durst,
wie geschrieben steht:
Hunger ist ein Feuer, das Steine verschlingt,
Durst ist ein Feuer,
nicht auszulöschen von einem Meer.

Die fünfte Flamme ist Gott,
der seine Funken aussendet
in alles, was lebt,
bis in den Himmel und in den Abgrund.

Die sechste Flamme ist die Flamme der Musik –
man kann sie in den Ohren haben,
um damit zu hören,
und im Mund, um damit zu singen,
in den Händen, um damit zu spielen
und in den Füßen, um damit zu tanzen.

Die siebente Flamme ist die Flamme der Hoffnung,
die aus Menschen
Kinder, Landstreicher und Propheten macht,
so dass sie singen:
Siebzig mal sieben Bäume
werden blühen, wo wir wohnen,
Licht wird auf dem Wasser schäumen.

Ich hoffe, dass euer Kind
ein Mensch wird,
aus dem die Flammen schlagen
und die Funken sprühen.

Diese Flammen in einem Menschen am Züngeln zu halten, macht ihn erst lebendig. Ohne Flammen keine Funken, die überspringen können. Lebensfeindliche Kälte ohne dieses innere Feuer – Ausdruck eines lebendigen Gottes in mir und meinem Tun. Die sieben Flammen, die das »Lebe-Wesen« eines Menschen beschreiben sind außerordentlich »wesentlich« und zugleich so schnell in unserer sinngefüllten Alltagswelt von Oberflächlichkeiten überdeckt. Ich glaube, dass für meine Schüler Gott in diesen Flammen erfahrbar wird.

5. Das Ganze im Symbol

Sehnen, Staunen und Erahnen sind grundlegende Wesenszüge des Menschen für eine Begegnung mit dem Geheimnis Gottes. Trotz intelligenter Computersteuerung und Satellitennavigation haben Leuchttürme, wenn sie im tosenden Meer vor Riffen und Landvorsprüngen warnen, auch für hartgesottene Seeleute eine beinahe magische Bedeutung. Der Leuchtturm ist Symbol der Sehnsucht, im stru-

delnden Wasser voll versteckter Gefahren geborgen und unversehrt durch die Fluten in den Heimathafen zu gleiten. Der Leuchtturm als Symbol des Staunens trotzt mit Unverrückbarkeit allen Angriffen der Wellenkraft und das zugleich noch mit einer gewissen Portion von Gelassenheit. Er strahlt Orientierung und Sicherheit aus. Der Leuchtturm ist Symbol des Erahnens, dass ich nicht verloren bin und ziellos vor mich hin treibe, sondern dass da Land ist, dass greifbare Küste in Sichtweite rückt, die meinen oft wogenden Weg unsichtbar begleitet.
Braucht das Bild des Leuchtturms eigentlich noch einen Transfer in die Bedeutung als Symbol für den Religionsunterricht? Der Leuchtturm ist Symbol meines Berufsalltags. Wonach ich mich und meine Schüler sich wirklich existentiell sehnen, geht oft im Leben unter. Unser Glaube ist Licht- und Orientierungspunkt, manchmal mehr oder weniger für unsere Seele sichtbar, aber immer als Heimathafen für uns vorhanden, um Kraft zu schöpfen und um Lebensenergie zu tanken. Religionsunterricht ist Raum, um wieder Staunen zu lernen. Ein Staunen, das trotz aller Sicherheiten, die ich für mein Leben aufbaue, auch ein Restrisiko an Leben und Lebendigkeit wahrnimmt, das an seine Grenzen kommt und sich nicht »ver-sichern« lässt. Hier stehen mir alle Wege der Gottesbegegnung offen. Die Weite dieser Gotteserfahrungen, die mich über so manches Wunder unseres blauen Planeten staunen lässt, ruht in der Sicherheit, die mir mein Glauben gibt. Glaube ist zum Eckstein, zum Leuchtturm geworden.
Ich wünsche uns allen, dass wir immer wieder neu – auch im Religionsunterricht – auf Entdeckungsreise gehen und fündig werden. Fündig insofern, dass wir in jedem Menschen und in unserer Schöpfung Spuren Gottes finden, die das Leben kostbar machen, ihm Sinn geben und uns dem Gottesgeheimnis näher bringen.
Sehnen, staunen und erahnen – Gott als Leuchtturm in der Brandung meines Lebens. Oder abschließend im Sinne Franz von Assisis gesagt:[15]

> »Voll Freude wurde ich gewahr, dass alles, was mich umgab, Zeichen Gottes war, auf ihn deutete. Und ich konnte nicht mehr anders, als bei allem, was ich erblickte, an ihn, meinen allerhöchsten und guten Herrn, zu denken.«

Anmerkungen

1 P. Kliemann, H. Rupp, 1000 Stunden Religion. Wie junge Erwachsene den Religionsunterricht erleben, Stuttgart 2000.

2 U. Schwab, Religiöse Sozialisation, in: G. Bitter, R. Englert, G. Miller, K. E. Nipkow, Neues Handbuch religionspädagogischer Grundbegriffe, München 2002, 182.

[3] Vgl. F. Kucher, Katechismus, Korrelation, Konstruktivismus, in: Christlich Pädagogische Blätter (cpb), 115. Jg., Heft 3, Wien 2000, 172–176.
[4] Ebd., 174.
[5] Vgl. ebd., 175.
[6] Ebd.
[7] Vgl. Übersicht in: G. Bitter; R. Englert; G. Miller; K. E. Nipkow. a.o.O., 83.
[8] R. Oberthür, Kinder und die großen Fragen. Ein Praxisbuch für den Religionsunterricht. München 1995, 14.
[9] Ebd., 14 ff.
[10] H.-W. Winden, Richtlinien und Lehrpläne, in: G. Bitter; R. Englert; G. Miller; K. E. Nipkow, a.a.O., 464.
[11] © Sieger Köder, »Schöpfung«.
[12] Vgl. Katholisches Bibelwerk, Kinder-Bibel. Mit Bildern von Sieger Köder, Stuttgart 1995, 10.
[13] Vgl. B. Grom, Religionspädagogische Psychologie, Düsseldorf 2000, 150 f.
[14] H. Oosterhuis, Du bist der Atem und die Glut. © Verlag Herder Freiburg, 4. Auflage 1996.
[15] C. Caretto, Was Franziskus uns heute sagt, Freiburg 1981, 94.

Hildegard Veira

... ein Weg gemeinsamen Suchens und Findens

1. Im Archiv des Gedächtnisses

Werde ich nach meinem eigenen Religionsunterricht und nach der Glaubensbotschaft gefragt, die mich persönlich am stärksten prägte, so kommt mir spontan die Frage in den Sinn: »Wozu sind wir auf Erden?« und die Antwort: »Wir sind auf Erden, um Gott zu erkennen, ihn zu lieben, ihm zu dienen und einst ewig bei ihm zu leben.«[1] Diese Aussage im ersten Kapitel des (grünen) Katholischen Katechismus prägte sich wahrscheinlich so tief ein, weil mich bereits als Kind die Frage nach dem Woher und dem Wohin des Menschen sowie die Frage nach dem Sinn des menschlichen Daseins immer wieder beschäftigte. Auch die Anregung im Katechismus unter der Rubrik »Für mein Leben: Ich will mich oft fragen: ›Was will Gott von mir?‹«[2] lernte ich nicht nur auswendig, wie es vom Religionslehrer verlangt wurde, sondern sie ging mir in der Kinder- und Jugendzeit oft durch den Kopf.
Alle weiteren Inhalte des Katechismus waren für mich die Entfaltung und Konkretisierung der oben angegebenen Antwort. Der Religionsunterricht zeigte mir auch, wie christliches Leben innerhalb der Kirche aussehen kann. Er gab die Richtung an, wonach das Leben auszurichten ist und welche christlichen Werte und Verhaltensweisen anzustreben sind. Oft hörten wir genau, wie christliches Leben konkret zu gestalten ist.
Die Wahrheiten, die ich im Religionsunterricht vermittelt bekam und die Merksätze, die ich auswendig lernen musste, stimmten mit den religiösen Inhalten und ethischen Werten überein, die mir in der Familie und im dörflichen Umfeld vermittelt wurden.
Die Inhalte des Religionsunterrichts, die Sakramentenvorbereitung sowie die religiöse Praxis in Pfarrei und Familie bildeten ein in sich geschlossenes System. Es durfte nicht hinterfragt oder in Zweifel gestellt werden.
Erst später, im massiven Aufbegehren der 68er Generation auch im Religionsunterricht, erlebte ich, wie die meisten meiner Mitschü-

ler/-innen sowohl den christlichen Glauben als auch die christlichen Werte aus vollster Überzeugung in Frage stellten und zum großen Teil auch ablehnten. Der Religionsunterricht bestand in dieser Zeit fast ausschließlich aus Angriffen der Schüler/-innen gegen die christlichen Glaubens- und Werteauffassungen und oft ziemlich hilflosen Erklärungsversuchen von Seiten der Religionslehrer. Die neuen Leitfiguren hießen Marx, Engels und Lenin. Deren Ideen und Werte zu verinnerlichen und in der Gesellschaft zu verwirklichen war das große Ziel meiner meisten Mitschüler/-innen. So könnte eine neue Welt entstehen, ohne soziale Unterschiede und Ungerechtigkeit, aber mit persönlicher Freiheit und Selbstbestimmung über das eigene Leben, hieß die Vision.
Meine »heile« Welt wurde jetzt massiv in Frage gestellt. Es gab nun nicht mehr nur eine für alle geltende Antwort auf die Fragen des Lebens. Es gab andere, die bedenkenswert und nach ihrer Richtigkeit zu hinterfragen waren. In mir meldete sich wieder die Anfangsfrage: »Wozu bin ich auf Erden?« und: »Was ist mein Welt- und Lebensbild? Welche Sicht des Lebens und der Welt ist richtig?« und ich musste mich existentiell damit auseinandersetzen und für mich eine ganz persönliche Antwort finden.

2. Die Hinwendung zu den Lebenden

Sicher sind die heutigen gesellschaftlichen Gegebenheiten nicht mit denen der »68er«-Generation zu vergleichen, aber trotzdem lassen sich in der Grundbefindlichkeit der Schüler/-innen heute Parallelen zu meiner eigenen damals finden.
Ihre Lebenssituation ist nicht eingebettet in ein religiös geprägtes Umfeld mit christlicher Glaubenspraxis und christlicher Werteauffassung. Realität ist, dass

- für die meisten Schüler/-innen Religion und Glaube in der Familie überhaupt kein Thema mehr sind.
- religiöse Praxis, außer vielleicht an kirchlichen Hoch- und Familienfesten, nicht stattfindet.
- nur zwei, drei Schüler/-innen pro Religionsgruppe – wenn überhaupt – einen Bezug zur kirchlichen Gemeinde haben.
- symbolische Handlungen und ihre Bedeutungen fast nur vom Kindergarten, von der gemeindlichen Sakramentenvorbereitung oder vom Religionsunterricht her bekannt sind.
- ein Leben im Rhythmus des Kirchenjahres vielen völlig fremd ist und die Schüler/-innen deshalb auch Sinn und Bedeutung der christlichen Feste, ja oft sogar nicht einmal deren Namen kennen.

- gesellschaftliche Werte und Normen zwar anerkannt, aber nicht christlich begründet werden.
- Inhalte des Religionsunterrichts teilweise abgelehnt werden, weil man mit »Religion und Kirche nichts am Hut« hat.
- Heilserwartungen zwar da sind, diese aber nicht mit der Kirche und ihrer Botschaft in Verbindung gebracht werden.

Wenn die Shell-Studie »Jugend 2000« feststellte, »dass Gottesdienstbesuch, Beten und der Glaube an ein Weiterleben nach dem Tod als Indikation für eine religiöse Lebensführung bei Jugendlichen in den alten Bundesländern weiter zurückgegangen sind« und »die private Glaubensüberzeugung und Religiösität (wie der Glaube an höhere Mächte, an eine ausgleichende Gerechtigkeit, übernatürlich-unerklärliche Kräfte, ein individuelles Gottesverständnis) bei deutschen Jugendlichen weitaus verbreiteter sind als eine traditionelle Glaubenspraxis«[3], so gilt das auch für unsere Schüler/-innen.

Obwohl die Bindung an eine kirchliche Tradition fast vollständig fehlt, ist Religiösität doch bei den Schüler/-innen aller Klassenstufen zu erkennen, ist die Sehnsucht nach religiöser Erfahrung zu spüren. Dies unterstreichen auch die Aussagen von Professor Hans Georg Ziebertz, die davon sprechen, dass zwei Drittel der Jugendlichen es für glaubwürdige Aussagen halten, wenn Menschen behaupten, dass der christliche Glaube als wertvoll angesehen wird und positive Auswirkungen wie Orientierung, Geborgenheit und Sicherheit auf das Leben haben kann. Allerdings haben nur weniger als 20 % der Jugendlichen selbst solche Erfahrungen gemacht, während sich zugleich fast 50 % solche Erfahrungen wünschen.[4]

Im konkreten Religionsunterricht wird die Offenheit für religiöse Themen spürbar, wenn

- die Grundschüler sich immer wieder wünschen, biblische Perikopen kennenzulernen, die von Gott erzählen, von menschlichen Grunderfahrungen des Leids und der Freude, von Figuren, die zur Identifikation anregen.
- Schüler/-innen ihre eigenen Lebenserfahrungen von Leid, Einsamkeit, Schuld, aber auch Freude und Hoffnung erzählen und nach deren Sinn fragen.
- die Schüler/-innen immer wieder auf Grundfragen des Lebens nach dem Woher und Wohin zu sprechen kommen und den Sinn des menschlichen Daseins und der ganzen Schöpfung hinterfragen.
- Schüler/-innen aller Altersstufen die Fragen nach dem Sinn von Leid und Tod und dem, was nach dem Tod kommt, beschäftigen und sie intensiv nach dem christlichen Auferstehungsglauben fragen.

- Zweifel an die Existenz Gottes ausgedrückt werden, da Gott nicht »beweisbar« sei, gleichzeitig aber eine große Sehnsucht nach Gott und Gotteserfahrung spürbar wird.
- oft indirekt danach gefragt wird, wie gelingendes Leben aussehen kann, nach welchen Werten, Zielen und Vorbildern Menschen ihr Leben ausrichten können.
- aktuelle Themen wie Terrorismus, Krieg, Umweltzerstörung nach ihren Ursachen hinterfragt werden und die Problematik, warum Gott dies alles zulässt, die Schüler/-innen beschäftigt.

3. Die Auseinandersetzung mit dem Glauben

Diese religiösen Grundfragen und mögliche Antworten darauf aus christlicher Glaubensüberzeugung sind sowohl im Lehrplan der Grund- als auch im Lehrplan der Hauptschule zu finden. So wird bereits im Fachprofil Katholische Religionslehre des Grundschullehrplans davon gesprochen, dass im Religionsunterricht die Schüler/-innen dabei unterstützt werden, »ihre religiösen Bedürfnisse und ihre Vorstellungen von Gott und von der Welt zu klären« und »ihre Hoffnungen und Ängste auszudrücken, sich mit ihren eigenen sowie mit dem Sinn und den Wertfragen ihrer Mitschüler auseinanderzusetzen«[5]. Weiter steht unter dem Lernbereich »Lebensfragen und biblische Botschaft«: »Nach dem Grund und Sinn des Lebens fragen: Die Schüler werden ermutigt, nach sich selbst und nach dem Woher und Wohin ihres Lebens und in diesem Zusammenhang nach Gott zu fragen«[6].

Konkrete Inhalte im Grundschullehrplan sind zu finden unter

1.1.2 Über Gott und die Welt nachdenken, Fragen, die mich beschäftigen; Menschen erzählen von ihren Erfahrungen von Gott.

1.6.1 Über vieles kann ich nur staunen. Fragen, die mich beschäftigen (z.B. Werden und Vergehen)

3.1.1 Mein Fragen nach Gott; über Gott und die Schöpfung nachdenken

4.4.1 Kinder fragen nach Leid und Tod; Antwortversuche von Menschen; Leid und Tod bleiben letztlich unbegreiflich; Not und Verzweiflung vor Gott bringen

4.4.2 Christen glauben: Unsere Verstorbene leben in und bei Gott

4.6.2 Bilder der Bibel drücken Lebens- und Glaubenserfahrungen aus.

Im Hauptschullehrplan werden die Aufgaben und Zielsetzungen

des Faches Katholische Religionslehre wie folgt beschrieben: »Dem Religionsunterricht kommt in der Hauptschule die Aufgabe zu, die religiöse Dimension den Menschen zu erschließen und zu vertiefen. Er nimmt das Lebensgefühl und die Lebenswelt der Schüler ernst und entfaltet in ihren Denk- und Ausdrucksweisen das Fragen nach dem Woher und Wohin, nach dem Wozu und Warum des Lebens.« Der Religionsunterricht bietet »die Möglichkeit, eigene Standpunkte bewusst zu entwickeln und zu klären«[7].

Weiter heißt es: »Die Schüler werden ermutigt, Gott in ihrem Leben zu suchen und nach dem Sinn des Lebens zu fragen... Dabei sollen die jungen Menschen zunehmend einen eigenen Standpunkt entwickeln.«[8]

Konkrete Inhalte im Hauptschullehrplan zur Thematik sind zu finden unter:

- 5.3.1 Sich besinnen und sich Gott öffnen
- 6.1.1 Gottesbilder, die mir gut tun, die mir Angst machen; Fragen, die mich beschäftigen
- 6.5.2 Damit das Leben gelingt: Worte der Ermutigung
- 7.5.1 Meine Leitfiguren und Leitbilder, wie ich sein und werden möchte.
- 8.5.2 Nach dem Ursprung und Sinn von Welt und Leben fragen
- 8.6.2 Wovon sich Menschen leiten lassen
- 8.9.1.2 Die Würde und Freiheit jedes Menschen achten
- 9.4.1. Menschen erfahren Grenzen und eigene Begrenzungen. Wie Menschen mit Grenzen leben.
- 9.4.2 Menschen müssen sterben
- 9.4.2 Auferstehungshoffnung verändert das Leben
- 10.2.1 Wissen und Denken sind offen für den Glauben; nach dem Sinn fragen
- 10.4.3 Auf der Suche nach einem sinnvollen Leben
- 10.5.1 Das Leben deuten – auf der Suche nach sich selbst

4. Die »eiserne Ration«

In einer Tageszeitung unter der Rubrik »Modernes Leben« stand ein Artikel mit der Überschrift: »Auf der Suche nach Sinn«. In diesem wird berichtet, dass der Freizeitforscher Horst W. Opaschowski für die nächsten Jahre in unserer Gesellschaft die Suche nach Sinnorientierung erwartet und die Zukunft einem Persönlichkeitstypos gehört, der gleichermaßen traditionelle und moderne Werte schätzt und verkörpert. Der Artikel schließt mit der Feststellung, dass der Mensch sich entscheiden muss, wer er sein will.[9]

Wenn den Schüler/-innen im Religionsunterricht die Inhalte der Lehrpläne vermittelt werden und sie sich mit diesen auseinandersetzen, erhalten sie durchaus Hilfen, um Antworten auf die Fragen nach dem Sinn des Lebens für sich zu finden und eine Entscheidung fällen zu können, wer sie sein wollen und nach welchen Werten sie leben wollen. Damit dies im Religionsunterricht gelingen kann, sind für mich folgende Aspekte wichtig:

- Die Persönlichkeit der einzelnen Schüler/-innen wahrnehmen, sie so annehmen, wie sie sind.
- Eine Beziehung zu den Schüler/-innen aufbauen, damit sie sich öffnen und ihr Leben mit allen Höhen und Tiefen zur Sprache bringen können.
- Möglichkeiten der Stille und des Nachdenkens schaffen, damit den Schüler/-innen ihre Fragen und Zweifel, Sehnsüchte und Hoffnungen bewusst werden.
- Auch unbequeme Fragen, Zweifel, Kritik und Ablehnung zulassen und ernst nehmen.
- Bei Fragen der Schüler/-innen an den Religionslehrer nach seiner persönlichen Antwort auf die Sinnfrage, nach der Glaubensüberzeugung und religiösen Praxis ehrliche, authentische Antworten geben.
- Biblische Gestalten mit ihren Leiderfahrungen und Klagen, ihren Hoffnungen und ihrem Gottvertrauen, ihrem Einsatz für die Sache Gottes und ihren Enttäuschungen, ihren Konflikten und Ausgrenzungen lebendig werden lassen und in Beziehung zur Lebenswirklichkeit der Schüler/-innen von heute bringen.
- Die Person Jesu Christi, sein Handeln und seine Botschaft, sein Leiden, Tod und Auferstehung als zentrale Glaubensinhalte erschließen und somit den Schüler/-innen aufzeigen, wie die persönliche Annahme der christlichen Botschaft zu einem gelingenden Leben beitragen kann.
- Personen der Kirchengeschichte vorstellen, denen aus ihrer Glaubensüberzeugung heraus ein sinnerfülltes Leben möglich war.
- Den Schüler/-innen, die in ihrer eigenen Lebensbiographie auch viele Leiderfahrungen, Beziehungsabbrüche und Perspektivelosigkeit erfahren, immer wieder neu spüren lassen, dass sie dieses Leben nicht allein bewältigen müssen, sondern darauf vertrauen dürfen, dass »einer mit ihnen geht, der's Leben kennt und sie versteht, der sie in allen Zeiten kann geleiten«.
- Das Thema Leid und Tod nicht ausklammern und keine vorschnellen Antworten auf die Fragen nach dem »Warum« und »Wozu« geben, sondern sich der Problematik stellen und mit den Schüler/-innen Antworten aus christlicher Sicht suchen.

- Den Schüler/-innen bewusst machen, dass es sinnvoll und gut für den Einzelnen, für Gemeinschaften und für die ganze Gesellschaft ist, sein Leben und Handeln nach christlichen Werten auszurichten.

5. Das Ganze im Symbol

Den Religionsunterricht sehe ich als ein Stück Weg, den ich mit meinen Schüler/-innen gehe. Dieser Weg ist gekennzeichnet

- von steilen Anstiegen und schnell abfallenden Strecken,
- von vielen Kurven, die den Weg unübersichtlich machen und manchmal das Gefühl vermitteln, nicht mehr zu wissen, wie es weitergeht,
- von Strecken, die mit einer Menge Steinen übersät sind und deren Bewältigung große Mühe kostet,
- von Pflanzen und Blumen, deren Schönheit nicht übersehen werden soll,
- von wunderbaren Aussichten und Orten, wo man einfach stehen bleiben möchte, um das Dasein zu genießen,
- von Abzweigungen, an denen viel Überlegung nötig ist, um heraus zu finden, wie es richtig weitergeht,
- von Menschen, die diesen Weg mitgehen und behilflich sind beim Suchen und Finden des richtigen Weges,
- von der inneren Gewissheit, dass es gut ist, den Weg zu gehen.

Der Weg, den ich im Religionsunterricht mit meinen Schüler/-innen gehe, bedeutet für mich, sie ein oder mehrere Jahre zu begleiten, um

- ihnen bei der Suche nach dem richtigen Lebensentwurf für ihr eigenes Leben Anregungen und Hilfen zu geben,
- sie zu sensibilisieren für ihr eigenes Denken und Fühlen und für ihre Sehnsucht nach mehr im Leben als nur dem, was sichtbar ist und was in unserer Gesellschaft vordergründig als wichtig angesehen wird,
- sie offen werden zu lassen für Gottes Nähe und Zusage, ein Gott für die Menschen zu sein,
- ihnen christliches Grundwissen und christliche Grundwerte zu vermitteln, damit sie die Möglichkeit der Entscheidung haben.

In dieser Begleitung gibt es Wegstrecken, die »steinig« und sehr schwierig sind, etwa dann, wenn die Schüler/-innen persönliche Probleme haben, sich nicht einordnen können, wenn eine grundsätzliche Schulmüdigkeit und Schulablehnung zu spüren ist oder wenn der Religionsunterricht als Fach abgelehnt wird, weil die Inhalte vordergründig nicht interessieren.

Punkte am Weg, die zum Verbleiben und Genießen einladen, sind für mich Situationen, in denen ich spüre, dass sich die Schüler/-innen innerlich auf Inhalte der christlichen Botschaft einlassen können und sich angesprochen fühlen. Auch wenn sie sich intensiv mit sich, der Frage nach Gott, dem Thema Tod und Auferstehung, einer biblischen Gestalt oder einer Person aus der christlichen Geschichte auseinandersetzen und dabei zu spüren ist, dass sie für ihr Leben wichtige Aspekte finden, sind das positive Wegstrecken.
Da für mich persönlich das Bild des Weges eine große Bedeutung hat, setze ich im Religionsunterricht immer wieder auch Wegbilder zum Meditieren und Erschließen ein. Die Schüler/-innen spüren, dass der Weg ein Symbol für ihr Leben sein kann. Bei der Betrachtung von Wegbildern steigen in den Schülern oft Fragen auf wie: Welches Ziel hat mein Lebensweg? Warum gehe ich diesen Weg? Was wird am Ende sein? Gehe ich überhaupt den richtigen Weg? Wer begleitet mich? Ist das, was ich denke und mache, wirklich richtig? Was ist, wenn ich einen falschen Weg einschlage? Welchen Sinn hat dieser mein Lebensweg?
Es sind Fragen, die mich an meinen eigenen Religionsunterricht vor vielen Jahren erinnern. Die Antworten auf diese Fragen wurden mir damals völlig anders gegeben, als dies heute im Religionsunterricht geschieht, aber dennoch ist dem Religionsunterricht von damals und von heute gemeinsam, dass er den Menschen die christliche Botschaft als Hilfe zu einem sinnvollen und gelingenden Leben vermitteln möchte und Entscheidungshilfen dafür aufzeigt.
Ein Text von Hans Thoma fasst im ersten Teil das zusammen, was viele Schüler empfinden, wenn sie über ihr Leben nachdenken. Der zweite Teil drückt dann das aus, was Religionsunterricht anstrebt, nämlich die positive Sicht des Lebens im Vertrauen auf Gottes Führung und Nähe.

»Ich kam, weiß nit woher,
ich bin und weiß nit wer,
ich leb', weiß nit wie lang,
ich sterb' und weiß nit wann,
ich fahr', weiß nit wohin:
Mich wundert's, dass ich fröhlich bin.

Da mir mein Sein so unbekannt,
geb' ich es ganz in Gottes Hand,
die führ es wohl, wo her wie hin:
Mich wundert's, wenn ich traurig bin.«[10]

Anmerkungen

[1] Katholischer Katechismus der Bistümer Deutschlands, Freiburg 1955, 6.
[2] Ebd.
[3] G. Bitter, R. Englert, G. Miller, K. Ernst Nipkow, Neues Handbuch religionspädagogischer Grundbegriffe, München, 2002, 374.
[4] G. Hilger, S. Leimgruber, H.-G. Ziebertz, Religionsdidaktik, ein Leitfaden für Studium, Ausbildung und Beruf, München, 2001, 83.
[5] Lehrplan für Katholische Religionslehre an den bayerischen Grundschulen, Kath. Schulkommissariat in Bayern, München, 2000, 25.
[6] Ebd.
[7] Lehrplan für die Kath. Religionslehre an den bayerischen Hauptschulen, Kath. Schulkommissariat in Bayern, München, 1996, 34.
[8] Ebd.
[9] Volksblatt vom Mittwoch, 15.1.2003, Nr. 11, VBW D 1.
[10] R. Oberthür, Kinder und die großen Fragen, Kösel-Verlag München 1995.

III. Ausklang

Thomas Henn

... Bilder einer Ausstellung

(Für Eva)

Verehrte Leserinnen und Leser, es ergeht an Sie eine herzliche Einladung zu einem kleinen Besuch mit Spezialführung in meinem Privatmuseum!
Unser Haus beschäftigt sich mit der spezifischen religiösen Ikonographie der letzten 50 Jahre der Biografie des Sammlers folgend. Unter anderem führen wir eine Abteilung mit religionspädagogischen Stücken. Sie finden dort Bilder zum und aus dem Religionsunterricht, wie ihn der Sammler erlebt hat. Diese Bilder stammen zum Teil aus Unterrichtswerken, die mir im Laufe meines Religionsunterrichts, wie ich ihn an verschiedenen Schulen mit sehr unterschiedlichen Lehrer- und einer Lehrerinnenpersönlichkeiten erlebt habe, begegnet sind. Die Auswahl ist zugegeben eine sehr subjektive, sie kann aber neben dem nostalgischen Wiedererkennungswert bei dem einen oder der anderen Betrachter und Betrachterin Assoziationen zur eigenen Ikonographie und ihrer Bedeutung für die religiöse und spirituelle Entwicklung auslösen. Automatisch ergibt sich dabei als nicht unerwünschter Nebeneffekt auch ein kleiner Abriss religionspädagogischer Entwicklungen und Strömungen der letzten Jahrzehnte in den Schulen.
Andere, wesentlichere Abteilungen des Hauses werden Ihnen verschlossen bleiben. Sie eignen sich noch weniger als der vorgestellte Bereich für eine öffentliche Zurschaustellung. Aber ohne sie wäre mein Museum gar nicht denkbar. So müssen Sie sich also mit diesem einen Raum begnügen. Er kann jedoch Ihre Fantasie über die Inhalte und Gestaltung der weiteren Nischen und Räume des Museums anregen. Vielleicht entwerfen Sie auch selbst einmal Ihr eigenes reales oder virtuelles Museum.

1. Philipp Schumacher, Die Schöpfung (1947)[1]

Ein Schöpfungsbild, wie es viele in der Erinnerung behalten haben. Himmel und Erde sind um die Dreifaltigkeit versammelt. Auf einem

breiten, auf einer Wolke stehenden Thron sitzen Gott Vater und Christus. Sie wenden ihren Blick dem vor ihnen auf der Erde knienden ersten Menschenpaar zu. Beide sind in weiße Gewänder mit einem weißen Mantel gekleidet. Gott Vater mit Krone und wallendem weißen Bart sitzt auf der rechten Seite. In seiner Hand hält er eine goldene Kugel. Christus ihm zur rechten Seite sitzend macht mit dem linken Arm eine einladende Geste. In der rechten Hand hält er einen langen goldenen Stab mit einem Kreuz an der Spitze. Auch er trägt eine Krone. Zwischen den beiden sehen wir die Taube mit ausgebreiteten Flügeln als Symbol für den Hl. Geist. Um diese drei Personen strahlt eine goldene Aureole. Im oberen Viertel des Bildes sind hinter einer »Wolken-Balustrade« Engel zu sehen. Sie singen und musizieren. Die beiden Engel links und rechts der Aureole verneigen sich anbetend. Alle Engel sind mit mächtigen gefiederten Flügeln ausgestattet. Das Paradies ist als Landschaft mit einem Fluss und wilden Tieren, wie man sie aus dem Zoo kennt, gestaltet. Kleine und große exotische Pflanzen begrünen und rahmen die parkartige Szene. Rechts im Vordergrund blickt aus einer Felsenpartie versteckt hinter dornigem Gestrüpp die Gestalt des Satans in Richtung Dreifaltigkeit. Seine »Hände« sehen aus wie Pfoten. Auf dem Rücken hat er Flügel wie die Fledermaus, die vor ihm aus der Felsenhöhle fliegt. In der Mitte schlängelt sich auf einem Felsen eine Schlange. Neben ihr sitzt ein weißer Kakadu. Auf der linken Seite, von der Gottheit aus gesehen zur Rechten, knien Adam und Eva.

Beide sind nackt. Evas Nacktheit wird durch lange, blonde Haare verdeckt. Die Hände hat sie betend gefaltet. Sie ist mehr von vorne zu sehen, während Adam dem Betrachter den Rücken zuwendet. Adams Nacktheit wird durch die neben ihm stehende Raubkatze verdeckt. Er hat die Hände anbetend geöffnet. Beider Blick ist nach oben gerichtet.

Was vermittelt dieses Bild? Mit heutigen Augen sehe ich eine klar geordnete, in sich ruhende Welt, in der sogar der Teufel noch seinen, wenn auch abseitigen Platz hat. Die vielen Einzelheiten laden ein zum Schauen und im Bild spazieren gehen. Es weckt die Sehnsucht nach dem Fremden und Unbekannten. Das Ideal eines Zusammenlebens im Angesicht Gottes steht in naiv realistischer Darstellung vor Augen. Alles ist auf die Herrschaft Gottes hin ausgerichtet. Zugewandt und doch in Distanz schauen die göttlichen Personen auf das Paradies und seine Bewohner. Die Darstellung verwendet in der Bildsprache Attribute der überwundenen Monarchie. Die Gewänder erinnern auch an liturgische Gewänder früherer Zeiten.

Das Bild illustriert im Buch den Text von der Erschaffung Evas, die in einer vereinfachten Sprache mit biblischen Zitaten erzählt wird. Das Kapitel fährt fort mit einem Gebet, das die Güte Gottes preist und dafür dankt. Es folgen drei Katechismussätze über Gott: »Gott erhält und regiert die Welt. Gott ist gütig: Er ist gut gegen seine Geschöpfe. Gott sorgt mit größter Liebe für uns Menschen.«[2] Und die Erklärung, dass wir diese Sorge Gottes für die Welt göttliche Vorsehung nennen. Nach der Vaterunserbitte um das tägliche Brot folgt noch das bekannte traditionelle Tischgebet »O Gott, von dem ...« vor und nach dem Essen.

Das Bild entwirft am Beginn des Religionsbüchleins eine Gegenwelt zu den vielen schaurigen und spannenden Bildern, die die folgenden Geschichten illustrieren. Allerdings waren diese Bilder für uns Kinder viel interessanter. Schließlich passierte dort ja auch etwas. Noch heute stehen bei vielen Menschen diese Bilder als Erinnerung an ihren Religionsunterricht vor Augen. Nicht die übermäßig vielen Texte und Sätze sind hängen geblieben, sondern die Bilder und ihre Aussagen. Wer aus diesen Generationen erinnert sich z.B. nicht noch an die dramatische Darstellung des am Baum hängenden Absalom auf der Flucht? Oder die großbürgerlichen oder bäuerlichen Familien des 19. Jahrhunderts oder spätmittelalterliche Anleihen bei den Illustrationen der Sakramente im hinteren Teil? Und wie lange Zeit begegnete und begegnet immer noch die Jesusfigur im weißen Gewand mit Heiligenschein, die sich eindeutig von der Umgebung abhebt?

Heute kann ich diese einfachen und doch faszinierenden Bilder von damals nur noch als amüsante, historische Reminiszenz betrachten.

In vielen Dingen lassen sie sich mit den fundamentalistischen Ausmalungen mancher neuerer Kinderbibeln vergleichen. Soll damit heute eine vermeintlich heile Welt wieder zurückgeholt werden? Übertragen die Herausgeber regressive Tendenzen der älteren Generation auf die Kinder? In keinem der Bilder finde ich auch nur die Spur eines Bezuges zum wirklichen Leben der Menschen. Weder zu den Menschen der Vorkriegszeit, als die Bilder entstanden, noch viel weniger zu den Menschen der Kriegs- und Nachkriegsgeneration mit ihren Existenzsorgen bzw. dem gerade beginnenden Wohlstand des Wirtschaftswunders. Und doch wirken diese Bilder in vielen Menschen fort und erschweren ihnen letztlich den Durchstieg zu einem gewachsenen und erwachsenen Glauben, der die Stufe des naiven Realismus hinter sich gelassen hat.

2. Thomas Zacharias, Pfingstwunder (1963)[3]

Ein außergewöhnliches, farbenprächtiges und bewegtes Bild des Pfingstwunders ist das. Die Farben blau und rot prägen den ersten Eindruck. Sie kontrastieren zu den dunklen Erdtönen des übrigen Bildes. Grob skizzierte Architektur trennt die beiden Teile. In einem Haus stehen dreizehn Menschen. Mit weit geöffneten Augen und Mündern schauen sie heraus. Ihre Gesichter sind genau so rot wie das Feuer, das von oben in durch feinere Linien angedeuteter heftiger Bewegung auf sie herabkommt. Vor dem Haus geht ein Mensch mit einer einladenden Bewegung der linken Hand auf die Menschen zu, die am rechten Bildrand stehen und zum Haus schauen. Eine weitere blaue Gestalt steht vor dem Haus und spricht mit erhobenen Händen zu der Menschengruppe, die um sie geschart ist. Unter den Menschen vor dem Haus sind alle Altersgruppen und verschiedene Völker vertreten. Sie haben dunkle, helle oder auch rote Gesichter. Vor der rechten Gruppe steht ein weißes Kind und am anderen Ende der Gruppe noch eine Gestalt mit weißem Gesicht. Die Menschen der Gruppe im Vordergrund blicken zum Teil auf den Redner, zum Teil scheinen sie miteinander zu sprechen. Zwischen ihnen sind kleine blaue Farbflecken zu sehen. Die groben Strukturen eines Holzschnittes unterstreichen die Expressivität der Szene.
Das Bild signalisiert für mich Dynamik, Bewegung und Offenheit. Gottes Geist kommt kraftvoll und mit frischem Wind auf die versammelten Jüngerinnen und Jünger herab. Es sind nicht nur die zwölf und es ist auch nicht zu unterscheiden, ob es Frauen oder Männer sind. Nicht kleine Flämmchen über den Köpfen signalisie-

ren die Geistbegabung der Jüngerinnen und Jünger, sondern kräftige, starke Flammen. Damit wird wirklich etwas entzündet, das sich fortsetzt in den Gesichtern einiger Zuhörerinnen und Zuhörer. Es bringt auch sie in Bewegung. Einige scheinen angeregt über das, was sie sehen und hören, zu diskutieren. Es feuert sie an und bringt sie in ihrer dunklen Umgebung zum Leuchten. So werden auch sie zu Lichtträgern, die das Empfangene weitergeben. Noch zeigt sich nichts an Strukturen und Formen, wie das geschehen soll.

Auffällig ist auch, dass nicht nur, wie es die Apostelgeschichte berichtet, Petrus vor die Menge tritt, sondern noch eine zweite Person aus der Schar heraustritt und die Menschen draußen anspricht. Sie ist sogar noch in Bewegung auf sie zu. Ihre Einladung ist an alle gerichtet, die sie hören. Bei beiden wird deutlich, dass man heraus muss aus seinem festen Haus, der sicheren Umgebung und dem vertrauten Freundeskreis. Im gemachten Nest oder in einer sicheren Burg sitzen zu bleiben geht nicht. Wen der Geist anfeuert, der geht los und auf die Menschen zu.
Für die Zeit und die damaligen Betrachter war das Bild eine Revolution oder Provokation, für viele aber auch eine Befreiung und Öffnung. Mitten in der Zeit des 2. Vatikanischen Konzils – zur Übertragung der Eröffnung war im Oktober 1962 die gesamte Volksschule in die einzige Gastwirtschaft am Ort mit Fernseher gegangen – nimmt das Bild die Gedanken der Öffnung der Kirche zur Welt hin auf und drückt sie in seiner Sprache aus.
Das Buch freilich folgt im Kapitel in Text und Aufbau noch weitgehend dem herkömmlichen Schema. Zunächst kommt die biblische Erzählung. Daran schließt sich ein Lehrtext an. Neu ist, dass Fragen zur Festigung der Informationen folgen. Schließlich wird die Bedeutung des Pfingstfestes für die Kirche und für das eigene Leben beschrieben. In einer Aufgabe sollen die Schülerinnen und Schüler den Bezug zur Liturgie herstellen. Ein Lehrsatz hebt nochmals die Wirkung des Heiligen Geistes auf die Apostel hervor. Der Satz aus dem Glaubensbekenntnis und die erste Strophe der Pfingstsequenz schließen den Text ab[4].
So gesehen stehen Text und Bild in einem spannungsvollen Gegensatz. Während der Text traditionell und auf den binnenkirchlichen Bereich bezogen ist, vermittelt das Bild schon eine andere Dimension. So bietet das »Glaubensbuch« mit seinen einerseits bibelgeschichtlichen und katechismusartigen Texten und den offenen, formal und ikonographisch neuartigen und zur persönlichen Interpretation herausfordernden Bildern ein frühes Zeugnis des Übergangs von der vorkonziliaren Kirche zur Kirche des Aggiornamento. Erst kürzlich hat ein kirchlicher Mitarbeiter meiner Generation im Gespräch bekannt, welche Entdeckungen für ihn aus diesen Bildern erwachsen sind.

3. Ökumenisches Pfingsttreffen Augsburg 1971[5]

Kunstbilder aus Schulbüchern meiner Gymnasialzeit habe ich nicht im Gedächtnis. Wahrscheinlich ist auch das ein Zeugnis für den

text- und wissensorientierten Religionsunterricht dieser Zeit. Sehr wohl im Gedächtnis sind mir die Religionslehrerin und Religionslehrer geblieben. Ich habe vieles gehört und habe vieles davon auch wieder vergessen, bis es im Studium in neuem Gewand teilweise wieder auftauchte. Besonders in der Mittelstufe sah ich keinen Bezug mehr zwischen dem, was da fleischlos in bester Absicht und fleißigem Bemühen gelehrt wurde, und dem, was mich damals interessierte und beschäftigte. So wechselte ich schließlich mit einigen Mitschülerinnen und -schülern in den evangelischen Religionsunterricht, um dort vielleicht Neues und Unbekanntes zu entdecken. Sehr schnell verlor das Neue und Fremde seinen Reiz und wir merkten, dass er sich methodisch und auch inhaltlich kaum vom bisherigen unterschied. Aber wir mussten wenigstens ein Halbjahr durchhalten, auch um nicht das Gesicht vor der restlichen Klasse zu verlieren. Heute noch rechne ich es dem Lehrer hoch an, dass er damals dieses Vorgehen mitgetragen und geduldet hat.
Ein besonderes Erlebnis ist über die Jahre im Gedächtnis hängen geblieben. Der evangelische Religionslehrer und Ortspfarrer hatte in Zusammenarbeit mit der evangelischen Jugend zur Fahrt zum Pfingsttreffen nach Augsburg eingeladen. Das reizte und so fuhren einige aus der Religionsgruppe mit.
Noch heute stehen mir einige Eindrücke dieser Tage sehr eindrücklich vor Augen. Zunächst die vielen Christen, die sich ohne Berüh-

rungsängste aus verschiedenen Konfessionen bei den Vorträgen, Diskussionen und Gottesdiensten versammelten und miteinander in einem in der Rückschau schon fast euphorischen Eifer für die Ökumene und wie wir dachten baldigen Einheit der Kirchen engagierten. So ist mir noch gut der Vortrag von Jörg Zink im überfüllten Saal des Rathauses im Gedächtnis, nicht vom Inhalt, sondern vom Erleben her. Ein weiteres nachhaltig eindrückliches Erleben war der jüdische Gottesdienst in der alten Synagoge. Erstmals kam ich so bewusst mit Menschen jüdischen Glaubens und ihrer Art Gottesdienst zu feiern in Kontakt. Es war auf längere Zeit das erste und einzige Mal. In unserer ländlichen, kleinstädtischen Umgebung gab es außer jüdischen Friedhöfen und ehemaligen Synagogen dazu keine weitere Gelegenheit. Der feierliche Rahmen, der tiefe Ernst und die gesammelte ruhige Frömmigkeit sind mir tief im Gedächtnis geblieben. Schließlich habe ich noch gut die Abschlussfeier im Stadion mit Julius Kardinal Döpfner und Landesbischof Hermann Dietzfelbinger in Erinnerung. Wieder gab es keine Unterschiede zwischen den Christen, die sich bunt gemischt im Rund des Stadions versammelt hatten. Eine Messfeier oder Abendmahl konnte natürlich noch nicht stattfinden, aber in unserem Empfinden konnte es nicht mehr lange dauern, bis auch das möglich wäre.
Eine Ahnung, wie schwer und lang der Weg vielleicht doch sein könnte, erhielt ich bei einer Folgeveranstaltung von katholischer und evangelischer Jugend auf Dekanatsebene. Da stand man der Aufbruchstimmung von Augsburg schon deutlich abgekühlter und skeptischer gegenüber. Wo stehen wir heute?
Für viele meiner Schülerinnen und Schüler in der Hauptschule ist Ökumene kein Thema. Nicht dass sie dagegen wären. Es ist einfach kein Thema für sie. Kirche reduziert sich, wenn sie überhaupt Thema wird, meist auf die gewohnten Vollzüge im Jahreslauf und an besonderen Gelegenheiten. Ansonsten spielt sie keine Rolle. Differenzierungen nach Konfessionen spielen dabei kaum eine Rolle. Wer kennt nicht die üblichen Schlagworte und Vorurteile? Sie finden sich auch schon im Munde von Schülerinnen und Schülern der 7. und 8. Jgst. Auch wenn dabei nur die einseitig negativen Äußerungen der Eltern wiedergegeben werden, geben sie doch viele gängige Vorurteile z.B. über den auch nicht ganz zu leugnenden Reichtum der Kirche oder undifferenziert kritisierte Äußerungen des Papstes wieder. Die meisten bezeichnen sich allerdings mit voller Überzeugung als gläubige Menschen und als zur Kirche gehörig.
Im schulischen Leben taucht Ökumene neben den obligatorischen Stellen im Lehrplan meist noch bei den Gottesdiensten zu Beginn und am Ende des Schuljahres auf. Zwar fragen interessierte, religiös

engagierte Eltern besonders in der Grundschule immer wieder auch nach Möglichkeiten eines konfessionsübergeifenden Religionsunterrichts, doch sind die Bedingungen dazu offiziell noch ziemlich eng. Die Kirchenleitungen verhalten sich sehr zurückhaltend. Den Ideen und Möglichkeiten vor Ort tut das keinen Abbruch. Erste Ansätze zu einem kooperativen Religionsunterricht lassen hoffen. In der Sache gibt es ja außer in eher sekundären Fragen der Struktur und des Amtes keine wirklich gravierenden Unterschiede mehr, im Credo schon gar nicht. Wahrscheinlich muss wieder einmal von unten her vieles wachsen, dass dann die Verantwortlichen an den Spitzen der Kirchen nachziehen können. Vermutlich werden die Grenzen dort erreicht werden, wo es um die zentralen Themen von Macht und Einfluss geht. Mag die Sache an sich noch so wünschenswert sein, so wird man doch so lange wie irgend möglich wegen der konkordatären Vereinbarungen mit dem Staat an den bisherigen Regelungen festhalten. Man hält auf dem Papier einen Status, der einerseits den gesellschaftlichen und andererseits den persönlichen Gegebenheiten und Einstellungen in vielem nicht mehr entspricht.
Ich vermute, dass es nur eine Frage der Zeit ist, bis sich Kirche realistisch dieser Situation stellen muss. Sicherlich wird dadurch viel Altgewohntes nicht mehr möglich sein und viele Institutionen, die man für unumstößlich hielt, werden verschwinden. Gerade das macht ja das Christentum aus, dass es in schwierigen äußeren Situationen zu seinem eigentlichen Kern und Bekenntnis in Wort und Tat zurückgefunden hat. Einem solchen Fundamentalismus, der vom eigentlichen Fundament ausgeht, rede ich gerne das Wort.
Mag diese Meinung auf den ersten Blick in vielem auch recht negativ erscheinen, so hat sie doch die realistische Perspektive und den Blick über den Horizont hinaus. Ich denke, dass sie biblisch gut begründet ist. An diesem Korrektiv muss sie sich auch immer wieder messen. Und sie muss sich orientieren an der oft problematischen Geschichte der Kirche mit den Mächtigen in Staat und Gesellschaft. Glücklicherweise gibt es in der Tradition der Kirche immer auch die prophetische andere Seite, die sich oft in einem schmerzhaften und leidvollen Prozess zu Wort gemeldet und der Kirche den Spiegel vorgehalten hat.

4. Volker Stelzmann, Gehäuse (1983)[6]

Noch ein ungewohntes Bild findet sich in meinem Museum, diesmal ist es ein Jesusbild. Über der ganzen Szenerie liegt ein von links oben einfallendes Licht. Inmitten leidender und geknechteter Menschen

sehen wir ihn gebeugt und doch mit dem Gestus des Siegers. Um ihn herum sind sehr verschiedene Menschen jeweils in einem Kasten gruppiert. Links oben zeigt eine nackte Frau ihren misshandelten Rücken. Er liegt voll im Licht und jede Einzelheit ist gut zu erkennen. Im mittleren Kasten tritt ein Junge oder kleinwüchsiger Mann an den Rand und schaut in Richtung des Lichtes. Mit niedergeschlagenen Augen stellt sich die mit einem roten Unterhemd und gelber Hose bekleidete Person in das einfallende Licht. Im rechten äußeren Kasten steht im Dunklen ein barfüßiger Mann. Er ist in eine Decke gehüllt. Nur sein linker Fuß ragt ein wenig heraus ins Helle. Der Mann im linken unteren Gehäuse scheint in einer dynamischen Laufhaltung aus dem Kasten zu stürmen. Den Kopf vorgebeugt und die Arme in heftiger Bewegung neben dem Körper haltend hat er den rechten Fuß mit festem Schuhwerk weit vorgestellt. Er trägt ein weißes Hemd mit hochgekrempelten Armen und eine graubraune Hose. Der Mann scheint dem Licht, das den Oberkörper mit den Armen und das linke Bein beleuchtet, entgegen zu stürmen. Die Frau im Kasten rechts unten schaut in sitzender Haltung aus dem Bild heraus den Betrachtenden an. Der Kopf mit blondem Haar und die Schulter sind vom Licht beschienen. Leicht vorgebeugt liegt der rechte Arm auf den Oberschenkeln. Es sieht aus als hielte sie sich die Beine zusammen. Die linke Hand führt sie in lockerer Bewegung zum Gesicht. Über einem weißen Unterrock, der ein wenig hervorsteht, trägt sie ein rotes weit ausgeschnittenes schulterfreies Kleid. Sie hat rote Schuhe an. Hinter der Frau tauchen aus dem Dunkeln maskenhafte Fratzen auf. Die linke scheint ihr mit erhobenem Zeigefinger ins Ohr zu flüstern. Den Mann in der Mitte habe ich schon als Jesus gedeutet. In ölverschmierter Arbeiterkleidung scheint er sich durch die Lücke zwischen den Kästen zu zwängen. Den Blick nach unten gerichtet drückt er mit dem rechten herabhängenden Arm gegen die Wand als wollte er sie wegschieben. Die Füße stehen eng beieinander. Das Licht fällt auf den rechten Arm, das linke Bein und das halbe Gesicht. Im Mittelpunkt des Bildes, im Schnittpunkt der Diagonalen streckt Jesus seine linke Hand, vom Herzen kommend, ins volle Licht. Mit den Fingern zeigt er den aus frühchristlichen und ostkirchlichen Darstellungen bekannten Sieger- bzw. Herrschergestus.

Volker Stelzmann hat das Bild 1983 noch in der DDR gemalt. 1986 siedelte er nach Westberlin über. Stilistisch erinnert das Bild an Werke aus dem realen Sozialismus. Und doch geht es weit darüber hinaus. In den Kästen steht jeder für sich und doch sind die Menschen in der Not und dem Elend vereint. Sie repräsentieren die Unterdrückten und Stummen, die Armen und Ausbeuteten: Die Frauen, die wehrlos unter Misshandlungen zu leiden haben. Die Kinder

oder Missgebildeten, die in der Gesellschaft wenig gelten und am Rand stehen. Die Obdach- und Mittellosen, die versteckt von dem leben, was ihnen vom Überfluss zugeteilt wird. Die fleißigen Arbeiterinnen und Arbeiter, die sich täglich abmühen und abstrampeln, und doch nicht weiter kommen. Schließlich die Frauen, die als Objekte sexueller Begierde sich nur mit Mühe schützen können, gelten sie doch in den Augen vieler als die eigentlich Schuldigen. Für sie alle kommt der Mensch in der Mitte und reiht sich unter sie ein. Doch er verharrt nicht in ergebenem Erdulden, sondern zeigt sich und bezieht Position. Um diese Position geht es. Sich nicht unterkriegen lassen, sondern wissen, da ist einer neben oder unter mir, der mich nicht im Stich lässt. Er kündet von dieser anderen Welt, die durch den Lichtschein, von dem jeder und jede schon etwas abbekommen hat, und sei es auch nur eine Fußbreite voll, repräsentiert wird. So wird das Bild zu einer Hoffnungsmetapher über die jeweiligen Begrenzungen und Nöte hinaus. Der Mensch Jesus ist gerade für diese Menschen gekommen.
Mit alten und neuen Stilmitteln und in ungewohnter Bildsprache kann so heutigen Schülerinnen und Schülern ein Zugang zu Jesus eröffnet werden. Sie müssen sich nicht mit den überkommenen Vorstellungen auseinandersetzen, die ihnen ja oft als nicht hinterfragbar und unverrückbar präsentiert werden. Statt dessen geht es um sie selbst, um Menschen aus und in ihrer Umgebung. In der Identifikation mit ihren Leiden können sie lernen, sich mit der Lebenswelt von Menschen am Rande zu befassen und so Mitgefühl und solidarisches Handeln als Möglichkeiten in Betracht zu ziehen. Dass damit nicht der Mainstream und das vorherrschende Lebensgefühl junger Menschen angesprochen wird ist wohl einsichtig. Es geht ja gerade darum, darüber hinaus reichende Möglichkeiten anzubieten und den Blick zu weiten, nicht in abstrakten Glaubenssätzen, sondern in der direkten Auseinandersetzung mit den Fragen des Lebens. So ist es kein Wunder, dass im Schulbuch dieses Bild an den Anfang des Kapitels über Grenzerfahrungen und christliche Hoffnungsperspektiven gestellt ist. Es bietet neben der Anknüpfung an die einzelnen Personen auch die Chance beim biblischen Jesus anzusetzen. Nachdem die Schülerinnen und Schüler die heutigen Menschen in den Blick genommen haben, z.B. indem sie selbst die Kästen mit ähnlichen Menschen oder Situationen aus ihrer Lebenswelt füllen, können sie am Beispiel vieler neutestamentlicher Perikopen entdecken, wie Jesus damals auf Menschen am Rand zugegangen ist und sich ihnen zugewandt hat. So gesehen versucht dieser Ansatz den Ursprung und Ausgangspunkt wieder aufzunehmen und zu übersetzen.

5. Ingolf Jännsch, Auferstehung (1990)[7]

Mit diesem Bild ist das Ende meiner Ausstellungsreihe erreicht. Es eröffnet in einem neuen Religionsbuch für die Realschulen das Kapitel »Tod – Ende und Anfang«. So hat das Autorenteam das Lehrplanthema »Tod – was dann? – Hoffnung über den Tod hinaus« kurz und prägnant gefasst.
Auf hellem, grau-blauem Untergrund treten drei Farbflächen hervor. Sie stehen in einer Bewegung von links unten nach rechts oben. Die Flächen haben jeweils einen hellbraunen Untergrund. Darauf wird eine weitere taubenblaue Fläche sichtbar. Im linken der drei Felder wirkt sie etwas schwächer als in den beiden anderen. Über dieses Blau ist ebenfalls mit breitem Strich eine königsblaue Fläche gelegt. Diese Flächen liegen in der Diagonalen von links unten nach rechts oben. Jeweils am linken Rand der Flächen sind in Schwarz, Weiß und Rot feine Farbstriche zu sehen. Sie wirken teilweise wie

eine hingekritzelte Schrift. Einige weiße und schwarze sind nach rechts hin ausgezogen, auf dem linken Feld zwei weiße Striche oben und schwach mehrere schwarze, im mittleren Feld unten ein weißer und über der intensiv blauen Fläche ein dunkler, im dritten Feld schließlich mehrere schwarze. Keiner dieser Pinselstriche überdeckt die dunkelblaue Fläche. Nur wenige rote Flecken liegen jeweils am linken Rand der Flächen über den anderen Farben. Die Grundfarben vermitteln im Gegensatz zu den oberen Farben einen unterkühlten, distanzierten Eindruck.

Jännsch schreibt zu seinem Bild: »Meine Malerei will Kräfte sichtbar machen, die wir nicht sehen, vielleicht fühlen oder nur ahnen können. Der spontane Vorgang des Malens versucht diese Kräfte dem Betrachter erlebbar zumachen. Rhythmische Flächenformen, spontan gesetzte breite Pinselspuren, von Erdocker bis zu imaginärem Blau, wollen in ihrer Direktheit elementar-göttliche Kräfte visualisieren und vermitteln. Zwischen diesen in den Raum aufsteigenden Flächenspuren finden sich pulsierende Linien, die, vom menschlichen Körper abgeleitet, Lebenslinien versinnbildlichen, von schwarz über rot zu weiß, Leben zwischen Vergänglichkeit und Ewigkeit, Sein zwischen Materie und Geist. Die Zahl 3 in ihrer Symbolkraft spielt eine wesentliche Rolle.«[8]

Die Bildsprache der Diagonalen links unten – rechts oben verdeutlicht die Bewegung und Dynamik der Auferstehung.

Die Tiefenwirkung der Farbe blau wird mit der Urerfahrung des Menschen von der endlosen Weite des Universums verbunden. Bei Goethe ist Blau die Aufhellung der Finsternis, die Farbe des nächtlich weiten Himmels. Dem Blau werden Eigenschaften wie Tiefe, Ferne, Himmel, vom Sinnlichen zum Übersinnlichen zugesprochen[9]. Kandinsky schreibt über die Wirkung von Blau: »Die Neigung des Blau zur Vertiefung ist so groß, dass es gerade in tieferen Tönen intensiver wird und charakteristisch innerlich wirkt. Je tiefer das Blau wird, desto mehr ruft es den Menschen in das Unendliche, weckt in ihm die Sehnsucht nach Reinem und schließlich nach Übersinnlichem. Es ist die Farbe des Himmels, so wie wir ihn uns vorstellen bei dem Klang des Wortes ›Himmel‹.«[10]

An solche archetypischen Farbassoziationen der Schülerinnen und Schüler will das Buch mit dem Bild anknüpfen. Es soll die überkommene, oft an sehr konkrete Bilder von Himmel (und Hölle) gebundene Vorstellungswelt aufbrechen. Die Gedanken sollen sich frei entfalten und die eigenen Hoffnungen und Erwartungen über ein Leben nach der Auferstehung angeregt werden. Die Farbsymbolik ist so offen und weit, dass sie einerseits leicht an die überkommenen Bilder anknüpfen kann und andererseits das Vordringen in

neue Dimensionen ermöglicht. Letztlich wird damit auch das Geheimnis Gottes berührt und in vorsichtiger und doch eindeutiger positiver Ausrichtung gelöst und auf eine vertrauensvolle und Hoffnung gebende Perspektive ausgerichtet. Menschen erhalten in ihrer religiösen Entwicklung wertvolle und hilfreiche Horizonterweiterungen. Dass dabei traditionelle Vorstellungen überwunden werden müssen, versteht sich von selbst. Ist dies doch gerade die Leistung, die sich nicht delegieren lässt und die jeder Mensch und jede Zeit je neu leisten müssen und können. Sie mit dem Beistand des Geistes nicht mehr erbringen zu wollen steht in offenem Widerspruch zu Gott, der/die einlädt zur Freiheit ihrer/seiner Töchter und Söhne.
Viele Schülerinnen und Schüler glauben wie viele Erwachsene nicht mehr an das Geheimnis der Auferstehung. Virulent und weit verbreitet sind vielmehr Vorstellungen über eine irgendwie geartete Form von Wiedergeburt oder eben, dass der Tod ein endgültiges Aus bedeutet. Da helfen m.E. keine starren Sätze oder Vorgaben als etwas zu Glaubendes. Sie müssen für heutige Menschen übersetzt und verständlich dargelegt werden. Darüber hinaus braucht es dringend Angebote und Hilfestellungen, wie man auch heute christlichen Glauben leben und z.B. im Bild zeitgemäß ausdrücken kann. Das Buch bietet im weiteren Verlauf des Kapitels in Bildern, lyrischen Texten, Liedern, Symbolen und biblischen Zitaten noch viele andere mehrdimensionale Zugänge und Ausdruckshilfen, um sich dem anzunähern, was letztlich nicht in irdische Dimensionen zu fassen ist. Das Beispiel von Menschen, die aus diesem Glauben heraus ihr Leben gestaltet haben, kann junge Menschen für das eigene Leben ermutigen.
Betrachtet man im Überblick die Stationen in meinem Museumsraum, so finden sich darin viele grundlegende Themen christlichen Glaubens: Von der Schöpfung, Gottesbildern früher und heute bis zur Kirche in ihrem Anfang und einem Schlaglicht auf ihre neuzeitliche Ausprägung spannt sich der Bogen. Vieles kann theologisch vertieft und im einzelnen begründet und reflektiert werden. Dafür ist hier aber nicht der Rahmen und Platz. Würde damit doch der persönliche und individuelle Charakter verlorengehen. Vielmehr können die Farbtupfer beitragen zum größeren Bild der verschiedenen Akzente dieses Buches. So entsteht aus den Bruchstücken eine Andeutung des ganzen Symbolon.
Wie freilich Ihr eigenes Museum aussieht, das ist dann wirklich die spannende Herausforderung an Sie.

Anmerkungen

[1] In: Katholisches Religionsbüchlein für das Bistum Würzburg, Würzburg 1947, 9.
[2] A.a.O., 10.
[3] © VG Bild-Kunst, Bonn 2003.
[4] Vgl. a.a.O., 137f.
[5] KNA-Bild Nr. 64 353.
[6] © VG Bild-Kunst, Bonn 2003.
[7] Zuerst in: Auferstehung – Arbeiten fränkischer Künstler. Ausstellung der Diözese Würzburg, hg. v. J. Lenssen, Würzburg 1990 (= Katalogreihe Marmelsteiner Kabinett, Nr. 1).
[8] In: Auferstehung, a.a.O., 38.
[9] Vgl. A. Biesinger/G. Braun, Gott in Farben sehen. Die symbolische und religiöse Bedeutung der Farben, München 1995, 85f.
[10] Zit. nach ebd., 102.

Autoren

Drescher, Harald, Dipl.Theol., Studienrat, Fortbildungsreferent für Gymnasien und Realschulen in der Diözese Würzburg

Geißler, Ulrich, Dipl.Theol.Dipl.Päd., Pastoralreferent, Gestaltpädagoge, Ehe-, Familien- und Lebensberater, Bibliodramaleiter, Referent für Schulpastoral der Diözese Würzburg

Henn, Thomas, Schulrat i. K. am Katechetischen Institut der Diözese Würzburg, Supervisor (DGSv), Gestaltpädagoge (IGB)

Hieronymus, Ulrike, Konrektorin, Mitarbeit in der schulpraktischen Betreuung der Lehramtsanwärter/-innen zwischen der 1. und 2. Staatsprüfung in der Diözese Würzburg

Hofmann, Michael, Dipl.Rel.Päd. (FH), Seminarrektor i. K., Fortbildungsreferent für Förderschulen in der Diözese Würzburg

Kohl, Erich, Beratungslehrer, Mitarbeit in der Ausbildung von Kaplänen und Pastoralassistent/-innen

Krönert, Günter, Seminarrektor am Katechetischen Institut der Diözese Würzburg, Ausbildung der Lehramtsanwärter/-innen an Grund- und Hauptschulen in der Diözese Würzburg

Kunkel, Guido, Dipl.Theol., Lehrer, Mitarbeit in der schulpraktischen Betreuung der Lehramtsanwärter/-innen zwischen der 1. und 2. Staatsprüfung in der Diözese Würzburg, Gestaltpädagoge (IGB)

Nickel, Hermann, Dipl.Theol., Pastoralreferent, Supervisor (DGSv), Ehe-, Familien- und Lebensberater, Mentor künftiger Religionslehrer/-innen

Putz, Günter, Msgr., Lic.theol., Dipl.Theol., Domkapitular, Leiter der Hauptabteilung III Hochschule, Schule und Erziehung der Diözese Würzburg

Rieß, Dr. Wolfgang, Schulrat i.K., Leiter des Katechetischen Instituts, Stellvertretender Leiter der Hauptabteilung III Schule und Erziehung der Diözese Würzburg, Gestaltpädagoge (IGB), NLP-Practitioner (DVNLP)

Rosenzweig, Burkhard, Dr.phil, Dipl. Theol. Oberstudienrat, Fortbildungsreferent für berufliche Schulen in der Diözese Würzburg

Schrödl, Winfried, Dipl.Theol., Schulrat i.K., Fortbildungsreferent für Grund- und Hauptschulen in der Diözese Würzburg, Gestaltpädagoge (IGB), NLP-Trainer (DVNLP)

Simon, Wolfgang, Dipl.Rel.Päd., Referent für Medienpädagogik an der AV-Medien-Zentrale der Diözese Würzburg

Veira, Hildegard, Religionslehrerin i.K., Dipl.Rel.Päd. (FH), Ausbildungslehrerin für Religionspädagogen, Mitarbeiterin im Katechetischen Institut der Diözese Würzburg